财政部规划教材

全国中等职业学校财经类教材

国家税收

第八版

杨则文 主编

中国财政经济出版社

图书在版编目（CIP）数据

国家税收/杨则文主编．—8版．—北京：中国财政经济出版社，2010.4

财政部规划教材．全国中等职业学校财经类教材

ISBN 978-7-5095-2083-3

Ⅰ．国…　Ⅱ．杨…　Ⅲ．国家税收-中国-专业学校-教材　Ⅳ．F812.42

中国版本图书馆CIP数据核字（2010）第033874号

责任编辑：张　铮　　　　责任校对：李　丽

封面设计：陈　瑶　　　　版式设计：董生萍

中国财政经济出版社出版

URL：http：//www.cfeph.cn

E-mail：cfeph@cfeph.cn

社址：北京市海淀区阜成路甲28号　邮政编码：100142

发行处电话：88190406　财经书店电话：64033436

北京富生印刷厂印刷　各地新华书店经销

787×1092毫米　16开　14印张　335 000字

2010年5月第8版　2011年3月北京第3次印刷

定价：27.00元

ISBN 978-7-5095-2083-3/F·2042

（图书出现印装问题，本社负责调换）

本社质量投诉电话：010-88190744

编写 说明

本书是财政部规划教材，由财政部教材编审委员会组织编写并审定，作为全国中等职业学校财经类教材。

本书遵循国务院《关于大力发展职业教育的决定》的精神，围绕培养应用型财会人员和管理人员的目标，注重理论联系实际，侧重于培养创新精神和实践能力，在服务专业全局，体现学科特色，适当控制篇幅，突出应用实务，方便组织教学等方面作出了较大的努力。本书也可供广大纳税单位的办税员、财会人员、企业经营管理人员，以及会计师事务所、税务师事务所的业务人员学习、参考。

本书从编写大纲的制定到书稿的编写和审定都是在财政部教材编审委员会和财政部干部教育中心的直接关心和指导下进行的。按照财政部的统一要求，教材编写力求突出实用性，注重易懂性。突出实用性，这是中等职业学校培养应用型人才的要求。同时作为一本面向社会发行的教材，突出实用性，也是为了适应广大财会人员和办税员实际工作的需要。

为突出实用性我们尽力做到：第一，理论阐述力求少而精。在讲清税收的基本原理的同时，适当吸收了近年来学术界研究的最新成果。第二，内容充实、全面。本书基本上包括了1994年税制改革以来至2010年1月30日止全国人大及其常务委员会、国务院、财政部、国家税务总局颁布的税收法律、各税种的暂行条例及其实施细则和相关文件的主要内容。第三，突出重点，从实用出发。对各税种的阐述侧重于征税对象、纳税人、税率等基本要素，特别突出了计税依据和应纳税额的计算。税收管理部分则侧重于纳税程序、法律责任和纳税人权利的阐述。

在力求易懂方面我们尽力做到：第一，根据多年的教学经验和中等职业教育的教学规律，把有关的税收规定有机地加以组织，使之系统有序、条理清晰，全面而又突出重点，避免成为税法规定的堆砌；第二，按照能使具有中等文化程度的自学者基本看懂的要求讲述，文字力求准确、简练、清晰明白；第三，对重点和难点的内容，除文字的详细讲述外，还作了大量的举例说明。

本书总体结构大致分为三部分：第1、2章为税收基础知识，讲述税收的概念、特点、职能和国家征税的必要性，是学习税收的入门知识，也是培养财会人员依法纳税意识和职业道德观念的必要知识准备；第3至11章讲述我国现行税收实体法的主要内容，是税收知识和技能的关键部分，是企业办税人员必须掌握的核心内容；第12章讲述税务管理和税收当事人的权利义务，是依法纳税的具体操作规程，讲述履行纳税义务的基本程序。这三部分，简而言之，就是使学习者知道什么是税和为什么要交税，应交些什么税、交多少税，以及如何交税等问题。

参加本书编写的有：广州番禺职业技术学院杨则文（第1、2章），广东外语外贸大学财经学院黄钢平（第3至第5章），广州番禺职业技术学院邓华丽（第6章、第12章），北京财贸职业学院乔梦虎（第7、8章），东莞职业技术学院张玉昆（第9至第11章）。由杨则文任主编，并对全书进行设计、修改、总纂。最后，由财政部组织专家、教授进行审稿。按照审稿提出的意见，再次对全书进行了修改。在此对有关专家、学者深表感谢。

为方便教学及学生练习，本书编写了配套的《学习指导与练习》。用书学校任课老师若需要习题集答案，请以电子邮件形式向中国财政经济出版社索取，E－mail：chenbing@cfeph.cn。若需要其他网络教学资源，请登录如下网址：http//www.zgcjjy.com（或 www.中国财经教育网.com），进入“下载专区”即可。

由于我们理论水平和实践知识有限，书中缺点和错误在所难免，恳请读者批评指正。E－mail：yangzewen@126.com。

编　者
2010年2月

目 录

第1章 税收的概念

税收是人们经常碰到的一种经济现象：从事工商业生产经营要纳税；购买住房或汽车要纳税；领取劳动报酬也要纳税。家庭日常消费所购买的商品价格中；交通运输的车船票中；文化体育活动的门票中；邮政、电讯、饮食、旅游、建筑、装饰等各种服务业的收费中，几乎都包含了税收。购买这些商品，享受这些服务，也就承担了税收。税收在我们的日常生活中几乎无处不在。在西方甚至流传着这样一句话：只有死亡和纳税是不可避免的。

因此，究竟什么是税收？政府凭什么向公民征税？公民为什么要向政府纳税？自然成为人们所普遍关注的问题，这也是税收理论中的基本问题。

第一节 税收的含义与特征

一、税收的含义

税收是国家为了满足社会公共需要，凭借政治权力参与社会剩余产品分配，强制地、无偿地取得财政收入的一种规范形式。这个定义包含了以下几方面的意思：

1. 税收属于分配范畴，是国家取得财政收入的基本形式；
2. 税收是以政府为主体，凭借政治权力进行的分配；
3. 税收分配的对象是剩余产品价值；
4. 征税的目的是为了满足社会公共需要。

（一）税收属于分配范畴，是国家取得财政收入的基本形式

物质资料的再生产是人类社会赖以生存和发展的基础，是人类最基本的实践活动。社会再生产包括生产、分配、交换、消费四个基本环节，周而复始，循环不息。其中，生产创造

社会产品；消费耗费社会产品；在市场经济条件下，分配是对社会产品价值量的分割，决定价值归谁占有、各占多少；交换是将自己占有的价值量去换取自己所需要的产品，实现使用价值的转移。我们凭直观就可以知道，政府征税、公民纳税，既不增加也不减少社会产品的总量，因此，税收不属于生产和消费范畴；它也不采取以物易物或钱物交易的方式，因而也不属于交换范畴。征税，只是从社会产品价值量中分割出一部分集中到政府手中，改变了社会成员与政府各自占有社会产品价值量的份额。显而易见，税收属于分配范畴。

从古至今，政府参与剩余产品分配取得财政收入的手段是多种多样的，但使用时间最长、运用范围最广、积累财政资金最为有效的就是税收这种分配形式。因此，当今世界上绝大多数国家都是以税收为其主收入渠道的。一般来说，政府财政收入的80%以上都来自各种税收。这是税收在分配上所具有的特殊性所决定的。

（二）税收是以政府为主体，凭借政治权力进行的分配

税收同劳动工资、地租、商业利润、资本利息一样，都是一种分配方式，但它又不同于这些分配方式。其主要区别在于，税收是国家以政府为征收主体，凭借政治权力进行的分配。所谓以政府为主体，是指对什么征税、对谁征税、征多少是由政府按照法律规定来组织实施的。政府通过征税使一部分社会财富单方面地转移到政府手中。我们知道，任何分配的结果，都要发生财富所有权、占有权或支配权的转移，涉及相关方面的物质利益，这就决定了任何分配的实现总要以一定的权力为依托。那么，政府运用税收这种方式进行分配是凭什么权力呢？更直接地说，政府凭什么权力征税？我们知道，领取工资要凭借自己的劳动付出，领取存款利息需要自己将钱存入银行，领取股市分红需要购买股票，这些按照生产要素进行的分配都要凭借对某种生产要素的占有的权力。国家利用税收参与分配凭借的不是这些权力，而是凭借政治的权力，即国家的权力，这种权力是因全体公民需要委托一个公共管理者管理公共事务而授予国家的。

税收是国家出现之后的产物，全体公民委托国家管理公共事务和向国家纳税是出于权力与义务的对等。因此，税收与国家是紧密联系在一起的：一方面，国家公共权力要靠征税取得赖以存在的物质基础；另一方面，征税又必须以各种强制性的公共权力为后盾。但是，政府征税直接凭借其政治权力，这并不意味着政府可以不顾经济条件而任意征税。经济是政治的基础，国家征税必须与当时的社会经济条件和纳税人的整体意愿相适应。

（三）税收分配的对象是剩余产品价值

根据马克思再生产理论，社会总产品的价值形态可分为两个部分：一部分是已消耗的生产资料转移的价值，这部分只能留在生产部门内部，用于重新购置生产资料，以保证简单再生产的进行，一般不进入分配领域，因此不属于纯粹意义上的分配。另一部分是劳动者新创造的价值，只有这一部分才有一个划分为不同份额并决定归谁占有的问题。因此，也只有这一部分才能成为税收分配的对象。而新创造的价值又包括必要产品价值（或称为劳动者为自己劳动创造的价值）V和剩余产品价值（或称为劳动者为社会劳动创造的价值）M两部分。前者归劳动者个人占有，用于个人消费以保证劳动力的再生产。后者则在社会范围内分配，用于社会积累和社会消费，以满足扩大再生产和社会公共需要。

税收分配的对象是剩余产品价值，这是容易理解的。但问题是对个人收入的征税，是不是也属于M部分呢？随着生产力的发展和社会的进步，劳动力的付出在剩余价值形成中的作用越来越重要，这种生产要素对于剩余价值形成的作用的变化，必然反映到剩余价值的分配上来。在当今社会，劳动者在参与社会产品的分配过程中，除取得必要劳动的那一部分价值外，通过劳动分红、绩效工资及其转化形态参与M部分的分配已经是一种非常普遍的现象。各国在税收实践中，对于必要的生活费用在计算征收个人应交税金时一般都是进行必要的扣除的。因此，对个人收入的征税部分通常是指对M转化为个人收入的那一部分的征税。

（四）征税的目的是为了满足社会公共需要

有社会生产存在，就有社会的需要存在。经济学上讲的需要，并不是人们在主观上对事物的欲望或要求，而是不以人们的主观意志为转移的客观需求，是社会中的主体对客体的依赖关系。从社会主体方面说，除了个人、家庭、集体的需要之外，还存在着社会的公共需要。社会公共需要，是维持一定社会存在、一定社会再生产的正常进行，必须由社会集中组织相关事务的需要，是一般的社会需要。因此个人的劳动成果总是要区分出两个部分，一部分产品直接由生产者及其家属用于个人的消费，另一个部分即剩余劳动中的一部分产品，总是用来满足一般的社会需要。

社会需要大体包括四个方面：一是保护国家主权和领土完整的需要，如国防、外交等；二是维持社会安定秩序的需要，如警察、法院、监狱、行政管理等；三是维护和扩大社会再生产活动的需要，如兴建农田水利、交通、通讯等公共工程及经济管理等；四是保障和提高人类自身发展的需要，如举办文化、教育、卫生、社会保障等各项公共事业。这些公共需要的满足，在现代社会须由政府集中一部分社会财富来实现，而征税就是政府集中一部分社会财富的最好方式。

请思考：中国古代很多朝代的政府主要收入都不叫“税”，而是叫做“赋”、“租”、“调”、“钱”、“课”等。那么，这些朝代就没有征税吗？

二、税收的特征

政府筹集财政收入的方式除税收外，还有举债（发行公债）、国有企业上交利润和收取各种规费等，税收分配方式与其他分配方式比较，具有无偿性、强制性和固定性的特征，习惯上称之为税收“三性”。

（一）税收的无偿性

税收的无偿性是指国家取得税收收入不需直接向缴纳的单位和个人付出任何代价。通过征税，单位和个人缴纳的实物或货币即转变为国家所有，并不再直接归还给缴纳者。就这一点而论，税收与国债收入、规费收入等有明显的区别。国债收入是国家以债务人的身份凭借国家信用取得收入，国家对债券持有者具有直接的偿还义务。规费收入是国家机关向有关当事人提供某种服务而收取的一种报酬，也不具有无偿性。

税收的无偿性，是就国家与某个具体的纳税人对剩余产品的占有关系来说的，而不是对税收与全体纳税人的利益归宿来说的。如就税收与全体纳税人的整体利益而言，税收也是一种有偿分配。因为税收的最终目的是用于满足所有纳税人的社会公共需要，纳税人一方面向国家缴纳税款，另一方面享受着国家执行公共事务所带来的益处，如和平的环境、安定的社会秩序和完备的基础设施等。但这种有偿是就税收的目的而言的，是整体意义上的。而且在不同阶级社会的国家中，其整体有偿的程度也是不同的。税收的无偿性是对税收作为分配范畴的一般特征而说的，而不是对税收作为历史范畴在某一社会的特殊性而说的。

税收的无偿性是由公共需要的性质决定的。用于满足社会公共需要的物品和服务，其效用具有不可分割性，即它们是向社会成员共同提供的，而不只是向某一个人或集团提供；同时又具有消费的非排他性，即某一个人对公共设施和服务的享用并不影响其他人的同时享用，也不会减少其他人享用的数量和质量；对拒绝付款的个人也无法排除在受益范围之外；社会成员从公共设施和服务中得到的利益也不能直接计量。因此，公共需要的提供，不能采取市场交换的方法，而只能由国家对全体社会成员无偿提供，相应决定了政府筹集满足公共需要的资金也只能采取无偿原则。

（二）税收的强制性

税收的强制性是指税收这种分配是以国家的政治权力为依托的，具体表现为国家以颁布税收法令和制度等法律形式来规范、制约、保护和巩固这种分配关系。国家规定的税收法令和制度，任何单位和个人都必须遵守，否则就要受到法律的制裁。

国家征税的方式之所以是强制的，是由税收的无偿性这一特征决定的。国家征税必然导致社会剩余产品所有权的单方面转移，虽然这种单方面转移是为了满足社会公共需要，但在经济单位和个人看来，社会的共同利益是一种相对遥远的东西，是“异己的”，而自身独立的经济利益是看得见摸得着的。因此，税收从其经济本质上来看，不会是一种自愿的缴纳。具体的纳税人所追求的是自己本身的经济利益，税收这种外来的征收与这种利益的追求是相矛盾的。为了解决这种矛盾，国家就必须运用政治权力来进行实际的干涉和约束，利用法律手段来保障征税权利是国家在这种矛盾面前的必然选择。可见，征税是国家意志的体现，而不是具体纳税人意志的体现。

请思考：有人认为税收既然是为了“满足公共需要”，那么，它就不需要凭借“政治权利”，而应该是凭借大家的一种自身的需要。你怎样看这个问题？

税收的强制性，不仅仅只是要求纳税人必须依法纳税这一个方面。对征税机关来说，税收也是强制的。如不依法征税，无论是多征了，还是少征了，也要承担相应的法律责任。

（三）税收的固定性

税收的固定性是指对什么征税和征多少税是通过法律形式事先规定的，征纳双方都必须遵守。税收的固定性还意味着作为征收对象的各种收入、财产或有关行为是经常、大量存在的，同时征收数额与征收对象数量之间的量的比例是相对固定的。从这个意义上说，税收的固定性还含有时间上的连续性和征收比例上的限度性两层意思。这和一次性的临时摊派以及对违法行为的罚款、没收等有明显的区别。固定性也是税收区别于罚没收入等其他财政收入的重要标志，也正因为税收的固定性特征，才得以保证国家财政收入的均衡和纳税人负担的稳定。

税收的固定性并不是说一个国家的税收法律是永远不变的。随着社会生产力和生产关系的发展变化，税收法律也是不断发生变化的。但是，这种变化是要通过法定的程序以法律的形式事先加以明确，并且在一定时期内是保持相对稳定的。因此，税收的固定性特征与税收制度改革、国家税法的某些变动并不矛盾。

税收“三性”是相互联系、缺一不可的。只有无偿征收，才能满足一般的社会公共需要。而要无偿取得财物，就必须凭借法律的强制性手段。固定性则是保证强制、无偿征收的适当限度的必然结果。“三性”是税收固有的特征，因此，看一种财政收入是不是税，主要就是看它是否同时具有这三个特征。只有同时具有“三性”的财政收入才是税，而不论这种收入的名称是什么；凡不同时具有“三性”的，即便叫做税，实际上也不是税。

第二节 税收的职能

税收的职能是指税收作为一种分配范畴本身所固有的能够长期发挥作用的功能。它是税收本质的具体体现，表明税收能够或可以做什么。

一般来说，税收具有财政职能、经济职能和社会职能三项职能。

一、税收的财政职能

税收的财政职能是指税收具有从社会成员和经济组织手中强制性地取得一部分收入，用以满足社会公共需要的职责和功能。税收从根本上来说，是政府集中一部分社会剩余产品（不论是价值形式还是实物形式）的一种分配方式。因此，组织收入是税收原生的最基本的职能。税收自产生之日起，就是为国家筹集收入的。就税收与国家的关系而言，税收分配过程就是国家集中收入的过程，税收表现出来的第一个结果就是国家财政收入的形成。税收奠定了国家存在的经济基础，维持了国家的存在。也正因为税收具有财政职能，使其在不同的社会形态下都是国家财政收入的基本支柱，在政治经济生活中具有十分显著的地位。

在政府的各种聚财手段中，税收是最主要的手段。它适用范围最广、存续时间最长。这主要是因为税收凭借的是政府的公共权力，可以凌驾于各种所有制之上，税收收入不会因为所有者的变化而受到根本性的影响；它具有法律的强制性，是取得收入的一种可靠形式；它具有固定性，征收是连续进行的，保证了财政收入的及时和源源不断；它又是无偿征收的，最适合用于满足公共需要的开支。因此，在政府的多种财政收入形式中税收成为政府收入的主要支柱。

若从收入的物质内容看，税收又是对现有的有限资源在政府与企业和个人之间的分配。在市场经济条件下，资源配置首先表现为货币资金的分配，政府征税将一部分剩余产品价值集中到自己手中，实际上就是将本来由企业和个人支配的一部分经济资源（也是可通过市场机制配置的一部分资源）转归政府支配。因此，运用税收收入职能，还要深一层考虑资源的有效配置，正确确定在一定的经济发展阶段社会公共需要的量，不能认为满足公共需要越多越好，或者把一些可以由企业和个人办的事也集中由政府来办，这样势必导致资源整体效率的下降。

二、税收的经济职能

税收的经济职能是指在税收分配过程中对经济组织和社会成员的经济行为产生影响的职责和功能。政府征税，必然会改变各社会集团及其成员在国民收入中占有的份额，总的来说是减少了他们可支配的收入，但这种减少并非等量的，有的减得多些，有的减得少些，这种利益得失必然影响纳税人的经济活动能力和行为，进而对经济产生某些影响。政府自觉地运用这种影响，有目的地对经济活动实施引导或抑制，这就是税收调节经济的职能。

人们通常把能改变人们的物质利益关系，影响人们的经济行为，使之朝着预定方向、目标运转的一切经济手段或方法，统称之为经济杠杆。税收就是这样一种经济杠杆。税收杠杆与其他经济杠杆相比较，又具有其自身的特点：其一，税收是政府直接掌握的经济杠杆，较少受市场等其他因素的影响，能更好地体现政府的意图，因而具有调节作用的一致性和有效性。其二，征税涉及社会再生产的各个环节，几乎涵盖了所有的经济活动，因此具有调节范围的广泛性。

运用税收调节经济的方法主要是两方面：一是通过增加或减少税收收入总量，相应减少或增加企业和个人的支付或购买能力，以刺激或抑制社会总供给或总需求，使之趋向平衡，以维持经济的稳定发展。二是通过变动税收分配办法，如对某些经济活动征税，某些则不征；有些项目多征，有些少征；有些项目加征，有些则给予减税免税优惠等等。通过征与不征、多征与少征、加征与减免等办法，造成对纳税人物质利益的不同影响，引导纳税人调整自己的活动，如放弃某项活动或对某物的占有转而从事另一项活动或另一物的占有，以配合产业政策，促进生产结构、消费结构的调整，优化资源配置，使微观经济活动符合国家宏观意志的要求。

三、税收的社会职能

税收的社会职能是指它通过促进或阻碍生产关系变革，继而促进或阻碍社会变革从而影响上层建筑变革方面的职责和功能。从税收的自然属性来看，税收表现为钱、物的单方面转移，并通过这种转移来取得财政收入和调节经济，这是税收的财政职能和经济职能的体现。从税收的社会属性来看，它具有强烈的阶级性和社会性，有为不同利益集团服务的社会职能。一些寓禁于征的税种，税款会越来越少，这些税种体现的也是税收的社会职能。

在市场经济中，国民收入的分配决定于每个人提供的生产要素（如劳动力、资本、土地等）的数量以及这些生产要素在市场上所能获得的价格。由于每个人挣取收入的能力不同、占有财产的状况不同，因此在收入分配上必然出现较大差距。这种个人收入分配悬殊的状况如任其发展，势必激化矛盾，危害社会安定。因此，需要运用税收进行再分配，加以调整和校正。在当今社会里，税收的社会职能，主要是指这一点。

国与国之间的经济利益关系，可以把它看成一种扩大了的生产关系。税收也是调整国与国之间经济关系的重要政策手段。在今天，税收，主要是关税，是发展中国家维护本国权益，开展对外经济合作和斗争的重要手段，一方面用以保护本国工农业生产，尤其是幼稚产业的发展；另一方面引导国外商品的进口和外商投资的方向；同时也是反对贸易歧视，争取国际经济交往中平等地位的斗争手段。

以上三项职能，从税收的产生看，税收的财政职能是原生的，其他两项职能是派生的。但三者又是相辅相成、密不可分的。因为无论是对经济活动（指物质资料再生产活动）的调节，还是对生产关系的调整，都与如何运用收入手段相关，即征或不征、多征或少征。而运用收入手段，也往往不是单纯地为收而收，它总是包含着对经济活动的调节或对生产关系的调整。

第三节 税收存在的必要性

自古以来，对政府为什么要征税，人民为什么有义务纳税，即政府征税和人民纳税的根据是什么的问题，人们根据自己认识问题的角度和方法不同，形成了多种不同的看法。如：国家需要说、社会扣除说、公共产品补偿说等等。在我国现阶段一般认为最根本的原因是人们对社会公共产品的需要，即社会公共需要决定了税收的存在。

一、税收是补偿公共产品价值来源的基本途径

社会需求包括对私人产品和对公共产品的需求。私人产品是指用于满足个人需要或企业需要的产品或劳务。如房屋、汽车、衣服、食品等。私人产品消费的显著特点是排斥性，即一旦某人占有或享用就排斥了其他人同时占有或享用这一产品。由于排斥性的存在，使消费同种私人产品的不同个人只能按市场规则取得该商品。因此，私人产品是按市场规则并通过市场竞争来提供的。

公共产品是指用于满足社会共同需要，由政府财政掌握提供的产品和服务。如国防、法律、治安、城市交通基础设施、公路、水利、气象、环境保护，以及博物馆、公园、街道路灯、卫生防疫等。当某种公共产品由某个消费者消费时，并不妨碍其他更多的消费者同时消费，并能获得相同的消费水平。因此，公共产品一般具有非排斥性特点，即每个人在消费某种公共产品的同时不排斥其他人享受。

公共产品虽然具有非排斥性的共同特征，但不同类型的公共产品在非排斥性的范围和层次上是不完全相同的。有些公共产品，如国防、外交等，为全体人民所享受；有些公共产品，如博物馆、公路、城市设施等，其享受范围具有地域局限性。公共产品一旦被生产出来，那些没有分担成本的人也可以受益。经济学称这种现象为“搭便车”，就像乘坐公共汽车不买票一样。由于消费者无须付费就能享受，因此公共产品不可能通过市场来提供，也不可能通过市场调节供求达到均衡状态。一方面，公共产品是社会发展所必需的，必须要有提供的主体；另一方面，公共产品的非排斥性特征决定了公共产品不可能通过市场提供。要解决这一矛盾，必然要求政府行使提供公共产品的职责。因此，政府是公共产品最主要的提供者。

虽然公共产品不能通过市场机制提供，但政府提供公共产品却需要从市场上购买相应的商品或劳务。这种对商品或劳务的购买，便构成了公共产品的成本。这种成本如果不能得到及时的补偿，政府的职能必然无以为继。正如企业再生产过程中的成本如果不能补偿企业必然破产一样。政府在有效地提供公共产品的同时，要求能取得相应的资金来补偿公共产品的成本，这是政府继续存在的必然要求。税收则是政府为了提供公共产品而向公共产品消费者收取的一种特殊形式的价格。这种价格不是由消费者主动地、自愿地支付的，而是由政府强制征收的。从这个意义上说，政府和税收的关系，不是因为有了政府（或国家），政府就必

须征税，而是因为政府作为公共部门提供了公共产品，就必须以税收作为公共产品成本的价值补偿。

当然，有一部分公共产品的提供可以采取收费的办法来弥补其成本。如政府提供的特定交通设施、文化体育设施、非义务教育等服务，都可以收取适当的费用。但在实际经济生活中，由于这些公共产品的成本与直接效用往往难以对等，即使可以收取一些费用，一般都难以弥补公共产品的成本。而大量的公共产品则不可能采取收费的办法。显然，要满足长期的、经常性的、无偿的公共产品成本补偿的需要，就必须采用具有强制性、无偿性、固定性特征的税收，所以采取征税的办法是政府弥补公共产品成本价值的最佳选择。

二、税收是实现经济稳定协调发展的重要调节手段

从宏观经济在总量上稳定运行的角度来看，要求经济发展不出现大幅度的波动，不出现大幅度的经济萎缩和通货膨胀。而在市场经济条件下，生产要素的组合、资源的配置是通过价格信号的引导来进行的，但市场的价格信号是在商品投入市场后才形成的，具有事后性的特点。因此它也是自发的和盲目的。由于价格的自由涨落，在利润的驱使下生产要素必然在市场上盲目地频繁流动，这种流动必然会造成社会资源的浪费和生产力的破坏，最终导致经济的周期性波动，出现经济危机。由于这种危机是市场本身无法克服的，为保持经济的稳定发展，国家必须借助各种手段加强对经济的宏观调控。

税收正是国家干预经济、实现稳定经济政策目标的重要手段之一。在具体运用中，税收调节是“逆经济风向行事”的，一般地说，当经济过热，需求过旺，供给不足，甚至发生通货膨胀的情况下，可扩大税收征收范围、提高税率、增加税收，减少企业和个人的可支配收入，减少消费和投资支出，压缩社会总需求，减轻通货膨胀的压力。反之，当有效需求不足而导致经济萎缩时，则通过降低税率、减少税收，增加企业和个人可支配的收入，增加消费和投资，扩大社会总需求。

从经济运行的结构来看，早在一百多年前，马克思就曾精辟地指出：劳动时间按比例分配是人类社会经济生活中最根本的规律。在市场经济条件下，市场调节是资源配置的基本形式，但由于存在多元化的市场经济主体，其利益具有集团的或私人的狭隘性质，他们各自根据市场信号，从各自的利益出发自主决策，就不可避免地同按比例分配社会劳动和优化资源配置的客观要求相矛盾。为此，需要国家利用各种手段对宏观经济实行有效调控。

国家调控经济结构的主要方法就是制定合乎各个时期经济发展规律的产业政策。产业政策是国家通过干预产业之间或特定产业内的产业组织之间的资源配置，影响产业结构的一种政策。我国的产业政策，把产业划分为四类：第一类是鼓励发展的产业；第二类是允许发展的产业；第三类是限制发展的产业；第四类是禁止发展的产业。由于国家调节经济的方式由直接转向间接，由以行政手段为主转向以经济手段为主，产业政策更多的是具有指导意义。要体现产业政策的要求，必须利用税收等国家直接掌握的间接手段，通过税收发挥宏观调控作用，体现国家产业政策的要求。即针对不同类型的产业，确定相应的税收政策，设置相应的税种税目，设计相应的税率，来体现国家鼓励、允许或者限制发展的政策；通过税率的高低、税负的轻重、税收政策的宽严，引导资金、人力、物力、技术等生产要素向合理方向流动，促进资源配置的优化。

三、税收是调节居民收入分配实现共同富裕的重要保证

在市场经济中，初次分配结果存在社会不公平问题是不可避免的。市场法则是根据市场公平原则，通过等价交换来形成收入分配格局的。这种收入分配格局从市场角度来看是公平的，但从社会角度看则是不公平的，因为在各生产要素（资本和劳动力等）进入市场之前就存在着种种不公平，例如人们对生产资料的占有是不公平的，劳动者受教育的条件是不公平的，就业条件及机遇是不公平的，居民的家庭条件、地理位置等等也存在许多不公平。另外，在市场竞争中也存在着竞争地位的不公平，如垄断等。市场法则不但不能解决上述不公平，反而会强化这种不公平，这不仅与社会公平的原则相背离，而且会导致诸如贫困、社会冲突等问题，影响社会政治经济的稳定。因此，只能依靠非市场力量，由国家来解决收入分配不公问题。这也就需要存在税收，需要国家进行再分配。一方面，运用累进税制等手段通过对部分高收入者征税，缓解收入分配不公；另一方面，运用税收筹集的资金进行转移支付，把一部分收入转移给低收入者以解决收入分配不公问题。从地区差别来看，地区经济发展差距拉大的问题，也需要通过制订不同的税收政策和转移支付来加以调整。

四、税收是在国际经济交往中维护国家权益的重要工具

市场经济是对外开放的经济，由于经济发展而形成的对更大的市场的需求，必然要求各种经济交往冲破国界的限制，使各种经济主体参与国际交换和国际竞争。通过"取天下之长、补己之短"，达到各种生产要素的合理流动和优化组合。我国是一个发展中国家，缺少资金、缺乏先进科学技术、缺乏科学管理经验，在坚持自力更生的基础上，更需要实行对外开放，扩大对外经济交往。

在当今世界经济交往中，经济合作与竞争始终相伴，各国无不把税收作为维护国家利益，促进公平竞争的重要工具。在各种贸易争端中，税收更是各国行使国家主权，实行对外经济政策的一个重要经济杠杆。在对外贸易中，可以通过采取高低不同的税率和不同的征税及减免税措施，调节进口产品的品种和数量，扩大国内急需产品的进口，限制非必需品和国内已能满足需要的产品的进口，保护和发展国内生产。同时，通过对出口产品的轻税或免税政策，可以有效地提高出口商品的竞争力，扩大商品出口，发展对外贸易。在引进外资方面，通过实行税收优惠，可以鼓励引进国外先进技术和资金，并根据外商在我国取得收入和利润的不同情况，在税收上进行必要的调节，从而达到引导投资方向、维护国家主权和经济利益的目的。

第2章 税收制度

税收制度是国家经济管理制度的重要组成部分，随着国家经济运行状况的变化以及经济管理制度和管理方法的变化，税收制度也会发生变化。在不同的历史时期，任何国家或地区都要根据自己的社会经济和政治状况制定相应的税收制度，对征税过程中存在的向谁征税、对什么征税、征多少税、如何征、何时征等问题进行规定，以保证税收活动的正常进行。因此，我们有必要对税收制度的基本内容进行系统阐述。

第一节 税收制度与税法

一、税制与税法的含义

税收制度，简称“税制”，是指在一定课税权主体下，一个国家或地区的各种税收及其要素的组织体系，是国家以法律程序规定的征税依据和规范，是税务机关依法征税和纳税人依法纳税的法律准绳。

税法是税收制度的法律体现形式，它是国家法律、法规的重要组成部分，是规定国家与纳税人之间在税款征收和税款缴纳方面的权利、义务关系的法律规范。它既是税务机关向纳税单位和个人征税的法律依据，也是纳税单位和个人履行纳税义务的法定准则。

对税制和税法的含义及其关系可以从以下两方面来理解：

一是从税收制度所体现的经济内容来看，税收制度是国家将各个税种按一定政策原则组成的税收体系。其核心是一个国家或地区应该开征哪些税收，以及以哪些税种为主、哪些税种为辅和这些税种如何搭配的问题。自古以来，任何国家的税制都是由具体的税种组成的，如增值税、个人所得税等，其中每一个税种又是由最基本的要素构成。如纳税人、征税对象等。这些要素既是税制的最基本的单元，也是各个税种税法条文的基本内容。

二是从税收制度的法律表现形式来看，税收制度是国家各种税收法律、法令和征收管理办法的总称。在现代社会中，任何国家的税收制度都要采取法律的形式，各个税种的各种要素都要通过法律条文来体现，税收制度的落实要经过特定的立法程序，通过法律的实施来实现。可以说，税收制度是税法最基本、最重要的内容，税法是税收制度的体现。

二、税收法律关系

税法的调整对象是税收征纳主体之间发生的经济关系。税收法律关系就是指这种由税收征收机关与纳税人在税收征纳活动中依据税法规定所形成的权利和义务关系。

税收法律关系同其他法律关系一样，包括主体、客体、内容三要素。税收法律关系的主体，是指参与税收法律关系的当事人，分为征税主体和纳税主体。其中，征税主体是指国家及其各级征税机关，纳税主体是指负有纳税义务的单位和个人。税收法律关系的客体，是指税收法律关系主体的权利和义务共同指向的对象，包括货币、实物、行为等，也就是征税对象的法律表现。税收法律关系的内容，是指法律关系主体双方享有的权利和应承担的义务。

与其他法律关系比较，税收法律关系有以下几个特点：

1. 在税收法律关系中固有的一方主体即征税主体始终是国家及其征税机关。法律关系是一种社会关系，其主体通常是两方，也可能是多方。在税收征纳过程中，国家及其征税机关自始至终是作为主体的一方参与税收法律关系的，另一主体则可以是不同的单位或个人。这是税收法律关系区别于其他法律关系的最明显的特征之一。例如：民事法律关系的主体可以是不同的公民个人，同一公民也可以同多个不同的对象发生法律关系，可以不涉及国家。税收法律关系则不同，没有国家及其征税机关这一主体，就不能构成税收法律关系。

2. 税收法律关系的产生以纳税人发生了税法规定的应税行为或事件为前提，而不以主体双方的主观意志为转移。法律关系的存在总要以相应的法律事实的存在为前提。在一般的民事法律关系中，法律关系的产生不仅要考虑上述前提，它还要以法律关系主体的意志为转移。例如：合同法律的存在是经济合同法律关系产生的法律依据，但只有当事人在经过充分酝酿和协商，在自愿基础上正式签订合同之后，经济合同的法律关系才能够正式成立。而且，在某些法律关系中，法律权利和义务的产生、变更和终止都可以依主体的意志为转移。例如，在行政诉讼中，一方当事人的起诉行为，就引起法律关系的产生；而撤诉的行为，又引起法律关系的消亡。税收法律关系则不同，它的产生以纳税人发生了税法规定的应税行为或事件为条件，如企业销售了应税货物，个人取得了应税收入等等。当这些事件发生后，由此产生的法律关系必须通过履行纳税义务来完成，而且这种权利义务不得放弃、不能协商、不可转让。

3. 税收法律关系中，征税一方享有单方面的征税权利，纳税人负有单方面的纳税义务。就一般经济法律而论，参与法律关系的主体双方或多方，其各自所享有的法定权利和应承担的法定义务是对等的，权利与义务是相互联系着的。然而，在税收征纳过程中发生的税收法律关系，则不具有权利和义务关系的对等性。征收机关依法征税，毋须征得纳税人同意，纳税人在纳税过程中也没有讨价还价的权利。而且，从一个相对较长的阶段看，国家可以单方面决定产生、变更或停止与某一类纳税人的权利义务关系。从这个意义上说，双方的权利义务关系是完全不对等的。但在某种特殊情况下，又不是单方面的。比如，遇有不可抗拒的自然灾害时，纳税人有依法申请延期纳税或减税、免税的权利，征收机关则负有按规定准予延期纳税或给予减免税的义务。

虽然在税收征纳过程中征纳双方的权利义务不对等，但这并不意味着征收机关和纳税人的法律地位的不对等，在发生税务行政诉讼时，征纳主体双方在诉讼中的法律地位是完全平等的。

4. 税收法律关系具有财产所有权无偿转移的性质。法律关系大多涉及财产和经济利益，在民事法律关系中，财产所有权的转移通常是在主体双方平等协商、等价有偿的原则基础上进行的。例如，在货物买卖合同法律关系中，卖方的货物与买方的货币是等价有偿的，双方在得到的同时必须直接付出，而且得到和付出的多少完全由双方自愿商定。而在税收法律关系中，纳税主体发生纳税义务缴纳税款之后，就意味着将自己拥有或支配的一部分财物让渡给了国家，成为国库的财政收入，而且这笔款项国家不再直接返还给纳税人，也不另外给纳税人任何补偿。可见，税收法律关系中财产转移具有单向转移、无偿支付的特点。而且，只要纳税人不中断税法规定的应税行为或事件，相应的税法不发生变更，这种法律关系就将一直延续下去。

5. 征税主体享有的征税权利，往往与他们的责任联系在一起。征税主体享有的征税权利实际上是职责和权限的统一，是一种职权的行使。因此，对国家和人民来说，征税权利又是征收机关的一种义务，必须履行，而不能放弃，否则要承担失职的法律责任。该征收的税款，征收机关没有不征收的权利，不该征收的税款，征收机关也不能越权征收。征收机关违犯了税法同样要承担相应的法律责任。这也就是说，税收法律关系一经产生，既不能以缴纳方的意志为转移，同样也不能以征收方的意志为转移。

三、税法的类别和层次

（一）税法的类别

税法按其内容和作用的不同，可分为税收基本法、税收实体法和税收程序法。

1. **税收基本法**是税收母法，是指用以统领、约束、指导、协调各单行税收法律和法规，在税收领域具有仅次于宪法的法律地位和法律效力的税法。它规定税收制度的性质、制定税制的原则、税收基本政策、税制体系、税收管理体制、纳税人的基本权利与义务、税务管理机构的设置、税务争议的解决途径及程序、税务司法等有关税收最基本的法律问题。它是在一个相当长的历史阶段相对固定的法律，它制约着税收实体法和税收程序法。由于历史的原因，我国目前还没有颁布单独的税收基本法。从法律体系的角度来看，尽快制定颁布《中华人民共和国税收基本法》是十分必要的。

2. **税收实体法**是税法的核心部分，它是规定税收法律关系主体权利与义务的具体内容的税收法律规范。也就是具体规定各税种对什么征税、对谁征税和征多少税等问题的法律规范。这些权利、义务的内容大多是通过有关税种的单项税法及其要素的规范明确下来的，这种明确既形成了各个税种成立的依据，也构成了税收实体法的基本内容。税收实体法是征税机关和纳税人征纳税款的基本法律依据。例如：《中华人民共和国个人所得税法》、《中华人民共和国企业所得税法》等，均属于税收实体法。

3. **税收程序法**是为保证税收实体法所规定的权利与义务的实现而制定的税收征纳程序的法律规范，是属于税收管理方面的法律。主要包括征纳主体行使权利和履行义务的程序和方式，以及征纳双方的法律责任等内容。任何法律不仅要规定主体的权利和义务，还要明确通过什么样的程序、手续去实现主体的权利，履行主体的义务。税收程序法所要解决的基本问题，都是诸如纳税人发生纳税义务后，应当如何申报、如何缴纳税款；纳税人对征税机关的征税决定和处罚不服时，应当经过哪些程序和何种途径提请复议或诉讼等问题。例如：《中华人民共和国税收征收管理法》就是最重要的税收程序法。

（二）税法的层次

税法由于制定机关的级次和效力而等级不同，是由法律、法规和规章组成，是一个多层次的体系：

1. 全国人民代表大会及其常务委员会制定的税收法律。我国宪法明确规定，全国人民代表大会及其常务委员会行使国家立法权。其他任何部门和地区都无权制定税收法律。在现行税法中，有《中华人民共和国企业所得税法》、《中华人民共和国个人所得税法》、《中华人民共和国税收征收管理法》等。狭义的税法即特指这一类。

2. 全国人大或人大常委会授权国务院制定的税收规定或条例。授权立法所制定的规定或条例具有国家法律的性质和地位，它的法律效力高于行政法规，在立法程序上还须报全国人民代表大会常务委员会备案。现行的大部分税收实体法都属于这一类。例如：《中华人民共和国消费税暂行条例》、《中华人民共和国增值税暂行条例》等。

3. 国务院制定的税收行政法规。国务院作为最高的国家行政机关，拥有宪法赋予的行政立法权。行政法规的地位低于宪法、法律，高于地方法规和部门规章，在全国范围内普遍适用。其目的在于保证宪法和法律的实施，它不得与宪法、法律相抵触，否则无效。现行税法中，如国务院发布的《中华人民共和国税收征收管理法实施细则》等就属于这一类。实施细则是对税收法律全面、详细的解释。这种正式解释，同样具有普遍约束力。

4. 省级地方人民代表大会及其常务委员会制定的税收地方性法规。由于我国税收立法坚持“统一税法”的原则，因此，地方权力机关制定税收地方性法规，要严格按照税收法律的授权行事。随着分税制的不断完善，适当下放一部分地方税的立法权是十分必要的。

5. 国务院的税务主管部门——财政部和国家税务总局根据法律和国务院的行政法规、决定、命令制定的税收部门规章。这在全国范围内也具有普遍适用效力。如财政部颁布的一些税种条例的实施细则、国家税务总局颁发的各税种的若干问题的规定等，就属于这一类。

6. 地方政府制定的税收地方规章。目前，有房产税等部分地方税种的实施细则等，这些必须是在税收法律、法规明确授权的前提下制定。

请思考：假定纳税人在履行纳税义务时，发现国务院发布的条例与国家税务总局发布的文件有相冲突的地方，应该怎么办？

第二节 税制构成要素

税制的构成要素，是指各个税种在立法时必须载明的、不可缺少的基本内容。比如：对什么征税、对谁征税、征收多少、什么时间征收以及不依法纳税怎么办等。一般而言，税制由征税对象、纳税人、税率、减税免税、纳税期限、法律责任等要素构成。其中征税对象、纳税人、税率是最基本的要素。

一、征税对象

征税对象是指征税所指向的客体，是指对什么征税的意思。它是税法最基本的要素。每一种税都有其特定的征税对象，如：收入、财产、行为、资源等。征税对象反映了国家征收这种税的目的和意义，也决定了对谁征收以及如何征收等等，它是一种税区别于另一种税的主要标志，决定不同税种的名称和征税范围。

征税对象只是从大范围明确对什么征税，为了具体实施还必须对征税对象在内容上加以具体规定。在征税对象总的范围内具体规定的应当纳税的项目，叫做“税目”。比如消费税，顾名思义就是对消费品征收的一种税，但实际上并不是对所有的消费品征税，而是通过税目列举了若干消费品征税。凡是列入税法规定税目中的商品或项目就要征税，凡没有列入税目的就不征税。规定税目的另一个重要作用在于区别不同的具体对象，规定高低不同的税率，以体现国家的税收政策。

同一件应税商品从生产到消费，中间要经过许多流转环节，因此在对该商品流转额的征税中，还需要具体确定在哪个流转环节征纳税款。在商品流转过程中被确定应当交纳税款的环节，叫做“纳税环节”。纳税环节的确定，从过程的角度使征税对象得以具体化。根据纳税环节的多少，税收可分为一次课征制、两次课征制和多次课征制。

为了具体计算应纳税款的多少，在确定对什么征税的同时还必须对征税对象在量上加以具体化。它包括两个方面的内容：一是确定征税对象的计量单位，我们把这种特指的计量单位叫做“计税单位”或“计税标准”。计税标准有两种：一种按征税对象的实物量计税，如数量、重量、容积、体积等；另一种按征税对象的价值量计税，如元、角、分。按前一种方法计税叫做“从量计征”，按后一种方法计税叫做“从价计征”。二是根据征税对象的计税单位确定具体应税项目计算应纳税额的数量依据，我们把这种数量依据称之为“计税依据”。

与征税对象相关的还有税源、税本等概念。税源指税收的来源或税收的出处。税收作为国民收入再分配的一种形式，其税源只能是国民收入初次分配中已经形成的各项收入，再进一步说，只能来源于社会剩余产品价值。它与课税对象是有区别的，多数情况下两者不一致。比如，对工商企业的课税，税源是企业所创造的纯收入，征税对象则可以是企业的商品销售额，也可以是企业的利润额。税本是指税收来源的根本。税收的来源是剩余产品的价值，剩余产品的价值是由生产者与生产资料相结合创造出来的，可见，生产者和生产资料才是税收来源的根本，即税本。它与税源、税收收入的关系是：税本是基础，税源是税本产生的收益，而税收收入来自收益，所以税本是支付税收收入的根本。将税本比喻为果树，果实即为税源，从果实中取出若干交给国家，则为税收收入。由此可见，在税收征纳活动中，税本至关重要，国家征税不可伤及税本。

二、纳税人

纳税人，是纳税义务人的简称，是指税法规定直接负有纳税义务的单位和个人。纳税人也叫纳税主体。

纳税人包括自然人和法人。自然人是指独立享有法定权利，并承担法律义务的个人。法人是经国家认可，具有一定的组织机构，拥有能独立支配的财产，并能以自己的名义享受民事权利和承担民事义务的社会组织。简单地说，法人就是社会组织在法律上的人格化。法人和自然人是法律上的用语，通常习惯称之为纳税单位和个人。

为有利于征收管理，有些税款由向纳税人取得收入或支付款项的单位代扣代缴。这些按税法规定负有扣缴税款义务的单位和个人，叫做“扣缴义务人”。

三、税率

（一）税率的含义

税率，是应纳税数额与征税对象数量之间的法定比例，它是计算税额的尺度。在征税对象数量既定的条件下，税额的大小主要取决于税率的高低。税率的高低，反映了国家在一定时期的政策要求，直接关系到纳税人负担的轻重，关系到政府、生产经营单位和个人三者之间的经济利益，因此，它是税法的中心环节。

税率的高低，在一定程度上反映了纳税人负担的程度。一般地说，税率越高，纳税人的负担越重。但税率并不能完全反映纳税人的实际负担程度。反映纳税人实际负担程度的指标叫做“实际负担率”，它是纳税人缴纳的税额占其全部收入的比例。对纳税人的负担程度，不能只看税率的高低，还要根据实际情况作具体分析。一般来说，虽然税率高政府可以多收税，但税率提高超过一定限度，会打击人们工作和投资的积极性，阻碍经济的发展，结果税收收入反而会减少。可见，税率的高低应有一个合理的度。

（二）税率的形式

税率的具体形式一般有三种：

1. 比例税率。它是对同一征税对象或其税目、细目，只规定一个比例的税率。应纳税数额与征税对象的数额保持等比关系。它不区分征税对象量的大小，都采用同一比例，但在具体运用上，可区分征税对象的质（比如，不同产品、同一产品的不同档次、不同地区、不同行业、不同投资项目等）而采取各种有差别的比例税率。

比例税率一般多运用于对商品的征税，不论商品流转额的大小，都按同一比例征税，有利于商品流通的扩大；对同一商品采用同一个税率，也有利于企业间在同等税负的基础上开展竞争；比例税率计算简便，且易为纳税人所掌握。但它不能较好地体现量能负担的原则。

2. 定额税率。它是按照征税对象的实物量直接确定一个单位的实物量应缴税款数额的税率。故又称“固定税额”。定额税率的高低，也不受征税对象数量多少的影响，但可区分征税对象的性质采用不同的差别税额。它同比例税率一样是按征税对象的某一方面的量的特征来计税。它与比例税率的区别，主要在于计税依据不同，比例税率是按征税对象的价值量计征，定额税率则按照征税对象的实物量计征。

定额税率计算简便，税额不受物价变动的影响，但价格提高，税负相应减轻；价格降低，税负相应提高。在实行优质优价的条件下，它有利于鼓励企业提高产品质量，改进包装。但一般只适用于价格稳定、质量和规格标准比较统一的产品，应用范围不广。

3. 累进税率。它是指对同一类征税对象，随着计税依据数额的增大，征收比例也随之增高的税率。这种税率形式事先按照计税依据数额的大小，将征税对象划分为若干等级，不同等级由低到高规定不同的税率。征税对象数额越大，税率越高。它对调节纳税人收入的作用比较直接、明显，而且适应性强、灵活性大，多适用于对所得额的征税。

累进税率按其累进依据不同，可分为依额累进（即按征税对象的绝对额累进）和依率累进（即按征税对象的相对数累进）；其累进方式也有两种：按征税对象的全部数量累进和只对征税对象超过一定量的部分累进。将不同的累进依据和不同的累进方式交叉组合，可形成全额累进税率、超额累进税率、全率累进税率和超率累进税率等多种累进税率。我国目前通常采用的是超额累进税率。

• **全额累进税率**，是指将课税对象的全部数额都按照其所适用的最高一级征税比例计税的一种累进税率。在这种累进税率形式下，一个纳税人的全部课税对象数额仅仅适用一个征税比例，当课税对象数额提高到一个较高级次时，全部课税对象数额都按照高一级的税率征税，从这个意义上说，全额累进税率仍是一种比例税率。全额累进税率具有计算简便、累进幅度大、调节收入有效的优点，但这种累进税率在两个级次的临界点附近往往容易出现税额增加超过征税对象数额增加的不合理现象。

• **超额累进税率**，是指将课税对象按计税依据数额大小划分为若干个等级部分，并分别规定每一等级的税率，当计税依据的数额增加到需要提高一级税率时，仅就超过上一等级的部分，按高一级税率征税的税率。换言之，同一课税对象，可能适用几个等级的税率。该课税对象的全部应纳税额为多个等级部分应纳税额的合计数。表 2－1 是一张简化了的累进税率表。

表 2－1

级次	全年应纳税所得额级距（元）	税率（%）	速算扣除数（元）
1	0 至 5 000 元	5	0
2	5 000 元以上至 10 000 元	10	250
3	10 000 元以上至 30 000 元	20	1 250
…	……		
…	50 000 元以上	35	6 750

从表 2－1 中可见：累进税率是按征税对象——应纳税所得额的数量，由少到多地划分若干等级，并分等级确定不同比例税率的一种税率组合形式。这些等级称之为累进级次，有几个级次就相应称之为几级累进税率。如我国现行税法规定有“九级超额累进税率”、“五级超额累进税率”等。每一级的起止数之间的距离称为级距。不同级距的税率是逐级提高的。

【例 2－1】 纳税人甲，全年应纳税所得额为 1 万元，按照表 2－1 的税率，如实行全额累进，其应纳税额为：

应纳税额 = 10 000 × 10% = 1 000（元）

可见，全额累进税率，是将纳税人全部应税所得额都按照与之相适应的等级的税率征税。其计算方法与比例税率的计算相同，也比较简便。

【例 2－2】 纳税人乙，全年应纳税所得额为 10 001 元，按照表 2－1 的税率，如实行全额累进，其应纳税额为：

应纳税额 = 10 001 × 20% = 2 000.20（元）

将例2－2与例2－1相比，我们不难发现，乙比甲只多了1元应税所得额，但要多交1 000.2元的税款。可见全额累进税率的累进幅度比较急剧。这对鼓励纳税人增加收入的积极性是不利的，所以，我国税法现在已经不采用这种累进税率形式。

超额累进税率，则只是将超过一定级距范围的部分按高一级的税率计征，不会出现这种应纳税额的增加高于计税依据增加的现象。

【例2－3】 如果我们将例2－1和例2－2分别改按超额累进计算，则

纳税人甲应纳税额为：

第一级 5 000 × 5% = 250（元）

第二级（10 000 － 5 000）× 10% = 500（元）

应纳税额 = 250 + 500 = 750（元）

纳税人乙应纳税额为：

第一级 5 000 × 5% = 250（元）

第二级（10 000 － 5 000）× 10% = 500（元）

第三级（10 001 － 10 000）× 20% = 0.20（元）

应纳税额 = 250 + 500 + 0.20 = 750.20（元）

在本例中，纳税人乙比纳税人甲的计税依据多1元，应交税金只多0.20元，这就比较容易让纳税人接受了。

将例2－3与前两例相比可见，在税率既定的前提下，对同等量的应税所得额来说，超额累进的税负要比全额累进的税负轻。对不等量的应税所得额来说，超额累进不会出现在级距临界部分的税负陡增现象。换句话说，超额累进的累进幅度比较缓和，更能体现合理负担原则。但计算比较复杂。

为了简化超额累进税率的计算，在实际工作中可采用“速算扣除法”，即按全额累进的方法计算出税额，再从中减去一个“速算扣除数”，其差额即为超额累进的应纳税额的方法。用公式表示为：

超额累进的应纳税额 = 应纳税所得额 × 按全额累进所适用的税率 － 速算扣除数

如例2－3用速算扣除法计算，结果为：

应交税金 = 10 001 × 20% － 1 250 = 750.20（元）

所谓“速算扣除数”，就是预先按全额累进计算的税额同按超额累进计算的税额相减得出的差额数。第三级的速算扣除数1 250元，就是纳税人乙在例2－2的应纳税额减去例2－3的应纳税额之差2 000.20 － 750.20 = 1 250元。它可以按下列公式事先求出列入税率表中：

本级速算扣除数 = 前一级最高所得额 ×（本级税率 － 前一级税率）+ 前一级的速算扣除数

第二级的速算扣除数 = 5 000 ×（10% － 5%）= 250

第三级的速算扣除数 = 10 000 ×（20% － 10%）+ 250 = 1 000 + 250 = 1 250

上述三种税率体现着不同的负担政策。比例税率体现等比政策，对收入水平不同的纳税人征收，实际税率相等，税额不等，纳税人之间税前收入和税后收入水平的差距比例不变。定额税率体现着等量负担政策，同等数量条件下，收入不同税额相同，实际负担比率不等，单位数量收入越高负担比率越低，纳税人之间税后收入水平的差距比税前扩大。累进税率体现累进负担政策，收入不等，实际税率也不等，收入越高税率越高，纳税人之间税后收入水

平的差距比税前缩小。

四、减税、免税

减税、免税，是根据国家政策，对某些纳税人和征税对象通过减征部分税款或免于征税而给予鼓励和照顾的一种特殊规定。

减税、免税的具体形式有三种：其一是**税基式减免**，即通过缩小计税依据来实现减税、免税。具体又包括起征点、免征额、项目扣除、跨期结转等。起征点是税法规定的征税对象达到开始征税数额的界限，征税对象的数额未达到起征点的不征税；达到或超过起征点的，则就其全部数额征税。免征额是征税对象总额中免予征税的数额，它是按照税法规定的标准从征税对象总额中预先扣除的数额，免征额的部分不征税，只就超过免征额的部分征税。项目扣除是指在征税对象总额中允许扣除某些项目的金额，而只就其余额作为计税依据计算应纳税额。跨期结转是将某些费用或损失向前或向后期间结转，抵消本期一部分收益，缩小计税基数，来实现减免的一种方法。其二是**税率式减免**，即通过降低税率来实现减税、免税，包括规定低税率和零税率、暂定照顾性税率等。其三是**税额式减免**，即通过减少一部分或全部应纳税额，包括全部免征、减半征收、规定减征比例或核定减征额等。

请思考：某人某月取得工资收入 2 700 元，依照税法规定扣除 2 000 元以后，按照 700 元纳税，这 2 000 元是起征点吗？

五、纳税期限

纳税期限是指纳税人在发生纳税义务后，按规定应向国家缴纳税款的期限。纳税期限有两层含义：一是结算应纳税款的期限，也称“结算期限”，是指结算一次应纳税额的时间跨度。如：按月结算、按年结算等；二是缴纳税款的期限，也称“缴款期限”，是指在结算应纳税款后在多少天内缴纳税款的意思。如：次月 15 日之前缴纳、30 天之内缴纳等。

六、法律责任

法律责任，一般是指由于违法行为而应当承担的法律后果。违法行为是承担法律责任的前提，而法律制裁是追究法律责任的必然结果。法律制裁，习惯又称之为罚则或违章处理，是对纳税人违反税法的行为所采取的惩罚措施，它是税收强制性特征的具体体现。

除此之外，越来越多的学者认为，税制要素除包括纳税一方主体纳税人外，还应该包括征税主体，即关于课税主体和征收机关（如：国家税务局、地方税务局、海关等）的规定。也有学者认为征纳程序同样也应该是税制的要素之一。

第三节 税收分类

税收制度的主体是税种，当今世界各国普遍实行由多个税种组成的税收体系。在这些体系中的各个税种都有各自的特点，同类型税种之间又存在着多方面的共同点。按某种标志，把性质相同的或近似的税种归为一类而与其他税种相区别，这就是税收分类。按照不同的分类标志，税收的分类方法一般有以下几种：

一、按征税对象分类

按征税对象的不同来分类，是税收分类最基本和最主要的方法。按照这种方法，我国目前的税种大体可分为以下五类：

（一）对商品和劳务的征税

对商品和劳务的征税简称商品劳务税，也称流转税，它是对商品和劳务的交易征收的一类税收。对商品和劳务的征税是与商品和劳务的交换紧密联系在一起的。商品无处不在，又处于不断流动之中，这就决定了对商品和劳务的征税的范围十分广泛。商品劳务税的计征，只问收入有无，而不管经营好坏、成本高低、利润大小，能够及时足额地保证财政收入。商品劳务税一般采用比例税率或定额税率，计算简便，易于征收。商品劳务税形式上由商品生产者或销售者缴纳，但其税款常附着于卖价，易转嫁给消费者负担，而消费者却不直接感到税负的压力。由于以上这些原因，商品劳务税一直是我国的主体税种。一方面体现在它的收入在全部税收收入中所占的比重一直较大；另一方面体现在它的调节面比较广泛，对经济的调节作用一直比较显著。

我国当前开征的商品劳务税主要有：增值税、消费税、营业税和关税。

（二）对所得的征税

对所得的征税简称所得税。税法规定应当征税的所得，一般是指下列方面：一是指有合法来源的所得。合法的所得大致包括生产经营所得，提供劳务所得，投资所得和其他所得四类；二是指纳税人的货币所得，或能以货币计量或计算其价值的经济上的所得。不包括荣誉性、知识性的所得和体质上、心理上的所得；三是指纳税人的纯所得，即纳税人在一定时期的总收入扣除成本、费用以及纳税人个人的生活费用和赡养近亲的费用后的净所得；四是指增强纳税能力的实际所得。例如利息收入可增加纳税人能力，可作为所得税的征收范围；而存款的提取，就不应列入征税范围。总的来说，所得税是对纳税人在一定时期的合法收入总额减除成本费用和法定允许扣除的其他各项支出后的余额，即应纳税所得额征收的税。

所得税按照纳税人负担能力（即所得）的大小和有无来确定税收负担，实行“所得多的多征，所得少的少征，无所得的不征”的原则。因此，它对调节国民收入分配，缩小纳税人之间的收入差距有着特殊的作用；同时，所得税的征收面也较为广泛，故此成为经济发达国家的主要收入来源。在我国，随着经济的发展，居民所得的逐步增加，所得税已成为近年来收入增长较快的一类税。

我国当前开征的所得税主要有：企业所得税、个人所得税。

（三）对资源的征税

对资源的征税是对开发、利用和占有国有自然资源的单位和个人征收的一类税收。征收这类税有两个目的：一是为了取得资源消耗的补偿基金，保护国有资源的合理开发利用；二是为了调节资源级差收入，以利于企业在平等的基础上开展竞争。

我国当前对资源的征税主要有：资源税、耕地占用税、城镇土地使用税和土地增值税。

（四）对财产的征税

对财产的征税是对纳税人所拥有或属其支配的财产数量或价值额征收的税。包括对财产的直接征收和对财产转移的征收。开征这类税收在为国家取得财政收入的同时，对提高财产的利用效果、限制财产不必要的占有量也有一定作用。

我国当前对财产的征税主要有：房产税、契税、车辆购置税和车船税。

（五）对行为的征税

对行为的征税也称行为税，它一般是指以某些特定行为为征税对象征收的一类税收。征收这类税，或是为了对某些特定行为进行限制、调节，或只是为了开辟地方财源，达到特定的目的。这类税的设置比较灵活，其中有些税种具有临时税的性质。

我国当前对行为的征税主要有：印花税、城市维护建设税、烟叶税、固定资产投资方向调节税（已停征）。

二、按税收管理和使用权限分类

税收按其管理和使用权限划分，可分为中央税、地方税、中央与地方共享税。这是在分级财政体制下的一种重要的分类方法。通过这种划分，可以使各级财政有相应的收入来源和一定范围的税收管理权限，从而有利于调动各级财政组织收入的积极性，更好地完成一级财政的任务。一般的做法是，将税源集中、收入大、涉及面广，由全国统一立法和统一管理的税种，划作中央税。一些与地方经济联系紧密，税源比较分散的税种，列为地方税。一些既能兼顾中央和地方经济利益，又有利于调动地方组织收入积极性的税种，列为中央与地方共享税。

当前我国的中央税主要有关税、消费税；地方税主要有营业税以及一些对财产和行为的课税；中央与地方共享税主要有增值税、企业所得税、个人所得税、资源税等。

三、按税收与价格的关系分类

按税收与价格的关系划分，税收可分为价内税和价外税。在市场经济条件下，税收与商品、劳务或财产的价格有着密切的关系，对商品和劳务课征的税收既可以包含于价格之中也可以在价格之外。凡税收构成价格组成部分的税收称为价内税；凡税收是价格之外的附加额的税收称为价外税。实行价内税的商品和劳务的价格组成包括成本加利润和税金，实行价外税的商品和劳务的价格等于成本加利润。价内税，有利于国家通过对税负的调整，直接调节生产和消费，但往往容易造成对价格的扭曲。价外税的税金与企业的成本核算和利润、价格没有直接联系，能更好地反映企业的经营成果，不致因征税而影响公平竞争；同时，不干扰价格对市场供求状况的正确反映，因此，更适应市场经济的要求。

四、按税负是否易于转嫁分类

税收按其负担是否易于转嫁划分，可分为直接税和间接税。所谓税负转嫁是指纳税人依法缴纳税款之后，通过种种途径将所缴税款的一部分或全部转移给他人负担的经济现象和过程，它表现为纳税人与负税人的非一致性。由纳税人直接负担的税收为直接税。在这种情况下纳税人即负税人，如所得税、遗产税等；可以由纳税人转嫁给负税人的税收为间接税，即负税人通过纳税人间接承担的税收，如增值税、消费税、营业税、关税等。

五、按计税标准分类

税收按其计税依据的不同，可分为从价税和从量税。从价税是以征税对象的价值量为标准计算征收的税收。税额的多少会随着价格的变动而相应增减。从量税是按征税对象的重量、件数、容积、面积等为标准，采用固定税额征收的税收。从量税具有计算简便的优点。但税收收入不能随价格高低而增减。

除上述主要分类外，还有一些其他分类方法。例如按缴纳形式分，税收可分为力役税、实物税和货币税。按用途分，税收可分为一般税和目的税。在我国按征收机关划分，税收可分为由国家税务局负责征收的税种、由地方税务局负责征收的税种、由海关负责征收的税种等。

第四节　我国现行税制

一、我国现行税制结构

税制结构，是指一个国家通过设置各种税种形成的一个相互协调配合的税收体系的构成状态。它包括两个层次的含义：其一是一个国家或地区在一定时期设置哪些税种的问题；其二是在设置的所有税种中以哪些税种为主、哪些税种为辅，它们之间又如何组合，从而能更好地发挥作用的问题。

我国现行工商税收，是以商品劳务税为主体，以所得税为发展重点的多税种、多次征、主次分明的复合税制体系。商品劳务税类，已形成以增值税为核心，消费税、营业税协调配合，交叉征收、双层调节的格局。即在生产、批发、零售和进出口环节对所有货物和部分劳务普遍征收增值税，发挥普遍调节功能，侧重于保证财政收入的稳定增长，其税负呈中性。在普遍征收增值税的基础上，选择少量非生活必需的消费品，再征收一道消费税，以体现产业政策和消费政策，在调节消费结构、引导消费方向上发挥特殊调节作用。同时，对不实行增值税的劳务和第三产业普遍征收税负较轻的营业税，对进出口货物和物品征收关税。

所得税类，对企业征收的统一为企业所得税；对个人征收的统一为个人所得税。这两个税种的互相配合，在调节企业利润，促进公平竞争，调节个人收入，缩小收入差距，落实效率优先兼顾公平的收入分配制度方面正越来越多地发挥着积极作用。

除上述两类主要税种外，一些与之相配套的辅助税种有：城镇土地使用税、资源税、土地增值税、房产税、车辆购置税、车船税、烟叶税、固定资产投资方向调节税（已停征，保留税种）、印花税、城市维护建设税、契税和耕地占用税。这些税种的共同特点是税源比较分散，收入规模较小，这些税种的大部分比较适合地方负责征收管理。

相关链接

2005 年 12 月 29 日，第十届全国人民代表大会常务委员会第十九次会议通过了自 2006 年 1 月 1 日在全国范围内取消农业税的决定。为与这一决定配套，国务院于 2006 年 2 月 17 日取消了屠宰税和对农业特产收入征收的农业税。

二、我国现行税收征收管理范围划分

我国税收征收管理机构主要包括国家税务局、地方税务局、海关。其分工情况如下：

1. 国家税务局系统负责征收和管理的项目有：增值税；消费税（进口环节的增值税、消费税由海关负责代征）；车辆购置税；铁道部、各银行总行、各保险公司总公司集中缴纳的营业税、企业所得税、城市维护建设税；中央企业缴纳的企业所得税；中央与地方所属企业、事业单位组成的联营企业、股份制企业缴纳的企业所得税；地方银行、非银行金融企业缴纳的企业所得税；海洋石油企业缴纳的企业所得税、资源税；2002 年 1 月 1 日以后注册的企业、事业单位缴纳的企业所得税；对储蓄存款利息征收的个人所得税；对股票交易征收的印花税。

2. 地方税务局系统负责征收和管理的项目有：除上述由国家税务局系统负责征收管理的部分以外的营业税、企业所得税、个人所得税、资源税、印花税和城市维护建设税；房产税；城镇土地使用税；土地增值税；车船税；烟叶税；固定资产投资方向调节税（已停征）；耕地占用税；契税。

3. 海关系统负责征收和管理的项目有：关税、船舶吨税。代征进口环节的增值税、消费税。

为提高税收征管效率，自 2009 年 1 月 1 日起，以 2008 年为基年，2008 年年底之前国家税务局、地方税务局各自管理的企业所得税纳税人不作调整。2009 年起新增企业所得税纳税人中，应缴纳增值税的企业，其企业所得税由国家税务局管理；应缴纳营业税的企业，其企业所得税由地方税务局管理。同时，下列新增企业的所得税征管范围实行以下规定：

1. 企业所得税全额为中央收入的企业和在国家税务局缴纳营业税的企业，其企业所得税由国家税务局管理。

2. 银行（信用社）、保险公司的企业所得税由国家税务局管理，除上述规定外的其他各类金融企业的企业所得税由地方税务局管理。

3. 外商投资企业和外国企业常驻代表机构的企业所得税仍由国家税务局管理。

三、我国现行税收收入划分

根据国务院关于实行分税制财政管理体制的规定，我国的税收收入分为中央政府固定收入、地方政府固定收入和中央政府与地方政府共享收入。

1. 中央政府固定收入包括：消费税、车辆购置税、关税、船舶吨税和海关代征的增值税。

2. 地方政府固定收入包括：房产税、城镇土地使用税、耕地占用税、契税、土地增值税、车船税、烟叶税、固定资产投资方向调节税（已停征）。

3. 中央政府与地方政府共享收入包括：

（1）增值税（不包括海关代征的部分）：中央政府分享 75%，地方政府分享 25%。

（2）营业税：铁道部、各银行总行、各保险总公司集中缴纳的部分归中央政府，其余部分归地方政府。

（3）企业所得税：铁路运输、国家邮政、中国工商银行、中国农业银行、中国银行、中国建设银行、国家开发银行、中国农业发展银行、中国进出口银行、中国石油天然气股份有限公司、中国石油化工股份有限公司和海洋石油、天然气企业缴纳的部分归中央政府，其余部分中央政府分享60%，地方政府分享40%。

（4）个人所得税：中央政府分享60%，地方政府分享40%。

（5）资源税：海洋石油企业缴纳的部分归中央政府（目前暂不征税），其余部分归地方政府。

（6）印花税：股票交易印花税收入的97%归中央政府，其余的3%和其他印花税收入归地方政府。

（7）城市维护建设税：铁道部、各银行总行、各保险总公司集中缴纳的部分归中央政府，其余部分归地方政府。

第3章 增值税

增值税是社会化大生产的产物，是适应现代经济条件下社会生产力的发展和国家财政的需要而产生的。早在第一次世界大战结束时，美国耶鲁大学教授托马斯·S·亚当斯和当时任德国政府顾问的学者威尔海姆·F·西门子博士首次提出了增值税的设想。增值税的实施始于1954年的法国，是在对传统的商品劳务税改革的基础上创立的，此后相继在世界上100多个国家得到推行。我国自1979年开始试行增值税，在试行的过程中，征收范围不断扩大，计税方法不断完善。经过1984年的第二步利改税和工商税制全面改革以及1994年的税制改革，增值税逐步发展为我国第一大税种。现行的增值税的基本规范是2008年11月10日由国务院修订发布的《中华人民共和国增值税暂行条例》，自2009年1月1日起施行。

第一节　增值税的含义与内容

一、增值税的含义及特点

增值税是以销售货物和提供劳务过程中新增加的价值为征税对象征收的一种税。也即是以“增值额”为征税对象的一种税。所谓“增值额”是指销售货物和提供劳务的各个环节所取得的收入，大于其购进商品或接受劳务时所支付金额的差额。

从税收的历史和现状来看，对商品和劳务的征税，通常采用的方法主要有两种：一是按销售收入（或营业收入）全额计算征税。这是传统的方法，在增值税产生之前曾经被各国普遍采用。二是按增值额征税，即按照销售收入中新增加的价值部分征税。这种方法自产生半个世纪以来，不断得到各国的青睐，越来越多的国家实行了这种方法。那么，这种方法比传统的方法到底有哪些好处呢？

增值税的原理，我们可以用教室的木制课桌的生产为例来说明：假如一张课桌的生产需经过木材厂和家具厂两个环节生产完成，第一个环节是木材厂直接砍伐原木，加工成木材；第二个环节是家具厂从木材厂购进木材加工成课桌。假定木材厂卖给家具厂的木材销售收入100元，税率17%，按销售收入全额征税需缴纳17元（100元×17%）税款；家具厂以这批木材加工成课桌，销售收入200元，按同样的税率，需缴纳34元（200元×17%）税款。合计缴纳税款51元（17元+34元）。传统的商品劳务税，就是这样征税的。

这种征税方法的优点是计算简便，销售收入与税率直接相乘就可以计算应交税金；而且从形式上看，还比较公平。但是，它有明显的缺点，就是不同环节之间重复征税。木材厂卖出的木材交了税；木材做成课桌销售，又按课桌的销售全额征税。其中的木材价值部分就征了两次税，形成重复征税。显然，一个商品的生产、经营环节越多，重复征税的问题就越突出，商品的税收负担就越重。这对加强企业之间的专业化协作是十分不利的。

假如另一个林场直接砍伐原木，自行加工成同样的课桌出售，将两个环节在一个企业内部完成，或者上述两个企业通过合并变成一个企业。则对外的销售只有一次，卖价也是200元，税率一样，则只需缴一次税，纳税34元（200元×17%）。

上述两种不同的加工方式生产的课桌一样，最终售价也相同，但是，由两个协作厂完成，需负担税款51元；而一个厂独立完成，只负担税款34元。这种税收政策显然限制了专业化协作，不利于企业技术进步。随着社会分工的进一步细化，重复征税问题会越来越突出。这一问题不解决，必然会越来越阻碍经济的发展。

如果改按增值额征税，情况就不同了。上例中，家具厂销售课桌，收入200元，减去为生产这张课桌购进的木材100元，其增值额为100元，按17%的税率计算，缴税17元（100×17%）。连同木材厂已缴纳的17元税款，这张课桌共负担税款34元。与独立工厂生产的同样产品的税收负担相同。

由按销售收入（或营业收入）全额计算征税，变为按增值额征税，虽然征税难度增加了，但是按增值额征税，优点十分明显：

第一，避免了重复征税。它只就商品销售额中的增值部分征税，对商品销售额中已征过税的部分不再征税，这就不会出现重复征税，也不会因为生产和流转环节的变化而造成税收负担上的不平衡，从而适应社会化大生产的需要，有利于促进企业间的专业化协作。

第二，有利于财政收入的稳定增长。在税收政策一定的前提下，只要经济保持稳定发展，社会商品（劳务）总销售（营业）额增加，增值税税额就会增加。税额不会因为产品生产流通环节的变化而受到影响，一种商品从制造、批发到零售的各个环节，每个环节只要有增值因素，就征一道税，具有征收上的普遍性和连续性，有利于及时、稳定地组织财政收入。

二、增值税税制的基本内容

（一）征税范围

1. 增值税征税范围的基本规定。增值税的征税范围包括以下两个方面：

（1）在我国境内销售和进口的货物。货物是指除土地、房屋和其他建筑物等不动产以外的各种有形动产，包括水、电力、热力、气体在内。销售货物是指有偿转让货物的所有权。有偿，是指从购买方取得货币、货物或者其他经济利益。

境内销售货物是指销售的货物的起运地或所在地在境内。

（2）在我国境内提供的加工、修理修配劳务。加工，是指受托加工货物，即委托方提供原料及主要材料，受托方按照委托方的要求，制造货物并收取加工费的业务。修理修配，是指受托对损伤和丧失功能的货物进行修复，使其恢复原状和功能的业务。提供加工、修理修配劳务（以下称应税劳务），是指有偿提供加工、修理修配劳务。单位或者个体工商户聘用的员工为本单位或者雇主提供加工、修理修配劳务，不包括在内。

在我国境内提供的加工、修理修配劳务，是指提供的应税劳务发生在境内。

2. 增值税征税范围的特殊规定。上面所说是增值税征税范围的一般规定，此外还有以下特殊行为和特殊项目属于增值税征税范围：

（1）视同销售。销售货物一般是指有偿转让货物的所有权，是货物所有权已经发生转移并能取得经济补偿的经济活动。但按照税法，有些情况下，即使货物并没有对外销售或者所有权并没有发生对外转移，或者货物的所有权虽然转移但并未取得报酬的行为也要视同销售行为，要征收增值税。这些行为包括：

①将货物交付他人代销。

②销售代销货物。

③设有两个以上机构并实行统一核算的纳税人，将货物从一个机构移送其他机构用于销售，但相关机构设在同一县（市）的除外。

④将自产或委托加工的货物用于非应税项目。

⑤将自产、委托加工或购买的货物作为投资，提供给其他单位或个体经营者。

⑥将自产、委托加工或购买的货物分配给股东或投资者。

⑦将自产、委托加工货物用于集体福利或个人消费。

⑧将自产、委托加工或购买的货物无偿赠送他人。

上述行为要“视同销售”征税，主要是防止以这些行为逃避纳税。比如，自产的货物无偿赠送他人如果不用征税，纳税人就可以通过相互赠送来逃避税收。

视同销售行为可以归纳如下：①、②为货物代销，③为货物的内部异地调拨，④、⑦为产品的内部使用，⑤、⑥、⑧为货物的外部使用。

应注意的是，购买的货物对外使用（用于投资、分配、赠送等）应视同销售，而对内使用的（用于非应税项目、集体福利或个人消费等），货物已经进入最终消费领域，因此不作视同销售处理。

请思考：将外购的货物用于非应税项目、用于分配给股东或投资者、用于集体福利或个人消费、用于无偿赠送他人是否属于视同销售？

（2）混合销售。混合销售是一项销售行为既涉及货物又涉及非增值税应税劳务。非增值税应税劳务，是指属于应缴营业税的交通运输业、建筑业、金融保险业、邮电通信业、文化体育业、娱乐业、服务业等劳务。

如，某电视机厂向某商场销售一批电视机，由电视机厂的运输队向商场送货上门，则销售电视机属于销售货物，而运输劳务是营业税应税劳务。又如，某建筑公司为某单位盖楼房，双方议定由建筑公司提供部分建筑辅助材料，则建筑业的劳务是营业税应税劳务，而提供建筑辅助材料属于销售货物，是增值税征税范围。

可见，混合销售是同一项销售业务涉及到增值税和营业税两个税种的销售行为。这一行为中涉及的增值税应税货物和营业税应税劳务两者间具有从属关系。电视机厂提供运输劳务从属于销售彩电，建筑公司包料从属于提供建筑施工劳务。

纳税人的销售行为是否属于混合销售行为，由国家税务总局所属征收机关确定。

税法规定，从事货物的生产、批发或者零售的企业、企业性单位和个体工商户的混合销售行为，视为销售货物，应当缴纳增值税；其他单位和个人的混合销售行为，视为销售非增值税应税劳务，不缴纳增值税。这里所说的从事货物的生产、批发或者零售的企业、企业性单位和个体工商户，包括以从事货物的生产、批发或者零售为主，并兼营非增值税应税劳务的单位和个体工商户在内。从事货物的生产、批发或零售为主，是指纳税人年货物销售额与非应税劳务营业额的合计数中，货物销售额超过50%，非应税劳务营业额不到50%。

混合销售行为按规定应当缴纳增值税的，其销售额为货物的销售额与非增值税应税劳务营业额的合计。也就是说，取得的混合销售收入，一并征收增值税，不征收营业税。其他单位和个人的混合销售收入，一并征收营业税，不征收增值税。

但是，纳税人的下列混合销售行为，应当分别核算货物的销售额和非增值税应税劳务的营业额，并根据其销售货物的销售额计算缴纳增值税，非增值税应税劳务的营业额缴纳营业税；未分别核算的，由主管税务机关核定其货物的销售额：①销售自产货物并同时提供建筑业劳务的行为；②财政部、国家税务总局规定的其他情形。

（3）兼营非应税劳务。增值税纳税人一方面从事应税货物销售或提供增值税应税劳务，另一方面又从事增值税非应税劳务，称为兼营非应税劳务。比如，某建筑装饰材料商店，从事建筑装饰材料的批发、零售业务，也对外承揽安装、装饰工程业务，则前者属于增值税业务，后者属于增值税非应税劳务，即营业税应税劳务。

“混合销售”与“兼营”的主要区别在于前者是纳税人的一项销售行为涉及两种税，而后者是纳税人的经营范围涉及两种税。

纳税人兼营非应税劳务的，要求分别核算增值税和营业税的销售额，分别征收增值税和营业税。未分别核算的，由主管税务机关核定货物或应税劳务的销售额。

（二）纳税人

1. 纳税人和扣缴义务人。凡在我国境内销售货物或者提供加工、修理修配劳务，以及进口货物的单位和个人，都是增值税的纳税人。这里所称单位，是指企业、行政单位、事业单位、军事单位、社会团体及其他单位。所称个人，是指个体工商户和其他个人。

单位租赁或者承包给其他单位或者个人经营的，以承租人或者承包人为纳税人。

中华人民共和国境外的单位或者个人在境内提供应税劳务，在境内未设有经营机构的，以其境内代理人为扣缴义务人；在境内没有代理人的，以购买方为扣缴义务人。

2. 一般纳税人和小规模纳税人的划分。为了便于征管，我国根据增值税纳税人经营规模大小，以及会计核算是否健全等因素，将纳税人划分为“一般纳税人”和“小规模纳税人”。对小规模纳税人，采取简易办法计税。

小规模纳税人以外的纳税人应当向主管税务机关申请资格认定。

小规模纳税人的标准为：

（1）从事货物生产或者提供应税劳务的纳税人，以及以从事货物生产或者提供应税劳务为主，并兼营货物批发或者零售的纳税人，年应征增值税销售额在50万元以下（含本数，下同）的。

所谓从事货物生产或者提供应税劳务为主，是指纳税人的年货物生产或者提供应税劳务的销售额占年应税销售额的比重在50%以上。

（2）对上述规定以外的纳税人，年应征增值税销售额在80万元以下的。

小规模纳税人会计核算健全，能够提供准确税务资料的，可以向主管税务机关申请资格认定，不作为小规模纳税人，按一般纳税人的规定计算应纳税额。所谓会计核算健全，是指能够按照国家统一的会计制度规定设置账簿，根据合法、有效凭证核算。

除国家税务总局另有规定外，纳税人一经认定为一般纳税人后，不得转为小规模纳税人。

年应税销售额超过小规模纳税人标准的其他个人按小规模纳税人纳税；非企业性单位、不经常发生应税行为的企业可选择按小规模纳税人纳税。

（三）税率

我国增值税实行比例税率，具体规定如下：

1. 基本税率：增值税一般纳税人销售或者进口货物，提供加工、修理修配劳务的，除适用低税率、零税率和征收率的以外，税率均为17%。

2. 低税率：增值税一般纳税人销售或者进口下列货物的，适用13%的低税率。

（1）粮食、食用植物油、鲜奶；

（2）暖气、冷气、热水、煤气、石油液化气、天然气、沼气、居民用煤炭制品；

（3）图书、报纸、杂志、音像制品和电子出版物；

（4）饲料、化肥、农药、农机、农膜；

（5）国务院规定的其他货物，包括：①农产品，是指种植业、养殖业、林业、牧业、水产业生产的各种植物、动物的初级产品；②二甲醚；③食用盐。

相关链接

农产品范围见《财政部、国家税务总局关于印发〈农业产品征税范围注释〉的通知》（财税字［1995］52号）。

3. 零税率。纳税人出口货物，税率为零；但是，对原油、援外出口物资、国家禁止出口的货物等国务院另有规定的货物出口，不适用零税率，仍按规定税率征税。

纳税人兼营不同税率的货物或者应税劳务，应当分别核算不同税率货物或者应税劳务的销售额；未分别核算销售额的，从高适用税率。

4. 小规模纳税人增值税征收率为3%。

（四）减免税

增值税的免税、减税项目由国务院规定。任何地区、部门均不得规定免税、减税项目。

1. 免税。下列项目免征增值税：

（1）农业生产者销售的自产农产品。农业，是指种植业、养殖业、林业、牧业、水产业；农业生产者，包括从事农业生产的单位和个人；农产品，是指初级农产品，具体范围由财政部、国家税务总局确定；

（2）避孕药品和用具；

（3）古旧图书。古旧图书，是指向社会收购的古书和旧书；

（4）直接用于科学研究、科学试验和教学的进口仪器、设备；

（5）外国政府、国际组织无偿援助的进口物资和设备；

(6) 由残疾人的组织直接进口供残疾人专用的物品;

(7) 销售自己使用过的物品。自己使用过的物品，是指其他个人自己使用过的物品。

纳税人兼营免税、减税项目的，应当分别核算免税、减税项目的销售额；未分别核算销售额的，不得免税、减税。

纳税人销售货物或者应税劳务适用免税规定的，可以放弃免税，依照条例的规定缴纳增值税。放弃免税后，36 个月内不得再申请免税。

2. 推动资源综合利用的规定。为了进一步推动资源综合利用工作，促进节能减排，对部分资源综合利用产品实施的增值税优惠政策。

(1) 对销售下列自产货物实行免征增值税政策：①再生水；②以废旧轮胎为全部生产原料生产的胶粉；③翻新轮胎；④生产原料中掺兑废渣比例不低于 30% 的特定建材产品；

(2) 对污水处理劳务免征增值税；

(3) 对销售下列自产货物实行增值税即征即退的政策：①以工业废气为原料生产的高纯度二氧化碳产品；②以垃圾为燃料生产的电力或者热力；③以煤炭开采过程中伴生的舍弃物油母页岩为原料生产的页岩油；④以废旧沥青混凝土为原料生产的再生沥青混凝土；⑤采用旋窑法工艺生产并且生产原料中掺兑废渣比例不低于 30% 的水泥（包括水泥熟料）；

(4) 销售下列自产货物实现的增值税实行即征即退 50% 的政策：①以退役军用发射药为原料生产的涂料硝化棉粉；②对燃煤发电厂及各类工业企业产生的烟气、高硫天然气进行脱硫生产的副产品；③以废弃酒糟和酿酒底锅水为原料生产的蒸汽、活性炭、白碳黑、乳酸、乳酸钙、沼气；④以煤矸石、煤泥、石煤、油母页岩为燃料生产的电力和热力；⑤利用风力生产的电力；⑥部分新型墙体材料产品；

(5) 对销售自产的综合利用生物柴油实行增值税先征后退政策；

(6) 其他优惠规定。

3. 起征点。纳税人销售额未达到国务院财政、税务主管部门规定的增值税起征点的，免征增值税；达到起征点的，全额计算缴纳增值税。

增值税起征点的适用范围限于个人，幅度规定如下：

(1) 销售货物的，为月销售额 2 000 ~ 5 000 元；

(2) 销售应税劳务的，为月销售额 1 500 ~ 3 000 元；

(3) 按次纳税的，为每次（日）销售额 150 ~ 200 元。

上述销售额，是指小规模纳税人不含增值税的销售额。

省、自治区、直辖市财政厅（局）和国家税务局在规定的幅度内，根据实际情况确定本地区适用的起征点，报财政部、国家税务总局备案。

第二节 增值税的计算

纳税人应纳税额的计算，关键在于正确掌握计税依据。增值税应纳税额的计算，可归纳为以下几种情况：

一、一般纳税人应纳税额的计算

前面举例中谈到，按照增值额计税，家具厂的应纳税额为：

应纳税额 = （200 - 100）×17% = 17（元）

这种计算方法是先求出增值额，然后乘以增值税税率计算出应纳税额。然而实际生活中纳税人的增值因素难以精确计算，而且增值税并非单一税率，这使上述计算方法在实际工作中难于应用。

我国现行税法规定的计算方法，是以货物的销售额为计税依据，乘以增值税税率，然后从中减去外购原材料等已经缴纳的增值税税款，计算出应纳税额。

联系上例，家具厂的应纳税额为销售课桌收入200元，乘以税率，再减去购进木材已缴纳的税额，即：

应纳税额 = 200×17% - 17 = 17（元）

这种计算，虽然方法不同，但同样体现了按增值因素征税的原则，其计算原理和结果是相同的。

增值税纳税人销售货物或者应税劳务，按照销售额和规定的税率计算并向购买方收取的增值税额，称为销项税额。购进原材料等已纳的税款称为进项税额。

一般纳税人应纳税额的计算公式为：

应纳税额 = 当期销项税额 - 当期进项税额

销项税额 = 销售额×税率

这里要注意，在我国增值税实行价外税情况下，纳税人销售货物或应税劳务的销项税额，是向购买方收取的。即卖方在收取货款时同时要向买方收取按照货款计算的增值税款。这表明增值税是一种可以转嫁的税，其税款最终由消费者负担。同时，也可以看出，在一项交易行为中，卖方的销项税额也就是买方的进项税额。

（一）销售额的确定

1. 销售额的含义。销售额是指纳税人销售货物或者提供应税劳务向购买方收取的全部价款和价外费用，但不包括向购买方收取的销项税额。

价外费用，包括价外向购买方收取的手续费、补贴、基金、集资费、返还利润、奖励费、违约金、滞纳金、延期付款利息、赔偿金、代收款项、代垫款项、包装费、包装物租金、储备费、优质费、运输装卸费以及其他各种性质的价外收费。但下列项目不包括在内：

（1）受托加工应征消费税的消费品所代收代缴的消费税；

（2）同时符合以下条件的代垫运输费用：①承运部门的运输费用发票开具给购买方的；②纳税人将该项发票转交给购买方的；

（3）同时符合以下条件代为收取的政府性基金或者行政事业性收费：①由国务院或者财政部批准设立的政府性基金，由国务院或者省级人民政府及其财政、价格主管部门批准设立的行政事业性收费；②收取时开具省级以上财政部门印制的财政票据；③所收款项全额上缴财政；

（4）销售货物的同时代办保险等而向购买方收取的保险费，以及向购买方收取的代购买方缴纳的车辆购置税、车辆牌照费。

2. 含税销售额的换算。增值税的应税销售额不包括向购买方收取的销项税额，但在实际生活中，常常出现纳税人将销售货物的销售额和销项税额合并定价，成为含税的销售额。遇到这种情况，在计税时先要将含税销售额换算为不含税销售额，其换算公式为①：

$$销售额=\frac{含税销售额}{1+税率}$$

【例3-1】 某商店向消费者销售洗衣机，某月销售100台，每台含税销售价为936元，增值税税率为17%，则该商场这个月洗衣机的销售额和销项税额分别为：

销售额 =（100×936）÷（1+17%）=80 000（元）

销项税额 =80 000×17% =13 600（元）

销项税额减去进项税额即为应纳增值税税额。

增值税一般纳税人（包括纳税人自己或代其他部门）向购买方收取的价外费用和应税的包装物押金，应视为含税收入，在征税时换算为不含税收入再并入销售额。

【例3-2】 某公司销售船用柴油10吨，每吨单价5 000元，价外代有关部门收取渔业发展基金每吨198.9元，则这一笔销售的销售额应为：

销售额 =5 000×10+[198.9÷（1+17%）]×10=51 700（元）

3. 其他销售方式销售额的确定。

（1）折扣销售、销售折扣、销售货物退回或者折让。

①折扣销售。折扣销售是按商品标明的价格中扣减一定数额后销售（又称价格折扣）。这项扣减数通常用百分比表示，如10%、15%等；我国习惯用九折、八五折等表示，例如一件单价为100元的货物，按八五折销售则卖85元。

折扣销售，如果销售额和折扣额在同一张发票上分别注明的，可按折扣后的销售额计税；如果将折扣额另开一张发票，则不论其在财务上如何处理，均不得从销售额中减除折扣额。

这里的折扣销售仅限于货物价格折扣，如果是实物折扣应按视同销售中“无偿赠送”处理，实物款额不能从原销售额中减除。

②销售折扣。销售折扣（又称现金折扣），是指在采用赊销方式销售商品时，为了鼓励购货方在一定期限内尽早偿还货款，而规定一个短于规定期限的折扣。比如，规定在10天内付款的给予5%的货款折扣；15天付款的，折扣3%；一个月的，全价付款。这种折扣发生在销售货物之后，属于一种融资行为，折扣额不得从销售额中减除。

③销售货物退回或者折让。一般纳税人销售货物或者应税劳务，开具增值税专用发票后，发生销售货物退回或者折让、开票有误等情形，应按国家税务总局的规定开具红字增值税专用发票。未按规定开具红字增值税专用发票的，增值税额不得从销项税额中扣减。

【例3-3】 甲企业销售给乙公司1 000件玩具，每件不含税价格为20元，由于乙公司购买数量多，甲企业按原价的8折优惠销售，并提供1/10，n/20的销售折扣。乙公司于10

---

① 销售额公式的推导：

含税销售额 = 不含税销售额 + 税额（1）

税额 = 不含税销售额 × 税率（2）

（2）代入（1），含税销售额 = 不含税销售额 + 不含税销售额 × 税率

并项，含税销售额 = 不含税销售额 ×（1 + 税率）

移项，不含税销售额 = 含税销售额 ÷（1 + 税率）

日内付款，则甲企业此项业务的销项税额为：

$$销项税额 = 20 \times 80\% \times 1\,000 \times 17\% = 2\,720（元）$$

（2）以旧换新、以物易物。以旧换新是指纳税人为了促销，在销售货物的同时有偿收回旧货物。对此，应按新货物的销售价确定销售额，不能从中扣减旧货物的收购价格。例如，某洗衣机厂为了促销采取以旧换新方式销售洗衣机一批，每台洗衣机不含税价为 800 元；同时回收一台旧洗衣机折价 80 元；实际只收现金 720 元。而计税时，须按每台 800 元确定销售额。但对金银首饰以旧换新业务，可以按销售方实际收取的不含增值税的全部价款征收增值税。

以物易物是指购销双方不以货币结算，而是以同等价款的货物相互结算，实现货物购销的一种方式。

以物易物双方都要作购销处理，以各自发出的货物核算销售额并计算销项税额；以各自收得的货物核算购货额并计算进项税额。

【例 3－4】 某机械厂用 4 台出厂单价为 25 000 元的 C620 车床向钢材厂换取一批销售价 10 万元的钢材。

分析：在这笔交易中，机械厂的销售额应为 25 000 × 4 ＝10 万元，销项税额为 100 000 ×17% ＝17 000 元；购进材料为 10 万元，进项税额 17 000 元。钢材厂的销售额为 10 万元，销项税额为 100 000 × 17% ＝17 000 元；购进固定资产为 10 万元，进项税额 17 000 元。

应注意，以物易物换入的货物，未能取得增值税专用发票的，不得抵扣进项税额。

（3）销售带包装的货物。如前所述，价外费用包括价外向购买方收取的包装费及其租金，因此，纳税人销售带包装的货物，无论包装物是否单独计价，在财务上如何核算，也不论这部分包装物是自制的或外购的，销售额均应包括包装物的价格在内。但有的纳税人为了能收回包装物周转使用，对包装物不作价随同货物出售，而是另外收取押金，并单独记账核算的，则包装物押金不并入销售额计税。但酒类产品收取的包装物押金，除销售啤酒、黄酒外，无论是否返还，以及会计上如何核算，都应并入当期销售额计税。

对按规定不并入销售额计税的包装物押金，如果逾期（①超过合同或双方协议约定的期限；②收回期不明确，超过一年未收回的）未能收回包装物，押金不再退还的，则应按所包装货物的适用税率计算销售额。这里需注意，逾期包装物押金为含税收入，需换算成不含税价再并入销售额。例如，某粮食部门向某团体供应大米、面粉等粮食，在价外收取米和面粉袋的押金 565 元，因逾期不再退还，则押金应按所包装货物的适用税率计税，其销售额为 565 ÷ (1 + 13%) = 500 元。

4. 视同销售或价格明显偏低并无正当理由的销售额的确定。视同销售，有的因不以货币形式反映，而没有销售额；或者有时纳税人虽有销售额但售价明显偏低又无正当理由。税法规定，这两种情况应按下列顺序确定其销售额：

（1）按纳税人最近时期同类货物的平均销售价格确定；

（2）按其他纳税人最近时期同类货物的平均销售价格确定；

（3）按组成计税价格确定。组成计税价格的公式为：

$$组成计税价格 = 成本 \times (1 + 成本利润率)$$

成本为自产货物的实际生产成本或外购货物的实际采购成本。成本利润率由国家税务局统一确定为 10%。

属于应征消费税的货物，其组成计税价格中应加计消费税额，其成本利润率需按消费税的有关规定计算。

固定资产视同销售行为，对已使用过的固定资产无法确定销售额的，以固定资产净值为销售额。

【例3-5】 某针织厂（一般纳税人）某月将自产的针织内衣作为福利发给本厂职工，共发放A型内衣400件，同类产品每件销售价为150元；发放B型内衣200件，无同类产品销售价格，生产B型内衣的总成本为38 000元，则这项视同销售行为的销售额为：

A型内衣的销售额 = 400 × 150 = 60 000（元）

B型内衣的销售额 = 38 000 ×（1 + 10%）= 41 800（元）

这两项视同销售行为的销项税额 =（60 000 + 41 800）× 17% = 17 306（元）

5. 外汇结算销售额的折算。销售额以人民币计算。纳税人以人民币以外的货币结算销售额的，应当折合成人民币计算。纳税人按人民币以外的货币结算销售额的，其销售额的人民币折合率可以选择销售额发生的当天或者当月1日的人民币汇率中间价。纳税人应在事先确定采用何种折合率，确定后1年内不得变更。

（二）进项税额的确定

纳税人购进货物或者接受应税劳务支付或者负担的增值税额，为进项税额。

为避免重复征税，增值税进项税额允许在纳税人销售货物时的销项税额中抵扣。但是，并不是纳税人支付的所有进项税额都可以从销项税额中抵扣。

在销售额和销项税额既定的情况下，可抵扣的进项税额的大小，直接关系到应纳税额的多少。因此，正确的确定可抵扣的进项税额是准确计算应纳税额的又一关键。

1. 准予从销项税额中抵扣的进项税额。准予从销项税额中抵扣的进项税额，限于下列增值税扣税凭证上注明的增值税额和按规定的扣除率计算的进项税额。

（1）从销售方取得的增值税专用发票上注明的增值税额。生产经营企业的购销活动频繁，要确定进项税额是由于购进货物所发生，并且是由纳税人支付或负担的，需要有准确的记录。最初记录这一事项的是增值税专用发票（简称专用发票）。增值税专用发票的式样见表3-1所示，它与普通发票的主要区别是“单价”和“金额”按不含增值税的价格填列，并增加了“税率”和“税额”两栏。一般纳税人销售货物符合条件的应向购买方开具专用发票，其中税率为销售货物所适用的税率；税额为销售额（即发票上的“金额”）乘以税率之积。

增值税专用发票不只是一般的商业凭证，而且是兼记销售方销项税额和购货方进项税额，进行税款抵扣的重要凭证。

（2）从海关取得的海关进口增值税专用缴款书上注明的增值税额。纳税人进口货物凡已缴纳了增值税的，不论是否已经支付货款，其取得的海关进口增值税专用缴款书上注明的增值税额可作为增值税进项税额抵扣。

（3）购进农产品，除取得增值税专用发票或者海关进口增值税专用缴款书外，按照农产品收购发票或者销售发票上注明的农产品买价和13%的扣除率计算进项税额。进项税额计算公式：

进项税额 = 买价 × 扣除率

买价，包括纳税人购进农产品在农产品收购发票或者销售发票上注明的价款和按规定缴纳的烟叶税。

表 3－1 ××省增值税专用发票

抵 扣 联

地名 № 00000000

开票日期： 年 月 日

<table>
<tr><td rowspan="2">购货单位</td><td>名 称</td><td colspan="7"></td><td colspan="6">纳税人登记号</td><td colspan="8"></td></tr>
<tr><td>地址、电话</td><td colspan="7"></td><td colspan="6">开户银行及账号</td><td colspan="8"></td></tr>
<tr><td colspan="2" rowspan="2">货物或应税劳务名称</td><td rowspan="2">计量单位</td><td rowspan="2">数量</td><td rowspan="2">单价</td><td colspan="8">金 额</td><td rowspan="2">税率（%）</td><td colspan="7">税 额</td></tr>
<tr><td>十</td><td>万</td><td>千</td><td>百</td><td>十</td><td>元</td><td>角</td><td>分</td><td>万</td><td>千</td><td>百</td><td>十</td><td>元</td><td>角</td><td>分</td></tr>
<tr><td colspan="2"></td><td></td><td></td><td></td><td></td><td></td><td></td><td></td><td></td><td></td><td></td><td></td><td></td><td></td><td></td><td></td><td></td><td></td><td></td><td></td></tr>
<tr><td colspan="2"></td><td></td><td></td><td></td><td></td><td></td><td></td><td></td><td></td><td></td><td></td><td></td><td></td><td></td><td></td><td></td><td></td><td></td><td></td><td></td></tr>
<tr><td colspan="2"></td><td></td><td></td><td></td><td></td><td></td><td></td><td></td><td></td><td></td><td></td><td></td><td></td><td></td><td></td><td></td><td></td><td></td><td></td><td></td></tr>
<tr><td colspan="2">合 计</td><td></td><td></td><td></td><td></td><td></td><td></td><td></td><td></td><td></td><td></td><td></td><td></td><td></td><td></td><td></td><td></td><td></td><td></td><td></td></tr>
<tr><td colspan="2">价税合计（大写）</td><td colspan="21">拾 万 仟 佰 拾 元 角 分 ￥：</td></tr>
<tr><td rowspan="2">销货单位</td><td>名 称</td><td colspan="7"></td><td colspan="6">纳税人登记号</td><td colspan="8"></td></tr>
<tr><td>地址、电话</td><td colspan="7"></td><td colspan="6">开户银行及账号</td><td colspan="8"></td></tr>
</table>

票样

第三联 抵扣联 购货方扣税凭证

销货单位（章）： 收款人： 复核： 开票人：

（4）运输费用准予抵扣的进项税额。购进或者销售货物以及在生产经营过程中支付运输费用的，按照运输费用结算单据上注明的运输费用金额和7%的扣除率计算进项税额。进项税额计算公式：

进项税额＝运输费用金额×扣除率

运输费用金额，是指运输费用结算单据上注明的运输费用（包括铁路临管线及铁路专线运输费用）、建设基金，不包括装卸费、保险费等其他杂费。

增值税一般纳税人购进或销售货物，取得的作为增值税扣税凭证的货运发票，必须是通过货运发票税控系统开具的货运发票。

注意：上述（1）、（2）项是实际已税并按法定凭证扣税，（3）、（4）项是实际未税但允许按规定计算扣税，注意两者计税原理上的区别。

混合销售行为依照规定应当缴纳增值税的，该混合销售行为所涉及的非增值税应税劳务所用购进货物的进项税额，符合上述规定的，准予从销项税额中抵扣。

自2009年1月1日起，增值税一般纳税人购进（包括接受捐赠、实物投资）或者自制（包括改扩建、安装）固定资产发生的进项税额，可凭增值税专用发票、海关进口增值税专用缴款书和运输费用结算单据，从销项税额中抵扣。其允许抵扣的固定资产进项税额，是指纳税人2009年1月1日以后（含1月1日）实际发生，并取得2009年1月1日以后开具的增值税扣税凭证上注明的或者依据增值税扣税凭证计算的增值税税额。

纳税人购进货物或者应税劳务，取得的增值税扣税凭证不符合法律、行政法规或者国务院税务主管部门有关规定的，其进项税额不得从销项税额中抵扣。所谓增值税扣税凭证，是指增值税专用发票、海关进口增值税专用缴款书、农产品收购发票和农产品销售发票以及运输费用结算单据。

因购进货物退出或者折让而收回的增值税额，应从发生购进货物退出或者折让当期的进项税额中扣减。

2. 不得从销项税额抵扣的进项税额。

（1）用于非增值税应税项目、免征增值税项目、集体福利或者个人消费的购进货物或者应税劳务。

上述购进货物，不包括既用于增值税应税项目（不含免征增值税项目）也用于非增值税应税项目、免征增值税项目、集体福利或者个人消费的固定资产。所称固定资产，是指使用期限超过12个月的机器、机械、运输工具以及其他与生产经营有关的设备、工具、器具等。

个人消费包括纳税人的交际应酬消费。

非增值税应税项目，是指提供非增值税应税劳务、转让无形资产、销售不动产和不动产在建工程。不动产是指不能移动或者移动后会引起性质、形状改变的财产，包括建筑物、构筑物和其他土地附着物。所称建筑物，是指供人们在其内生产、生活和其他活动的房屋或者场所；构筑物，是指人们不在其内生产、生活的人工建造物；其他土地附着物，是指矿产资源及土地上生长的植物。

以建筑物或者构筑物为载体的附属设备和配套设施，无论在会计处理上是否单独记账与核算，均应作为建筑物或者构筑物的组成部分，其进项税额不得在销项税额中抵扣。附属设备和配套设施是指：给排水、采暖、卫生、通风、照明、通讯、煤气、消防、中央空调、电梯、电气、智能化楼宇设备和配套设施。

纳税人新建、改建、扩建、修缮、装饰不动产，均属于不动产在建工程。

（2）非正常损失的购进货物及相关的应税劳务。非正常损失，是指因管理不善造成被盗、丢失、霉烂变质的损失。

（3）非正常损失的在产品、产成品所耗用的购进货物或者应税劳务。

（4）国务院财政、税务主管部门规定的纳税人自用消费品。纳税人自用的应征消费税的摩托车、汽车、游艇，其进项税额不得从销项税额中抵扣。

（5）上述第（1）项至第（4）项规定的货物的运输费用和销售免税货物的运输费用。

上述不得抵扣的进项税额中第（1）至（4）项有一个共同点，即都没有相对应的销项税额，当然这些进项税额也就不应从销项税额中抵扣。

一般纳税人兼营免税项目或者非增值税应税劳务而无法划分不得抵扣的进项税额的，按下列公式计算不得抵扣的进项税额：

不得抵扣的进项税额＝当月无法划分的全部进项税额×当月免税项目销售额、非增值税应税劳务营业额合计÷当月全部销售额、营业额合计

【例3-6】 某企业兼营免税项目和非应税劳务，当月全部销售额、营业额合计6万元，其中免税项目、非应税项目营业额2万元。当月的进项税额12 000元全部无法分别核算。则：

不得抵扣的进项税额＝12 000×20 000÷60 000＝4 000（元）

已抵扣进项税额的购进货物或者应税劳务，发生不得抵扣规定的情形的（免税项目、非增值税应税劳务除外），应当将该项购进货物或者应税劳务的进项税额从当期的进项税额中扣减；无法确定该项进项税额的，按当期实际成本计算应扣减的进项税额。

【例3-7】 某纳税人因火灾烧毁库存外购电视机100台，账面售价40万元，进销差价为20%。则：

不得抵扣而需扣减的进项税额 = 400 000 × (1 - 20%) × 17% = 54 400 (元)

有下列情形之一者，应按销售额依照增值税税率计算应纳税额，不得抵扣进项税额，也不得使用增值税专用发票：①一般纳税人会计核算不健全，或者不能够提供准确税务资料的；②纳税人销售额超过小规模纳税人标准，未申请办理一般纳税人认定手续的。

纳税人已抵扣进项税额的固定资产发生前述第（1）至（3）项所列情形的，应在当月按下列公式计算不得抵扣的进项税额：

不得抵扣的进项税额 = 固定资产净值 × 适用税率

（三）计算应纳税额的时限

一般纳税人应纳税额计算公式中的“当期”，是个重要的时间界定，只有在纳税期限内实际发生的销项税额、进项税额，才是法定的当期销项税额和当期进项税额。

1. 销项税额的时间规定。纳税人销售货物或应税劳务，以及视同销售行为，应计入当期销售额和销项税额的时间为纳税人纳税义务发生之时（见本章第三节）。

2. 进项税额抵扣的时间限定。

（1）增值税一般纳税人取得的增值税专用发票、公路内河货物运输业统一发票和机动车销售统一发票，应在开具之日起 180 日内到税务机关办理认证，并在认证通过的次月申报期内，向主管税务机关申报抵扣进项税额。

（2）实行海关进口增值税专用缴款书（以下简称“海关缴款书”）“先比对后抵扣”管理办法的增值税一般纳税人取得的海关缴款书，应在开具之日起 180 日内向主管税务机关报送《海关完税凭证抵扣清单》（包括纸质资料和电子数据）申请稽核比对。

未实行海关缴款书“先比对后抵扣”管理办法的增值税一般纳税人取得的海关缴款书，应在开具之日起 180 日后的第一个纳税申报期结束以前，向主管税务机关申报抵扣进项税额。

（3）增值税一般纳税人取得的增值税专用发票、公路内河货物运输业统一发票、机动车销售统一发票以及海关缴款书，未在规定期限内到税务机关办理认证、申报抵扣或者申请稽核比对的，不得作为合法的增值税扣税凭证，不得计算进项税额抵扣。

（四）计算应纳税额时进项税额不足抵扣的处理

如纳税人当期销项税额小于当期进项税额不足抵扣时，其不足部分可以结转下期继续抵扣。

【例 3-8】 某企业（一般纳税人）1 月份有未抵扣完的进项税 0.8 万元，2 月份销售免税货物 40 万元，生产免税货物动用前期购进原材料 10 万元，计算其 2 月份应纳增值税。

分析： 该企业 2 月份增值税销项税额为 0，进项税额中用于生产免税货物的进项税额不得抵扣，作进项税额转出处理，1 月份未抵扣完的进项税额可在 2 月份继续抵扣。则

2 月份应纳增值税 = 0 - (0 - 10 × 17%) - 0.8 = 0.9（万元）

二、按简易办法征收增值税

（一）小规模纳税人应纳税额的计算

小规模纳税人数量众多，其财务核算也难于按规范的要求进行，考虑到征税成本和纳税人的实际情况等因素，我国对小规模纳税人销售货物或者应税劳务，实行按照销售额和征收率计算应纳税额的简易办法，并不得抵扣进项税额。计算公式为：

应纳税额 = 销售额 × 征收率

小规模纳税人的销售额不包括其应纳税额。小规模纳税人销售货物或者应税劳务采用销售额和应纳税额合并定价方法的，按下列公式计算销售额：

销售额 = 含税销售额 ÷ (1 + 征收率)

【例3-9】 某个体户开设的修车店，修理自行车、三轮车、摩托车，某月营业收入额（含税）49 440元，该个体户当月应纳增值税税额的计算为：

不含税销售额 = 49 440 ÷ (1 + 3%) = 48 000（元）

应纳税额 = 48 000 × 3% = 1 440（元）

小规模纳税人因销售货物退回或者折让退还给购买方的销售额，应从发生销售货物退回或者折让当期的销售额中扣减。

小规模纳税人（除其他个人外，下同）销售自己使用过的固定资产，减按2%征收率征收增值税。

小规模纳税人销售自己使用过的固定资产和旧货，按下列公式确定销售额和应纳税额：

销售额 = 含税销售额 ÷ (1 + 3%)

应纳税额 = 销售额 × 2%

小规模纳税人销售自己使用过的除固定资产以外的物品，应按3%的征收率征收增值税。

请思考：一般纳税人17%和13%的税率与小规模纳税人3%的征收率相比，能说明小规模纳税人的税负比较低吗？

（二）按简易办法征收增值税，不得抵扣进项税额

1. 纳税人销售自己使用过的物品，按下列政策执行：

（1）一般纳税人销售自己使用过的按规定不得抵扣且未抵扣进项税额的固定资产，按简易办法依照4%征收率减半征收增值税。

一般纳税人销售自己使用过的其他固定资产，应区分不同情形征收增值税：①销售自己使用过的2009年1月1日以后购进或者自制的固定资产，按照适用税率征收增值税；②2008年12月31日以前未纳入扩大增值税抵扣范围试点的纳税人，销售自己使用过的2008年12月31日以前购进或者自制的固定资产，按照4%征收率减半征收增值税；③2008年12月31日以前已纳入扩大增值税抵扣范围试点的纳税人，销售自己使用过的在本地区扩大增值税抵扣范围试点以前购进或者自制的固定资产，按照4%征收率减半征收增值税；销售自己使用过的在本地区扩大增值税抵扣范围试点以后购进或者自制的固定资产，按照适用税率征收增值税。以上所称已使用过的固定资产，是指纳税人根据财务会计制度已经计提折旧的固定资产；

（2）一般纳税人销售自己使用过的除固定资产以外的物品，应当按照适用税率征收增值税。

2. 纳税人销售旧货，按照简易办法依照4%征收率减半征收增值税。所称旧货，是指进入二次流通的具有部分使用价值的货物（含旧汽车、旧摩托车和旧游艇），但不包括自己使用过的物品。

一般纳税人销售自己使用过的物品和旧货，适用按简易办法依照4%征收率减半征收增值税政策的，按下列公式确定销售额和应纳税额：

销售额 = 含税销售额 ÷ (1 + 4%)

应纳税额 = 销售额 × 4% ÷ 2

3. 一般纳税人销售自产的下列货物，可选择按照简易办法依照6%征收率计算缴纳增值税：

（1）县级及县级以下小型水力发电单位生产的电力。小型水力发电单位，是指各类投资主体建设的装机容量为5万千瓦以下（含5万千瓦）的小型水力发电单位；

（2）建筑用和生产建筑材料所用的砂、土、石料；

（3）以自己采掘的砂、土、石料或其他矿物连续生产的砖、瓦、石灰（不含粘土实心砖、瓦）；

（4）用微生物、微生物代谢产物、动物毒素、人或动物的血液或组织制成的生物制品；

（5）自来水；

（6）商品混凝土（仅限于以水泥为原料生产的水泥混凝土）。

一般纳税人选择简易办法计算缴纳增值税后，36个月内不得变更。

4. 一般纳税人销售货物属于下列情形之一的，暂按简易办法依照4%征收率计算缴纳增值税：

（1）寄售商店代销寄售物品（包括居民个人寄售的物品在内）；

（2）典当业销售死当物品；

（3）经国务院或国务院授权机关批准的免税商店零售的免税品。

（三）一般纳税人的自来水公司销售自来水计税

对属于一般纳税人的自来水公司销售自来水按简易办法依照6%征收率征收增值税，不得抵扣其购进自来水取得增值税扣税凭证上注明的增值税税款。

三、进口货物应纳税额的计算

对进口货物征税是国际上的通常做法。凡申报进入中华人民共和国海关的货物，均应缴纳增值税。由于进口货物在进口时，其所含价值均未向我国缴纳过增值税，所以，进口货物不存在进项税额，也不能抵扣税额。纳税人进口货物，应按照组成计税价格和适用税率计算应纳税额。其税额计算公式为：

应纳税额 = 组成计税价格 × 税率

组成计税价格 = 关税完税价格 + 关税税额 + 消费税税额

进口货物的关税完税价格是指以海关审定的成交价格为基础的计税价格（详见第六章）。也就是说，进口货物一般要先征收一道关税；对应征消费税的，还要征收一道消费税；然后以关税完税价格、关税和消费税之和为计税依据，征收增值税。进口货物的增值税由海关代征。

【例3-10】 某进出口公司进口应征消费税的货物一批，经海关审定的关税完税价格折合人民币为150万元。该进口货物的进口关税225 000元，消费税90 789.4元，增值税税率为17%，其应纳增值税的计算为：

组成计税价格 = 1 500 000 + 225 000 + 90 789.4 = 1 815 789.4（元）

应纳增值税 = 1 815 789.4 × 17% = 308 684.20（元）

四、出口货物退（免）税

税法规定，我国对增值税出口货物实行零税率。零税率是指货物出口时整体税负为零，即不仅出口环节不征税，而且可以退还该货物以前环节已征的税款。

出口退税是国际上的通行做法。出口退税，可以增强出口产品在国际市场的竞争力，是国家调节货物进出口，促进对外贸易的重要手段；同时，因为根据国际惯例，进口国一般对进口货物除征收关税外还要征收其国内流转税，所以，出口退税实际上也可以避免对出口货物的重复征税。

纳税人出口货物适用退（免）税规定的，应当向海关办理出口手续，凭出口报关单等有关凭证，在规定的出口退（免）税申报期内按月向主管税务机关申报办理该项出口货物的退（免）税。

（一）出口退（免）税的基本政策和适用范围

我国现行出口退免税形式有三种：

1. 出口免税并退税（又免又退）。除另有规定外，出口免税并退税适用的企业和货物为：

（1）有出口经营权的生产企业自营出口或者没有出口经营权的生产企业委托外贸企业代理出口的自产货物；

（2）有出口经营权的外贸企业收购后直接出口或委托其他外贸企业代理出口的货物；

（3）特准退税的货物。

2. 出口免税但不退税（只免不退）：来料加工复出口货物；避孕药品和用具、古旧图书；出口国家计划内卷烟；军品以及军队系统企业出口军需工厂生产或军需部门拨调的货物；国家规定的其他免税货物。

3. 出口不免税也不退税（不免不退）：原油；援外出口物资；国家禁止出口物资；计划外出口的卷烟。

（二）出口货物退税率

出口货物的退税率不能完全等同于销售货物的税率，现行增值税出口退税率有17%、15%、14%、13%、11%、9%、8%、6%、5%等。

（三）出口退税的计算

我国增值税出口退税的计算有两种方法，一是“免、抵、退”办法，主要适用于自营出口或者委托外贸企业出口自产货物的生产企业；二是“先征后退”办法，主要适用于收购货物出口的外（工）贸企业。

1. “免、抵、退”计算方法。生产企业自营出口或者委托外贸企业代理出口的自产货物，除另有规定外，一律实行“免、抵、退”税的办法。其中，“免”税，是指生产企业出口的自产货物，免征本企业生产销售环节的增值税；“抵”税，是指生产企业出口的自产货物所耗用的原材料、零部件、燃料、动力等所含应予退还的进项税额，抵顶内销货物应纳税额；“退”税，是指生产企业出口的自产货物应抵顶的进项税额大于应纳税额时，对未抵顶完的部分予以退税。

2. 外贸企业出口货物采用“先征后退”的计算方法。

（四）出口货物办理退税后发生退货或者退关的处理

出口货物办理退税后发生退货或者退关的，纳税人应当依法补缴已退的税款。

第三节 增值税的缴纳和会计处理

一、纳税义务发生时间

纳税义务发生时间是纳税人发生应税行为应当承担纳税义务的起始时间。

1. 销售货物或者应税劳务，为收讫销售款项或者取得索取销售款项凭据的当天；先开具发票的，为开具发票的当天。具体规定为：

（1）采取直接收款方式销售货物，不论货物是否发出，均为收到销售款或者取得索取销售款凭据的当天；

（2）采取托收承付和委托银行收款方式销售货物，为发出货物并办妥托收手续的当天；

（3）采取赊销和分期收款方式销售货物，为书面合同约定的收款日期的当天，无书面合同的或者书面合同没有约定收款日期的，为货物发出的当天；

（4）采取预收货款方式销售货物，为货物发出的当天，但生产销售生产工期超过12个月的大型机械设备、船舶、飞机等货物，为收到预收款或者书面合同约定的收款日期的当天；

（5）委托其他纳税人代销货物，为收到代销单位的代销清单或者收到全部或者部分货款的当天。未收到代销清单及货款的，为发出代销货物满180天的当天；

（6）销售应税劳务，为提供劳务同时收讫销售款或者取得索取销售款的凭据的当天；

（7）纳税人视同销售货物行为，除将货物交付其他单位或者个人代销和销售代销货物外，均为货物移送的当天。

2. 进口货物，为报关进口的当天。

3. 扣缴义务人的扣缴义务发生时间，为纳税人增值税纳税义务发生的当天。

二、纳税期限

为保证按期缴纳税款，增值税的纳税期限分别为1日、3日、5日、10日、15日、1个月或者1个季度。其中，以1个季度为纳税期限的规定仅适用于小规模纳税人。纳税人的具体纳税期限，由主管税务机关根据纳税人应纳税额的大小分别核定；不能按照固定期限纳税的，可以按次纳税。

纳税人以1个月或者1个季度为1个纳税期的，自期满之日起15日内申报纳税；以1日、3日、5日、10日或者15日为1个纳税期的，自期满之日起5日内预缴税款，于次月1日起15日内申报纳税并结清上月应纳税款。

扣缴义务人解缴税款的期限，依照上述规定执行。

纳税人进口货物，应当自海关填发海关进口增值税专用缴款书之日起15日内缴纳税款。

三、纳税地点

1. 固定业户应当向其机构所在地的主管税务机关申报纳税。总机构和分支机构不在同一县（市）的，应当分别向各自所在地的主管税务机关申报纳税；经国务院财政、税务主管部门或者其授权的财政、税务机关批准，可以由总机构汇总向总机构所在地的主管税务机关申报纳税。

2. 固定业户到外县（市）销售货物或者应税劳务，应当向其机构所在地的主管税务机关申请开具外出经营活动税收管理证明，并向其机构所在地的主管税务机关申报纳税；未开具证明的，应当向销售地或者劳务发生地的主管税务机关申报纳税；未向销售地或者劳务发生地的主管税务机关申报纳税的，由其机构所在地的主管税务机关补征税款。

3. 非固定业户销售货物或者应税劳务，应当向销售地或者劳务发生地的主管税务机关申报纳税；未向销售地或者劳务发生地的主管税务机关申报纳税的，由其机构所在地或者居住地的主管税务机关补征税款。

4. 进口货物，应当向报关地海关申报纳税。个人携带或者邮寄进境自用物品的增值税，连同关税一并计征。具体办法由国务院关税税则委员会会同有关部门制定。

5. 扣缴义务人应当向其机构所在地或者居住地的主管税务机关申报缴纳其扣缴的税款。

四、增值税的纳税申报

增值税一般纳税人应按期如实填报《增值税纳税申报表（适用于增值税一般纳税人）》、《增值税纳税申报表附列资料（表一）、（表二）》和《固定资产进项税额抵扣情况表》等纳税资料。

增值税小规模纳税人应按期如实填报《增值税纳税申报表（适用小规模纳税人）》。

五、增值税的会计处理

增值税是价外税，因此，一般纳税人的存货账户中不再包含增值税，其销售成本也就成为不含增值税的成本。换句话说，在会计核算上，增值税与成本利润不再发生关系。

增值税的提取、缴纳主要通过“应交税费”账户进行。在进行增值税会计处理时，为了核算增值税的应交、抵扣、已交、退税及转出等情况，在“应交税费”账户下设置“应交增值税”明细账户。

1. 企业采购物资等，按可抵扣的增值税额，借记“应交税费——应交增值税（进项税额）”，按应计入采购成本的金额，借记“材料采购”、“在途物资”或“原材料”、“库存商品”等账户，按应付或实际支付的金额，贷记“应付账款”、“应付票据”、“银行存款”等科目。购入物资发生的退货，作相反的会计分录。

2. 2009年1月1日起，购进（包括接受捐赠、实物投资）或者自制（包括改扩建、安装）固定资产发生的进项税额记入“应交税费——应交增值税（进项税额）”科目。

3. 销售物资或提供应税劳务，按营业收入和应收取的增值税额，借记“应收账款”、“应收票据”、“银行存款”等科目，按专用发票上注明的增值税额，贷记“应交税费——应交增值税（销项税额）”，按实现的营业收入，贷记“主营业务收入”、“其他业务收入”科目。发生的销售退回，作相反的会计分录。

4. 实行“免、抵、退”的企业，按应收的出口退税额，借记“其他应收款”科目，贷记“应交税费——应交增值税（出口退税）”。

5. 企业缴纳的增值税，借记“应交税费——应交增值税（已交税金）”，贷记“银行存款”科目。

6. 小规模纳税人以及购入材料不能取得增值税专用发票的，发生的增值税计入材料采购成本，借记“材料采购”、“在途物资”等科目，贷记“应交税费”。

“应交税费——应交增值税”明细账的格式如表3－2所示。

表3－2　　应交税费——应交增值税

略	借方						贷方					
	合计	进项税额	已交税金				合计	销项税额	出口退税	进项税额转出		余额

第四节　增值税专用发票

专用发票是增值税一般纳税人销售货物或者提供应税劳务开具的发票，是购买方支付增值税额并可按照增值税有关规定据以抵扣增值税进项税额的凭证。

一、专用发票的领购使用

专用发票限于一般纳税人领购使用。小规模纳税人不得使用。

有下列情形之一的，不得领购开具专用发票：

1. 会计核算不健全，不能向税务机关准确提供增值税销项税额、进项税额、应纳税额数据及其他有关增值税税务资料的。

2. 有税收违法行为，拒不接受税务机关处理的。

3. 有下列行为之一，经税务机关责令限期改正而仍未改正的：

（1）虚开增值税专用发票；

（2）私自印制专用发票；

（3）向税务机关以外的单位和个人买取专用发票；

（4）借用他人专用发票；

（5）未按规定开具专用发票；

（6）未按规定保管专用发票和专用设备（指下列情形之一：未设专人保管专用发票和专用设备；未按税务机关要求存放专用发票和专用设备；未将认证相符的专用发票抵扣联、

“认证结果通知书”和“认证结果清单”装订成册；未经税务机关查验，擅自销毁专用发票基本联次）；

（7）未按规定申请办理防伪税控系统变更发行；

（8）未按规定接受税务机关检查。

二、专用发票的开具

1. 专用发票的联次及用途。专用发票由基本联次或者基本联次附加其他联次构成，基本联次为三联：发票联、抵扣联和记账联。发票联作为购买方核算采购成本和增值税进项税额的记账凭证，抵扣联作为购买方报送主管税务机关认证和留存备查的凭证，记账联作为销售方核算销售收入和增值税销项税额的记账凭证，其他联次用途由一般纳税人自行确定。

2. 专用发票的开具条件。纳税人销售货物或者应税劳务，应当向索取增值税专用发票的购买方开具增值税专用发票，并在增值税专用发票上分别注明销售额和销项税额。

属于下列情形之一的，不得开具增值税专用发票：（1）向消费者个人销售货物或者应税劳务的；（2）销售货物或者应税劳务适用免税规定的；（3）小规模纳税人销售货物或者应税劳务的。

3. 专用发票的开具要求：（1）项目齐全，与实际交易相符；（2）字迹清楚，不得压线、错格；（3）发票联和抵扣联加盖财务专用章或者发票专用章；（4）按照增值税纳税义务的发生时间开具。

对不符合上列要求的专用发票，购买方有权拒收。

三、取得专用发票后，发生退货或开票有误等情况的处理

增值税一般纳税人开具增值税专用发票后，发生销货退回、销售折让以及开票有误等情况需要开具红字专用发票的，视不同情况分别按以下办法处理：

1. 因专用发票抵扣联、发票联均无法认证的，由购买方填报“开具红字增值税专用发票申请单”，并在申请单上填写具体原因以及相对应蓝字专用发票的信息，主管税务机关审核后出具“开具红字增值税专用发票通知单”。购买方不作进项税额转出处理。

2. 购买方所购货物不属于增值税扣税项目范围，取得的专用发票未经认证的，由购买方填报申请单，并在申请单上填写具体原因以及相对应蓝字专用发票的信息，主管税务机关审核后出具通知单。购买方不作进项税额转出处理。

3. 因开票有误购买方拒收专用发票的，销售方须在专用发票认证期限内向主管税务机关填报申请单，并在申请单上填写具体原因以及相对应蓝字专用发票的信息，同时提供由购买方出具的写明拒收理由、错误具体项目以及正确内容的书面材料，主管税务机关审核确认后出具通知单。销售方凭通知单开具红字专用发票。

4. 因开票有误等原因尚未将专用发票交付购买方的，销售方须在开具有误专用发票的次月内向主管税务机关填报申请单，并在申请单上填写具体原因以及相对应蓝字专用发票的信息，同时提供由销售方出具的写明具体理由、具体错误项目以及正确内容的书面材料，主管税务机关审核确认后出具通知单。销售方凭通知单开具红字专用发票。

5. 发生销货退回或销售折让的，除按照有关的规定进行处理外，销售方还应在开具红字专用发票后将该笔业务的相应记账凭证复印件报送主管税务机关备案。

四、专用发票的认证

1. 不得作为增值税进项税额的抵扣凭证。经认证，有下列情形之一的，不得作为增值税进项税额的抵扣凭证，税务机关退还原件，购买方可要求销售方重新开具专用发票：(1) 无法认证；(2) 纳税人识别号认证不符；(3) 专用发票代码、号码认证不符。

2. 暂不得作为增值税进项税额的抵扣凭证。有下列情形之一的，暂不得作为增值税进项税额的抵扣凭证，税务机关扣留原件，查明原因，分别情况进行处理：(1) 重复认证；(2) 密文有误；(3) 认证不符；(4) 列为失控专用发票。

第4章 消费税

现代消费税始于17世纪，目前世界上大部分国家和地区都开设了针对不同消费品实行不同税负的消费税。我国现行的消费税的基本规范是2008年11月10日由国务院修订通过并发布的《中华人民共和国消费税暂行条例》，自2009年1月1日起施行。

第一节 消费税的含义与内容

一、消费税的含义与特点

消费税是对在我国境内生产、委托加工和进口的应税消费品征收的一种税。

现行消费税是1994年税制改革时在原产品税改征增值税以后为延续产品税对不同消费品区别对待的政策精神而设置的一个税种。在商品劳务税中，它与增值税相配合形成双层次调节机制。增值税对各种货物和劳务普遍征收，发挥普遍调节作用，以保证财政收入的稳定增长为主要功能；消费税只对少数货物征收，作为特殊调节税种，其宗旨是调节产品结构、引导消费方向、增加财政收入。

消费税同其他商品劳务税种相比，具有以下特点：

1. 征收范围具有较强的选择性。我国目前的消费税主要是对奢侈品、高能耗以及污染环境的特殊消费品进行征税，对人民群众生活密切相关的基本生活必需品，不征收消费税。

2. 征收环节单一。除少数特殊规定外，消费税主要选择了在生产销售环节进行征税，实行单一环节一次课征制。

3. 征收方法多样。消费税以从价定率征税为主，对部分消费品实行从量定额征税，对少数消费品既从价又从量复合征税。

4. 注重税收对消费的调节作用。除了财政收入功能外，消费税的征税范围选择和税率的差异，体现国家的经济政策，具有较强的税收调控作用。

5. 税收负担的转嫁性。消费税是价内税，税负可以转嫁，税负主要由应税消费品的最终购买者承担。

二、消费税税制的基本内容

（一）征税范围

消费税以在我国境内生产、委托加工和进口的应税消费品，以及销售规定的应税消费品为征税对象。在我国境内是指生产、委托加工和进口属于应当缴纳消费税的消费品的起运地或者所在地在境内。销售是指有偿转让应税消费品的所有权。有偿是指从购买方取得货币、货物或者其他经济利益。

我国的消费税选择对部分消费品征税，属于特别消费税。列入征税范围的消费品大致可以分为五大类：

1. 高档和奢侈品。如贵重首饰及珠宝玉石、化妆品、高尔夫球及球具、高档手表、游艇。

2. 资源消耗型产品。如成品油、木制一次性筷子、实木地板。

3. 高能耗消费品。如摩托车、小汽车。

4. 过度消费对人类健康不利的消费品。如烟、酒。

5. 其他消费品。如鞭炮焰火、汽车轮胎。

应税消费品共 14 个税目：

1. 烟。凡以烟叶为原料加工生产的产品，不论使用何种辅料均属于本税目，包括卷烟、雪茄烟、烟丝 3 个子目。

2. 酒及酒精。酒及酒精包括白酒、黄酒、啤酒、其他酒、酒精等子目。

3. 化妆品。包括各类美容、修饰类化妆品、高档护肤类化妆品和成套化妆品。美容、修饰类化妆品是指香水、香水精、香粉、口红、指甲油、胭脂、眉笔、唇笔、蓝眼油、眼睫毛以及成套化妆品。舞台、戏剧、影视演员化妆用的上妆油、卸装油、油彩不属于本税目的征收范围。

提示：洗面奶、花露水、洗发水等用于人体皮肤、毛发，起滋润、防护、整洁作用的消费品不是化妆品，而是属于不征消费税的护肤护发品。

4. 贵重首饰及珠宝玉石。包括金银珠宝首饰和经采掘、打磨、加工的各种珠宝玉石。

5. 鞭炮、焰火。包括各种鞭炮、焰火。体育上用的发令纸、鞭炮药引线不按本税目征税。

6. 成品油。包括汽油、柴油、石脑油、溶剂油、航空煤油、润滑油、燃料油七类产品。

7. 汽车轮胎。包括各种汽车、挂车、专用车、摩托车与农用拖拉机、收割机、手扶拖拉机通用轮胎，及其他机动车等所用的内、外胎。不包括农用拖拉机、收割机、手扶拖拉机的专用轮胎。

8. 摩托车。包括轻便摩托车和摩托车两种。

9. 小汽车。

10. 高尔夫球及球具。

11. 高档手表。高档手表是指销售价格（不含增值税）每只在 1 万元（含）以上的各类手表。本税目征收范围包括符合以上标准的各类手表。

12. 游艇。

13. 木制一次性筷子。

14. 实木地板。

（二）纳税人和扣缴义务人

1. 纳税人。消费税的纳税人为在我国境内生产、委托加工和进口应税消费品的单位和个人，以及销售规定的应税消费品的其他单位和个人。

上述所称“单位”，是指企业、行政单位、事业单位、军事单位、社会团体及其他单位。所称个人，是指个体工商户及其他个人。

（1）纳税人的一般规定：①生产销售应税消费品（金银首饰、钻石及钻石饰品、铂金首饰除外）的单位和个人；②委托加工应税消费品的单位和个人；③进口应税消费品的单位和个人。

（2）纳税人的特殊规定。

①零售金银首饰、铂金首饰、钻石及钻石饰品的单位和个人，为金银首饰、铂金首饰、钻石及钻石饰品消费税的纳税人。委托加工（另有规定除外）、委托代销金银首饰、铂金首饰、钻石及钻石饰品的，受托方也是纳税人。

②在我国境内从事卷烟批发的单位、个人，为批发环节卷烟消费税的纳税人。

2. 扣缴义务人。受托加工的应税消费品，除受托方为个人的由委托方收回后缴纳消费税外，均由受托方在向委托方交货时代收代缴税款。

（三）税率

目前，我国消费税比例税率为13档，最低1%，最高56%；定额税率8档。

1. 一般规定。

（1）比例税率。主要适用于价格差异较大、计量单位难于规范的应税消费品，包括烟（卷烟除外）、酒及酒精（白酒、黄酒和啤酒除外）、化妆品、贵重首饰及珠宝玉石、鞭炮焰火、汽车轮胎、摩托车、小汽车、高尔夫球及球具、高档手表、游艇、木制一次性筷子、实木地板。

（2）定额税率。适用于供求基本平衡并且价格差异较小，计量单位比较容易规范的应税消费品，包括啤酒、黄酒、成品油。

（3）复合税率。复合税率适用于白酒、卷烟。

税目税率如表4-1所示。

表4-1 消费税税目税率表

税目	税率
一、烟	
1. 卷烟	
（1）甲类卷烟（不含增值税调拨价70元/条以上（含70元））	56%加0.003元/支（生产环节）
（2）乙类卷烟（不含增值税调拨价70元/条以下）	36%加0.003元/支（生产环节）
商业批发	5%（批发环节）
2. 雪茄烟	36%（生产环节）

续表

税目	税率
3. 烟丝	30%（生产环节）
二、酒及酒精	
1. 白酒	20%加0.5元/500克（或者500毫升）
2. 黄酒	240元/吨
3. 啤酒	
（1）甲类啤酒（每吨出厂价格（含包装物及包装物押金）3 000元（含3 000元，不含增值税）以上）	250元/吨
（2）乙类啤酒（每吨出厂价格不足3 000元）	220元/吨
4. 其他酒	10%
5. 酒精	5%
三、化妆品	30%
四、贵重首饰及珠宝玉石	
1. 金银首饰、铂金首饰和钻石及钻石饰品	5%
2. 其他贵重首饰和珠宝玉石	10%
五、鞭炮、焰火	15%
六、成品油	
1. 汽油	
（1）含铅汽油	1.4元/升
（2）无铅汽油	1元/升
2. 柴油	0.8元/升
3. 航空煤油	0.8元/升
4. 石脑油	1元/升
5. 溶剂油	1元/升
6. 润滑油	1元/升
7. 燃料油	0.80元/升
七、汽车轮胎	3%
八、摩托车	
1. 气缸容量（排气量，下同）在250毫升（含250毫升）以下的	3%
2. 气缸容量在250毫升以上的	10%
九、小汽车	
1. 乘用车	
（1）气缸容量（排气量，下同）在1.0升（含1.0升）以下的	1%
（2）气缸容量在1.0升以上至1.5升（含1.5升）的	3%
（3）气缸容量在1.5升以上至2.0升（含2.0升）的	5%
（4）气缸容量在2.0升以上至2.5升（含2.5升）的	9%
（5）气缸容量在2.5升以上至3.0升（含3.0升）的	12%
（6）气缸容量在3.0升以上至4.0升（含4.0升）的	25%
（7）气缸容量在4.0升以上的	40%

续表

税　目	税　率
2. 中轻型商用客车	5%
十、高尔夫球及球具	10%
十一、高档手表	20%
十二、游艇	10%
十三、木制一次性筷子	5%
十四、实木地板	5%

消费税税目、税率的调整，由国务院决定。

2. 适用税率的特殊规定。应税消费品的适用税率一般按照以上税目税率表确定。另有以下特殊规定：

（1）烟的适用税率。

①因放开价格而经常浮动的卷烟。应以该牌号卷烟销售当月的加权平均销售价格确定征税类别和适用税率。但下列情况不得列入加权平均计算：销售价格明显偏低而无正当理由；无销售价格。

②残次品卷烟。残次品卷烟按同牌号规格正品卷烟适用税率计税。

③进口卷烟。每标准条进口卷烟(200 支)确定

消费税适用比例税率的价格 =（关税完税价格 + 关税 + 消费税定额税）÷(1 – 消费税税率)

公式中的关税完税价格和关税为每标准条的关税完税价格及关税税额；消费税定额税率为每标准条（200 支）0.6 元（依据现行消费税定额税率计算得出）；消费税税率固定为36%。

每标准条进口卷烟确定消费税适用比例税率的价格大于或等于 70 元人民币的，适用比例税率为 56%；每标准条进口卷烟确定消费税适用比例税率的价格小于 70 元人民币的，适用比例税率为 36%。

④特殊卷烟。白包卷烟，手工卷烟，自产自用没有同牌号、同规格调拨价格的卷烟，委托加工没有同牌号、同规格调拨价格的卷烟，以及未经国务院批准纳入计划的企业和个人生产的卷烟，不分类别一律按 56% 的税率征税。

（2）酒的适用税率。2009 年 1 月 1 日起施行的《中华人民共和国消费税暂行条例》将酒及酒精税目下的粮食白酒和薯类白酒两个子目统一为白酒一个子目，粮食白酒和薯类白酒的具体征税范围如下：

①下列酒类产品按粮食白酒税率征税：用粮食和薯类、糠麸等多种原料混合生产的白酒；以粮食白酒为酒基生产的配制或泡制酒；以白酒和酒精为酒基，凡酒基所用原料无法确定的配制或泡制酒。

②以外购酒精生产的白酒，按酒精所用原料确定白酒的适用税率；凡酒精所用原料无法确定的，一律按白酒税率征税。

③以外购白酒加浆降度，或外购散酒装瓶出售，以及外购白酒以曲香、香精进行调香、

调味生产的白酒，按外购白酒所用原料确定适用税率。凡白酒所用原料无法确定的，一律按粮食白酒的税率征税。

④以外购的不同品种白酒勾兑的白酒，一律按粮食白酒的税率征税。

⑤对用粮食白酒和复制酒，粮食白酒和薯类白酒组成成套销售的，一律按粮食白酒的税率征税。

⑥外购两种以上酒精生产的白酒，一律从高确定税率。

⑦对用薯类和粮食以外的其他原料混合生产的白酒，一律按照薯类白酒的税率征税。

⑧对企业生产的白酒应按其所用原料确定适用税率。对既有白酒又有其他原料，凡所用原料无法分清的，一律按白酒征收消费税。

⑨对企业以白酒和酒精为酒基，加入果汁、香料、色素、药材、补品、糖、调料等配制和泡制的酒，不得按其他酒子目中的复制酒征税，一律按照酒基所用原料确定白酒的适用税率。酒基所用原料无法确定的，一律按粮食白酒税率征税。

⑩对以黄酒为酒基生产的配制或泡制酒，按“其他酒”10%的税率征收消费税。

(3) 纳税人兼营不同税率的应当缴纳消费税的消费品，应当分别核算不同税率应税消费品的销售额、销售数量；未分别核算销售额、销售数量，或者将不同税率的应税消费品组成成套消费品销售的，从高适用税率。

以上所称纳税人兼营不同税率的应当缴纳消费税的消费品，是指纳税人生产销售两种税率以上的应税消费品，如卷烟厂同时生产销售两种税率卷烟，炼油厂同时生产销售汽油和柴油等。

（四）纳税环节

消费税实行单环节一次征收，除金银首饰、钻石及钻石饰品改在零售环节征税，卷烟在批发环节加征一道卷烟从价消费税外，其他消费品只在生产、委托加工或进口环节征税，在以后的批发、零售等环节不再征收消费税。

具体规定为：

1. 生产环节。纳税人生产的应税消费品于生产者销售时纳税。

2. 自产自用。纳税人自产自用的应税消费品，用于连续生产应税消费品的，不纳税；用于其他方面的，于移送使用时纳税。所称用于连续生产应税消费品，是指纳税人将自产自用的应税消费品作为直接材料生产最终应税消费品，自产自用应税消费品构成最终应税消费品的实体。用于其他方面，是指纳税人将自产自用应税消费品用于生产非应税消费品、在建工程、管理部门、非生产机构、提供劳务、馈赠、赞助、集资、广告、样品、职工福利、奖励等方面。

3. 委托加工。委托加工的应税消费品，是指由委托方提供原料和主要材料，受托方只收取加工费和代垫部分辅助材料加工的应税消费品。对于由受托方提供原材料生产的应税消费品，或者受托方先将原材料卖给委托方，然后再接受加工的应税消费品，以及由受托方以委托方名义购进原材料生产的应税消费品，不论在财务上是否作销售处理，都不得作为委托加工应税消费品，而应当按照销售自制应税消费品缴纳消费税。

委托加工的应税消费品，除受托方为个人外，由受托方在向委托方交货时代收代缴税款。委托个人加工的应税消费品，由委托方收回后缴纳消费税。

委托加工的应税消费品，委托方用于连续生产应税消费品的，所纳税款准予按规定抵扣。

委托加工的应税消费品直接出售的，不再缴纳消费税。

4. 进口环节。进口的应税消费品于报关进口时纳税。

5. 零售环节。金银首饰、铂金首饰、钻石及钻石饰品在零售环节征税。

6. 批发环节。纳税人批发卷烟在批发环节加征一道卷烟从价消费税。纳税人销售给纳税人以外的单位和个人的卷烟于销售时纳税。纳税人之间销售的卷烟不缴纳消费税。

第二节 消费税的计算

一、消费税应纳税额计算的一般规定

消费税实行从价定率、从量定额，或者从价定率和从量定额复合计税的办法计算应纳税额。

（一）从价定率征收消费税的计税

公式为：应纳税额 = 销售额 × 比例税率

1. 销售额的一般规定。销售额为纳税人销售应税消费品向购买方收取的全部价款和价外费用，不包括应向购货方收取的增值税税款。

价外费用是指价外向购买方收取的手续费、补贴、基金、集资费、返还利润、奖励费、违约金、滞纳金、延期付款利息、赔偿金、代收款项、代垫款项、包装费、包装物租金、储备费、优质费、运输装卸费以及其他各种性质的价外收费。但下列项目不包括在内：

（1）同时符合以下条件的代垫运输费用：①承运部门的运输费用发票开具给购买方的；②纳税人将该项发票转交给购买方的。

（2）同时符合以下条件代为收取的政府性基金或者行政事业性收费：①由国务院或者财政部批准设立的政府性基金，由国务院或者省级人民政府及其财政、价格主管部门批准设立的行政事业性收费；②收取时开具省级以上财政部门印制的财政票据；③所收款项全额上缴财政。

2. 销售额的特殊规定。

（1）含税销售额的换算。销售额不包括应向购货方收取的增值税税款。如果纳税人应税消费品的销售额中未扣除增值税税款或者因不得开具增值税专用发票而发生价款和增值税税款合并收取的，在计算消费税时，应当换算为不含增值税税款的销售额。其换算公式为：

应税消费品的销售额 = 含增值税的销售额 ÷（1 + 增值税税率或者征收率）

【例4-1】 某化妆品生产企业为增值税一般纳税人，向某大型商场销售化妆品一批，开具增值税专用发票，取得不含增值税销售额30万元，增值税额5.1万元；向某单位销售化妆品一批，开具普通发票，取得含增值税销售额4.68万元。化妆品适用消费税税率30%。该化妆品生产企业应缴纳的消费税额为：

化妆品的应税销售额 =30 +4.68 ÷（1 +17%）=34（万元）

应缴纳的消费税额 =34 ×30% =10.20（万元）

（2）外汇结算销售额的规定。纳税人销售的应税消费品，以人民币计算销售额。纳税人以人民币以外的货币结算销售额的，应当折合成人民币计算，其销售额的人民币折合率可以选择销售额发生的当天或者当月 1 日的人民币汇率中间价。纳税人应在事先确定采用何种折合率，确定后 1 年内不得变更。

（3）包装物销售额的确定。应税消费品连同包装物销售的，无论包装物是否单独计价以及在会计上如何核算，均应并入应税消费品的销售额中缴纳消费税。

包装物不作价随同货物出售，而是收取押金的，此押金不应并入销售额计税。但因逾期未收回的包装物不再退还的或者已经收取的时间超过 12 个月的押金，应计入销售额计税。

酒类产品收取的包装物押金，无论是否返还，以及会计上如何核算，都应并入销售额计税。

上述对包装物及其押金的征税规定，只适用于实行从价定率以及复合计税办法的消费品。

实行从量定额的应税消费品（如啤酒、黄酒），计税与价格无直接关系，连同产品销售的包装物及其收取的押金，不再征收消费税。

（4）门市部销售应税消费品销售额的确定。纳税人通过自设非独立核算门市部销售的自产应税消费品，按照门市部对外销售额（或销售量）计征。门市部销售的价格大多为零售价格，要注意在计税时换算为不含税销售额。

（5）非货币性交易的确定。纳税人用以换取生产资料和消费资料，投资入股、抵偿债务等方面的消费品，以纳税人同类消费品最高售价计税。

（二）从量定额征收的计税

从量定额征收的计算公式为：

应纳税额 = 销售数量 × 定额税率

1. 销售数量是指应税消费品的数量。具体为：

（1）销售应税消费品的，为应税消费品的销售数量；

（2）自产自用应税消费品的，为应税消费品的移送使用数量；

（3）委托加工应税消费品的，为纳税人收回的应税消费品数量；

（4）进口应税消费品的，为海关核定的应税消费品进口征税数量。

2. 实行从量定额办法计算应纳税额的应税消费品，计量单位的换算标准如下：

黄酒 1 吨 =962 升	航空煤油 1 吨 =1 246 升
啤酒 1 吨 =988 升	石脑油 1 吨 =1 385 升
汽油 1 吨 =1 388 升	溶剂油 1 吨 =1 282 升
柴油 1 吨 =1 176 升	润滑油 1 吨 =1 126 升
	燃料油 1 吨 =1 015 升

【例 4 -2】 某炼油厂某月生产销售含铅汽油 10 万吨，其应纳消费税税额为：

销售数量 =100 000 ×1 388 =138 800 000（升）

当月应纳消费税 =138 800 000 ×1.40 = 194 320 000（元）

（三）从价定率和从量定额复合计税的，应纳税额为从量和从价计税之和公式为：

应纳税额 = 销售额 × 比例税率 + 销售数量 × 定额税率

【例4-3】 某卷烟厂某月销售A卷烟100标准箱，每箱按计税价格2万元销售；销售B卷烟50标准箱，每箱按计税价格7 500元销售。卷烟每标准箱为5万支。计算其生产环节应纳消费税。

由于卷烟分甲类卷烟和乙类卷烟，需要根据单价确定其类别和适用的比例税率。

A卷烟每标准条计税价格 = 20 000 ÷ 50 000 × 200 = 80元，适用比例税率56%；B卷烟每标准条计税价格 = 7 500 ÷ 50 000 × 200 = 30元，适用比例税率36%。

卷烟厂当月应纳税额 =（100 + 50）×（50 000 × 0.003）+（100 × 20 000 × 56% + 50 × 7 500 × 36%）= 22 500 + 1 255 000 = 1 277 500（元）

注意： 纳税人销售的应税消费品，如因质量等原因被购买者退回时，经机构所在地或者居住地主管税务机关审核批准后，可退还已缴纳的消费税税款。

二、销售额及应纳税额的具体计算方法

（一）纳税人销售自产应税消费品的计税

1. 销售自己生产的应税消费品，其销售额的确定与计征增值税的销售额相同，即销售额包括向购买方收取的全部价款和价外费用，但不包括增值税税额。如果销售额中未扣除增值税税额，或因不得开具增值税专用发票而发生价款和增值税款合并收取的，在计征消费税时也应换算为不含增值税的销售额。

2. 纳税人外购已税消费品生产应税消费品，仍应以纳税人的销售额为依据计税。但为了避免重复征税，规定可从其应纳消费税额中扣除当期生产领用的外购已税消费品的已纳税款。

可以扣除原料已纳消费税税款的范围包括：

（1）外购已税烟丝生产的卷烟；

（2）外购已税化妆品生产的化妆品；

（3）外购已税珠宝玉石生产的贵重首饰及珠宝玉石（但外购已税珠宝玉石生产改在零售环节征收消费税的金银镶嵌首饰除外）；

（4）外购已税鞭炮、焰火生产的鞭炮、焰火；

（5）外购已税汽车轮胎生产的汽车轮胎；

（6）外购已税摩托车生产的摩托车（如用外购两轮摩托车改装成三轮摩托车）；

（7）外购的已税杆头、杆身和握把为原料生产的高尔夫球杆；

（8）外购的已税木制一次性筷子为原料生产的木制一次性筷子；

（9）外购的已税实木地板为原料生产的实木地板；

（10）以外购的已税石脑油、润滑油、燃料油为原料生产的应税消费品；

（11）以外购的汽油、柴油为原料生产的甲醇汽油、生物柴油。

准予从消费税应纳税额中抵扣原料已纳消费税税款的计算方法为：

（1）实行从价定率计算应纳税额的。

$$\frac{\text{当期准予扣除外购}}{\text{应税消费品已纳税款}} = \frac{\text{当期准予扣除外}}{\text{购应税消费品买价}} \times \frac{\text{外购应税消费}}{\text{品适用税率}}$$

$$\frac{\text{当期准予扣除外购}}{\text{应税消费品买价}}=\frac{\text{期初库存外购应}}{\text{税消费品买价}}+\frac{\text{当期购进的外购}}{\text{应税消费品买价}}-\frac{\text{期末库存的外购应}}{\text{税消费品买价}}$$

【例4-4】 某化妆品厂用外购已税化妆品生产化妆品，当月不含增值税销售额为180万元。当月初库存外购化妆品账面余额70万元，当月购进30万元，月末库存外购化妆品账面余额50万元。该厂当月化妆品应纳消费税税额为：

当月销售化妆品应纳税额＝180×30%＝54（万元）

当月准予扣除外购化妆品已纳税额＝(70＋30－50)×30%＝15（万元）

该厂当月实际应纳消费税＝54－15＝39（万元）

（2）实行从量定额计算应纳税额的。

$$\frac{\text{当期准予扣除的外购}}{\text{应税消费品已纳税款}}=\frac{\text{当期准予扣除外购}}{\text{应税消费品数量}}\times\frac{\text{外购应税消费}}{\text{品单位税额}}$$

$$\frac{\text{当期准予扣除外购}}{\text{应税消费品数量}}=\frac{\text{期初库存外购应税}}{\text{消费品数量}}+\frac{\text{当期购进外购应}}{\text{税消费品数量}}-\frac{\text{期末库存外购}}{\text{应税消费品数量}}$$

应该注意的是，外购已税消费品生产应税消费品，可以扣除原料已纳消费税税款的适用范围，限于上述列举项目，其他的外购已税消费品生产应税消费品，不得扣除其原料已缴纳的消费税税款。

（二）自产自用的应税消费品的计税

1. 纳税人自产自用的应税消费品，按照纳税人生产的同类消费品的销售价格计算纳税。

所称同类消费品的销售价格，是指纳税人或者代收代缴义务人的同类消费品的销售价格，如果当月同类消费品各期销售价格高低不同，应按销售数量加权平均计算。

【例4-5】 某酒厂5月份分三批销售同一白酒，第一批销售5 000箱，销售额为625万元；第二批销售3 000箱，销售额为360万元；第三批销售2 000箱，销售额为225万元，则这一粮食白酒当月的加权平均销售价格为：

加权平均销售价格＝(6 250 000＋3 600 000＋2 250 000)÷(5 000＋3 000＋2 000)
＝1 210（元/箱）

但销售的应税消费品有下列情况之一的，不得列入加权平均计算：（1）销售价格明显偏低并无正当理由的；（2）无销售价格的。

2. 没有同类消费品销售价格的，按照组成计税价格计算纳税。

实行从价定率办法计算纳税的组成计税价格计算公式：

组成计税价格＝（成本＋利润）÷（1－消费税税率）①

实行复合计税办法计算纳税的组成计税价格计算公式：

组成计税价格＝(成本＋利润＋自产自用数量×定额税率)÷(1－比例税率)

---

① 公式的推导：
组成计税价格＝成本＋利润＋消费税……（1）
消费税＝组成计税价格×税率……（2）
将（2）代入（1）：组成计税价格＝成本＋利润＋组成计税价格×税率
移项：组成计税价格－组成计税价格×税率＝成本＋利润
并项：组成计税价格×(1－税率)＝成本＋利润
移项：组成计税价格＝(成本＋利润)÷(1－税率)

式中，“成本”是指应税消费品的产品生产成本，“利润”是指根据应税消费品的全国平均成本利润率计算的利润。应税消费品全国平均成本利润率由税务总局确定为：高档手表20%；甲类卷烟、粮食白酒、高尔夫球及球具、游艇10%；小汽车中的乘用车8%；摩托车、贵重首饰及珠宝玉石为6%；其他应税消费品5%。

【例4-6】 某日用化工厂新自制化妆品一批，分给本厂职工，无同类产品销售价，已知这批化妆品的成本为3万元。其应纳消费税税额为：

组成计税价格=(30 000+30 000×5%)÷(1-30%)=45 000（元）

应纳消费税税额=45 000×30%=13 500（元）

注意：不征消费税的货物在计算组成计税价格时采用的成本利润率统一规定为10%。

（三）委托加工应税消费品的计税

委托加工的应税消费品，按照受托方的同类消费品的销售价格计算纳税；没有同类消费品销售价格的，按照组成计税价格计算纳税。

实行从价定率办法计算纳税的组成计税价格计算公式：

组成计税价格=(材料成本+加工费)÷(1-比例税率)

实行复合计税办法计算纳税的组成计税价格计算公式：

组成计税价格=(材料成本+加工费+委托加工数量×定额税率)÷(1-比例税率)

以上所称材料成本，是指委托方所提供加工材料的实际成本。委托加工应税消费品的纳税人，必须在委托加工合同上如实注明（或者以其他方式提供）材料成本，凡未提供材料成本的，受托方主管税务机关有权核定其材料成本。

所称加工费，是指受托方加工应税消费品向委托方所收取的全部费用（包括代垫辅助材料的实际成本）。

如前所述，委托加工的应税消费品，除受托方为个人的由委托方收回后缴纳消费税外，均由受托方在向委托方交货时代收代缴税款。

委托加工的应税消费品直接出售的，不再缴纳消费税。

注意：委托加工的应税消费品，委托方用于连续生产应税消费品的，所纳税款准予从应纳消费税税额中按当期生产领用数量计算扣除委托加工收回的应税消费品已纳消费税税款。可以扣除的范围与外购已税消费品生产应税消费品扣除当期生产领用的外购已税消费品的已纳税款的范围相同。

当期准予扣除委托加工收回的应税消费品已纳消费税税款的计算公式是：

当期准予扣除的委托加工应税消费品已纳税款=期初库存的委托加工应税消费品已纳税款+当期收回的委托加工应税消费品已纳税款-期末库存的委托加工应税消费品已纳税款

（四）进口应税消费品的计税

1. 进口从量定额办法计算纳税的消费品。

应纳消费税=进口数量×消费税定额税率

2. 进口从价定率办法计算纳税的消费品。

组成计税价格=（关税完税价格+关税）÷（1-消费税比例税率）

应纳税额＝组成计税价格×消费税比例税率

公式中所称关税完税价格，是指海关核定的关税计税价格。

【例4－7】 某外贸公司从国外进口一批应税消费品，已知该批应税消费品的关税完税价格为90万元，按规定应缴纳关税18万元，假定进口的应税消费品的消费税税率为10%，进口环节应缴纳的消费税为：

组成计税价格＝(90＋18)÷(1－10%)＝120（万元）

应纳消费税额＝120×10%＝12（万元）

3. 进口复合计税办法计算纳税的组成计税价格计算。

$$组成计税价格=\frac{关税完税价格+关税+进口数量\times消费税定额税率}{1-消费税比例税率}$$

应纳税额＝进口数量×消费税定额税率＋组成计税价格×消费税比例税率

（五）价格明显偏低并无正当理由的应税消费品的计税

纳税人应税消费品的计税价格明显偏低并无正当理由的，由主管税务机关核定其计税价格。

核定权限规定如下：

1. 卷烟、白酒和小汽车的计税价格由国家税务总局核定，送财政部备案。

其中，白酒的消费税最低计税价格的核定的主要规定如下：

生产销售、委托加工、自产自用白酒的计税价格按《消费税暂行条例》及其有关规定执行。

（1）白酒生产企业销售给销售单位的白酒，生产企业消费税计税价格低于销售单位对外销售价格（不含增值税，下同）70%以下的，税务机关应核定消费税最低计税价格。

（2）最低计税价格由白酒生产企业自行申报，税务机关核定。计税价格核定标准为：

①白酒生产企业销售给销售单位的白酒，生产企业消费税计税价格高于销售单位对外销售价格70%（含70%）以上的，税务机关暂不核定消费税最低计税价格。

②白酒生产企业销售给销售单位的白酒，生产企业消费税计税价格低于销售单位对外销售价格70%以下的，消费税最低计税价格由税务机关根据生产规模、白酒品牌、利润水平等情况在销售单位对外销售价格50%至70%范围内自行核定。其中生产规模较大，利润水平较高的企业生产的需要核定消费税最低计税价格的白酒，税务机关核价幅度原则上应选择在销售单位对外销售价格60%至70%范围内。

（3）已核定最低计税价格的白酒，生产企业实际销售价格高于消费税最低计税价格的，按实际销售价格申报纳税；实际销售价格低于消费税最低计税价格的，按最低计税价格申报纳税。

（4）已核定最低计税价格的白酒，销售单位对外销售价格持续上涨或下降时间达到3个月以上、累计上涨或下降幅度在20%（含）以上的白酒，税务机关重新核定最低计税价格。

2. 其他应税消费品的计税价格由省、自治区和直辖市国家税务局核定。

3. 进口的应税消费品的计税价格由海关核定。

（六）卷烟的计税

1. 计税价格的核定。

（1）计税价格的核定方法。计税价格按照卷烟零售价格扣除流通环节的平均费用和利润核定。平均费用率和平均利润率暂定为45%。

某牌号、规格卷烟消费税计税价格 = 零售价格 ÷ (1 + 45%)

不进入中烟烟草交易中心和各省烟草交易会交易、没有调拨价格的卷烟，计税价格由省税务局按照下列公式核定：

某牌号、规格卷烟核定价格 = 该牌号、规格卷烟市场零售价格 ÷ (1 + 35%)

(2) 新牌号、新规格的卷烟的核定。新牌号、新规格的卷烟，消费税的计税价格由国家税务总局核定。

(3) 价格发生变动卷烟的核定。已经国家税务总局核定价格，但交易价格发生变动需要重新调整计税价格的卷烟，消费税计税价格由国家税务总局核定。交易价格发生变动是指零售价格持续下降时间达到6个月以上、零售价格下降20%以上的卷烟。

(4) 已经国家税务总局核定价格的卷烟如无特殊情况不再核定计税价格。

2. 已由各级国家税务局公示计税价格的卷烟，生产企业实际销售价格高于消费税计税价格的，按实际销售价格征收消费税；实际销售价格低于消费税计税价格的，按消费税计税价格征税。

3. 卷烟回购企业免征消费税的规定。对既有自产卷烟，同时又委托联营企业加工与自产卷烟牌号、规格相同卷烟的工业企业（简称卷烟回购企业），从联营企业购进后再直接销售的卷烟，对外销售时不论是否加价，凡符合下述条件的，不再征收消费税；不符合下述条件的，则征收消费税：

(1) 回购企业在委托联营企业加工卷烟时，除提供给联营企业所需加工卷烟的牌号外，还须同时提供税务机关已公示的消费税计税价格。联营企业必须按照已公示的调拨价格申报纳税。

(2) 回购企业将联营企业加工卷烟回购后再销售的卷烟，其销售收入应与自产卷烟的销售收入分开核算，以备税务机关检查；如不分开核算，则一并计入自产卷烟销售收入征收消费税。

(七) 金银首饰消费品的计税

金银首饰消费品以不含增值税的销售额为计税依据，这与其他应税消费品的计税依据是一致的，销售额中包括纳税人销售金银首饰所收取的全部价款和一切价外费用。

1. 以旧换新、翻新改制方式销售的金银首饰，按其实际收取的不含增值税的全部价款为计税依据。全部价款中可能包含一部分增加或添加的材料价款、一部分加工费。

2. 金银首饰连同包装物销售的，无论包装物是否单独计价，也无论在财务上如何核算，计征消费税的销售额均应包括包装物的价格在内。

3. 带料加工的金银首饰，按下列方法计税：

(1) 按受托方的同类金银首饰的销售价格为计税依据。同类销售价格是指同类金银首饰的零售价格（不能采用工业出厂价）。确定同类销售价格的顺序，与上述自产自用及委托加工产品中同类销售价格的确定相同。

(2) 没有同类销售价格的，按组成计税价格计税。计算公式为：

组成计税价格 = (材料成本 + 加工费) ÷ (1 - 金银首饰消费税税率)

4. 用于馈赠、赞助、集资、广告、样品、职工福利、奖励等方面的，按纳税人销售的同类金银首饰的销售价格计税。没有同类销售价的，按组成计税价格计税，计算公式为：

组成计税价格 =（购进原价或成本 + 利润）÷（1 - 金银首饰消费税税率）

其中，购进原价是对商业企业而言，成本是对金银首饰的生产企业而言；利润为购进原价或生产成本乘以利润率，利润率暂统一规定为6%。

5. 用已税珠宝玉石生产金，银和金基、银基的镶嵌首饰，一律不得扣除珠宝玉石买价或已纳消费税税款。但用已税珠宝玉石生产非金银首饰的镶嵌首饰，在计税时仍可扣除珠宝玉石的已纳税额。

三、出口应税消费品的退（免）税

对纳税人出口应税消费品，免征消费税；国务院另有规定的除外。出口应税消费品的免税办法，由国务院财政、税务主管部门规定。

我国按照国际通行的做法，对出口的应税消费品实行免税或退税的政策。

1. 退（免）税范围。由于消费税是单环节征收，一般不存在进项税额的退税问题，其退（免）范围不同于增值税。退（免）税主要规定如下：

（1）出口免税并退税。适用于经营应税消费品出口的外贸企业，无论其自营出口，还是受其他外贸企业委托代理出口，都可以获得退税。

这类出口货物免税并退税，是因为外贸企业从生产企业购进的应税消费品已经包含消费税了，所以出口时除了出口环节免税以外，必须退还消费税，该消费品才能以不含税价格进入国际市场。

要注意的是，出口免税并退税只适用于外贸企业自营出口，或者受其他外贸企业委托代理出口，但外贸企业受非外贸企业（非生产性的商贸企业）委托代理出口的应税消费品，不得退税。

（2）出口免税但不退税。适用于应税消费品的生产企业。

一般而言，生产企业免除了消费税，出口的消费品也就不含消费税了，所以不存在退税问题。当然，如果生产该消费品的投入物包含了消费税，那么生产环节免税以后，出口消费品还是含有投入物的消费税的，但目前税法没有认可对这部分税款给予退税。

（3）出口不免税也不退税。适用于除生产企业、外贸企业外的其他企业，一般是指没有出口经营权的商贸企业。

2. 退税的计算。退税只适用于经营应税消费品出口的外贸企业。

外贸企业从生产企业购进货物直接出口，或者受其他外贸企业委托代理出口，消费品的应退消费税的计算，分如下三种情况：

（1）从价定率征税的消费品，按外贸企业从工厂购进货物时征收消费税的价格计算，公式为：

应退消费税税额 = 出口货物的工厂销售额 × 税率

其中工厂销售额为不含增值税的销售额；税率即征收消费税时所适用的税率。

（2）从量定额征税的消费品，按货物报关出口的数量计算退税，公式为：

应退消费税税额 = 出口数量 × 单位税额

单位税额，即征收消费税时所适用单位税额。

（3）复合计税的应税消费品，以货物购进从价定率与从量定额税额的合计数计算退税。

应退消费税税额 = 出口货物的工厂销售额 × 税率 + 出口数量 × 单位税额

3. 出口应税消费品退（免）税后的管理。出口的应税消费品办理退税后，发生退关，或者国外退货进口时予以免税的，报关出口者必须及时向其机构所在地或者居住地主管税务机关申报补缴已退的消费税税款。

纳税人直接出口的应税消费品办理免税后，发生退关或者国外退货，进口时已予以免税的，经机构所在地或者居住地主管税务机关批准，可暂不办理补税，待其转为国内销售时，再向主管税务机关申报补缴消费税。

第三节 消费税的缴纳和会计处理

一、纳税义务发生时间和纳税期限

（一）消费税纳税义务发生时间

消费税纳税义务发生时间，规定如下：

1. 纳税人销售应税消费品的，按不同的销售结算方式分别为：

（1）采取赊销和分期收款结算方式的，为书面合同约定的收款日期的当天；书面合同没有约定收款日期或者无书面合同的，为发出应税消费品的当天。

（2）采取预收货款结算方式的，为发出应税消费品的当天。

（3）采取托收承付和委托银行收款方式的，为发出应税消费品并办妥托收手续的当天。

（4）采取其他结算方式的，为收讫销售款或者取得索取销售款凭据的当天。

2. 纳税人自产自用应税消费品的，为移送使用的当天。

3. 纳税人委托加工应税消费品的，为纳税人提货的当天。

4. 纳税人进口应税消费品的，为报关进口的当天。

（二）消费税的纳税期限

消费税的纳税期限分别为1日、3日、5日、10日、15日、1个月或者1个季度。纳税人的具体纳税期限，由主管税务机关根据纳税人应纳税额的大小分别核定；不能按照固定期限纳税的，可以按次纳税。

纳税人以1个月或者1个季度为1个纳税期的，自期满之日起15日内申报纳税；以1日、3日、5日、10日或者15日为1个纳税期的，自期满之日起5日内预缴税款，于次月1日起15日内申报纳税并结清上月应纳税款。

纳税人进口应税消费品，应当自海关填发海关进口消费税专用缴款书之日起15日内缴纳税款。

二、纳税地点

消费税由税务机关征收，进口的应税消费品的消费税由海关代征。

1. 纳税人销售的应税消费品，以及自产自用的应税消费品，除国务院财政、税务主管部门另有规定外，应当向纳税人机构所在地或者居住地的主管税务机关申报纳税。

纳税人到外县（市）销售或者委托外县（市）代销自产应税消费品的，于应税消费品销售后，向机构所在地或者居住地主管税务机关申报纳税。

纳税人的总机构与分支机构不在同一县（市）的，应当分别向各自机构所在地的主管税务机关申报纳税；经财政部、国家税务总局或者其授权的财政、税务机关批准，可以由总机构汇总向总机构所在地的主管税务机关申报纳税。

2. 委托加工的应税消费品，除受托方为个人外，由受托方向机构所在地或者居住地的主管税务机关解缴消费税税款。委托个人加工的应税消费品，由委托方向其机构所在地或者居住地主管税务机关申报纳税。

3. 进口的应税消费品，应当向报关地海关申报纳税。个人携带或者邮寄进境的应税消费品的消费税，连同关税一并计征。进口的应税消费品，由进口人或者其代理人向报关地海关申报纳税。

4. 卷烟批发环节消费税，由卷烟批发企业向机构所在地的主管税务机关申报纳税，总机构与分支机构不在同一地区的，由总机构申报纳税。

三、申报缴纳

为了在全国范围内统一、规范消费税纳税申报资料，加强消费税管理的基础工作，国家税务总局于2008年3月14日印发了“烟类应税消费品消费税纳税申报表”、“酒及酒精消费税纳税申报表”、“成品油消费税纳税申报表”、“小汽车消费税纳税申报表”、“其他应税消费品消费税纳税申报表”5种适用于不同产品的纳税申报表。不同的纳税人应根据自身应税消费品的生产销售情况选择不同的纳税申报表。

消费税的缴纳由主管税务机关视不同情况，于下列办法中核定一种：

1. 纳税人按期向税务机关填报纳税申报表，并填开纳税缴款书，向所在地代理金库的银行缴纳税款。

2. 纳税人按期向税务机关填报纳税申报表，由税务机关审核后填开缴款书，按期缴纳。

3. 对会计核算不健全的小型业户，税务机关可根据其产销情况，按季或按年核定应纳税额，分月缴纳。

四、税额的会计核算

由于消费税征税范围的特殊和征税环节的单一，消费税会计核算的主要内容是生产企业和进口单位所进行的账务处理。其一般规定及具体内容为：

1. 缴纳消费税的企业，须在“应交税费”账户下增设“应交消费税”明细账户进行核算。

2. 企业生产应税消费品在销售时，即纳税义务发生时，按应缴税额借记“营业税金及附加”账户，贷记“应交税费——应交消费税”账户。在实际缴纳消费税时，借记“应交税费——应交消费税”，贷记“银行存款”。如果发生销货退回及退税时，即销售和纳税义务不成立，则做相反的会计分录，予以冲回。

3. 期末，在计算企业本期损益时，借记“本年利润”，贷记“营业税金及附加”账户，表明本期已纳营业税金已计入当期损益。

4. 企业将生产的应税消费品作为长期股权投资按规定应纳的消费税，借记“长期股权投资”，贷记“应交税费——应交消费税”。企业将生产的应税消费品用于在建工程、非生产机构等其他方面的，按规定应纳的消费税，借记“固定资产”、“在建工程”、“营业外支出”等账户，贷记“应交税费——应交消费税”。

5. 进口的应税消费品，其缴纳的消费税计入该项消费品成本，借记“固定资产”、“材料采购”、“在途物资”等账户，贷记“银行存款”等账户。

营　业　税

营业税是一个古老的税种，我国在周代就开始了对“商贾虞衡”的课税。汉代对商人征收的“算缗钱”，明代征收的“市肆门摊税”，清代开征的“铺间房税”、“牙当”等，都具有营业税的性质。在中世纪时期法国政府曾规定，营业商户只有每年缴纳一定金额的许可金才可以开业经营，1791 年法国政府改许可金为营业税，按营业额多少征收，随后各国相继效仿。新中国成立后，于 1950 年公布了《工商营业税暂行条例》，将固定工商业户应纳的营业税和所得税合称为工商业税。1984 年，营业税从工商税中划分出来，成为独立税种。现行营业税的基本规范是 2008 年 11 月 10 日由国务院修订通过并发布的《中华人民共和国营业税暂行条例》，自 2009 年 1 月 1 日起施行。

第一节　营业税的含义与内容

一、营业税的含义与特点

营业税是对在我国境内提供应税劳务、转让无形资产或者销售不动产的单位和个人，就其营业收入征收的一种税。

营业税是商品劳务税中一个较为重要的税种，是地方税收体系中的主要税种。在征税范围的划分上，营业税和增值税互相补充、互不交叉，凡从事生产、经营活动的单位和个人所发生的各种交易行为，不是缴纳增值税就是缴纳营业税，两者必居其一。

同其他商品劳务税种比较，营业税主要有如下特点：

1. 征税范围广。营业税征税范围包括交通运输、建筑、金融保险、邮电通信、文化体育、娱乐、服务、转让无形资产和销售不动产，范围较广。

2. 按不同的经营行业设置税目、税率。营业税按不同的经营行业设置税目、税率，纳税人经营同一业务，同一税负；经营不同业务，不同税负。这既有利于均衡税负，也有利于鼓励竞争。按经营行业设置税目、税率，税目的数量少，同时由于是以营业额为计税依据，计算征收较为简便。

3. 税负较低。营业税的征收范围主要是与群众日常生活密切相关的各种服务业，适用税率较低，大多为3%或5%，采用比例税率形式。

二、营业税税制的主要内容

（一）征税范围

营业税的征税范围是在我国境内提供应税劳务、转让无形资产和销售不动产。

提供劳务、转让无形资产或者销售不动产，是指有偿提供条例规定的劳务、有偿转让无形资产或者有偿转让不动产所有权的行为。但单位或者个体工商户聘用的员工为本单位或者雇主提供条例规定的劳务，不包括在内。有偿是指取得货币、货物或者其他经济利益。

在我国境内提供条例规定的劳务、转让无形资产或者销售不动产，是指：（1）提供或者接受条例规定劳务的单位或者个人在境内；（2）所转让的无形资产（不含土地使用权）的接受单位或者个人在境内；（3）所转让或者出租土地使用权的土地在境内；（4）所销售或者出租的不动产在境内。

征税范围的主要规定如下：

1. 提供应税劳务。营业税劳务是指属于交通运输业、建筑业、金融保险业、邮电通信业、文化体育业、娱乐业、服务业税目征收范围的劳务。不包括适用增值税规定的加工和修理、修配劳务。

提示：这里的应税“劳务”与增值税的应税“劳务”的区别在于这里的劳务主要是服务性劳务，不是工业性劳务。

（1）交通运输业。交通运输业是使用运输工具或人力、畜力将货物或旅客送达目的地，使其空间位置得到转移的业务活动。具体包括：陆路运输、水路运输、航空运输、管道运输、装卸搬运，以及与运营业务有关的各项劳务活动，如打捞、货物港务费等。

（2）建筑业。建筑业是指建筑安装工程作业。具体包括：建筑、安装、修缮、装饰和其他工程作业。

（3）金融保险业。金融是指经营货币资金融通活动的业务，包括贷款、融资租赁、金融商品转让、金融经纪业和其他金融业务。

（4）邮政通信业。邮电通信业是指专门办理信息传递的业务，包括邮政、电信。

（5）文化体育业。文化业是指经营文化活动的业务，包括戏剧、歌舞、时装、健美、杂技、民间艺术、武术、体育等表演活动的业务；电台、电视台、电影院、影剧院、录像厅及其他场所传播作品和放映各种节目的播映业务（但广告的播映属服务业），以及各种展览，举办文学、艺术、科技讲座，演讲、报告会，图书馆的图书资料借阅等其他文化业务。经营公园、动（植）物园及其他各种游览场所所售门票的业务，也比照文化业征税。体育业是指举办各种体育比赛和为体育比赛或体育活动提供场所的业务（但以租赁方式为文化活动、体育比赛提供场所的，按服务业务中的租赁业征税）。

（6）娱乐业。娱乐业是为娱乐活动提供场所和服务的业务，包括经营歌厅、舞厅、卡拉 OK 歌舞厅、音乐茶座、台球、高尔夫球、保龄球场、游艺场（如射击、跑马、狩猎、游戏机等）娱乐场所，以及娱乐场所为顾客进行娱乐活动提供的饮食服务及其他各种服务的业务。

文化体育与娱乐活动都属人们精神文明生活的组成部分，两者的某些征税项目也相类似，如文化体育业的游览与娱乐业的游艺，以及两者中的某些体育项目。对这类情形区分的基本原则是：凡以观众身份参与视、听和游览某项活动的行为，属文化体育业的征税范围；对亲身参与某项活动并以自娱自乐为主要目的的行为，属娱乐业的征税范围。

（7）服务业。服务业是指利用设备、工具、场所、信息或技能为社会提供服务的业务。具体包括代理业（如代购代销货物、代办进出口、介绍服务等），旅店业，饮食业（但饭馆、餐厅及其他饮食服务场所在为顾客就餐的同时提供自娱自乐形式的歌舞活动的服务，按娱乐业征税），旅游业，仓储业，租赁业（不包括融资租赁），广告业，以及沐浴理发、照相、美术、打字、镌刻、录音、录像、复印、晒图、设计、制图、咨询、测绘、勘探等其他服务业。

单位和个人在旅游景点经营索道取得的收入按“服务业”税目“旅游业”项目征收营业税。

2. 转让无形资产。无形资产是指不具实物形态，但能带来经济利益的资产。转让无形资产是指转让无形资产的所有权或使用权的行为，包括转让土地使用权、转让商标权、转让专利权、转让非专利技术、出租电影拷贝、转让著作权和转让商誉。

以无形资产入股，参与接受投资方的利润分配、共同承担投资风险的行为，不征收营业税。

3. 销售不动产。“不动产”是指不能移动，移动后会引起性质、形态改变的财产，包括建筑物或构筑物、其他土地附属物。销售不动产是指有偿转让不动产所有权的行为，包括销售建筑物或构筑物和销售其他土地附着物。在销售不动产时连同不动产所占土地的使用权一并转让的行为，比照销售不动产征收营业税。

以不动产入股，参与接受投资方的利润分配、共同承担投资风险的行为，不征收营业税。

4. 征税范围的特殊规定：

（1）视同应税行为。纳税人有下列情形之一的，视同发生应税行为：①单位或者个人将不动产或者土地使用权无偿赠送其他单位或者个人；②单位或者个人自己新建建筑物后销售，其所发生的自建行为；③财政部、国家税务总局规定的其他情形。

（2）混合销售。一项销售行为如果既涉及应税劳务又涉及货物，为混合销售行为。

• 一般规定。从事货物的生产、批发或者零售的企业、企业性单位和个体工商户的混合销售行为，视为销售货物，缴纳增值税；其他单位和个人的混合销售行为，视为提供应税劳务，缴纳营业税。所称货物，是指有形动产，包括电力、热力、气体在内。所称从事货物的生产、批发或者零售的企业、企业性单位和个体工商户，包括以从事货物的生产、批发或者零售为主，并兼营应税劳务的企业、企业性单位和个体工商户在内。

• 特殊规定。纳税人的下列混合销售行为，应当分别核算应税劳务的营业额和货物的销售额，其应税劳务的营业额缴纳营业税，货物销售额缴纳增值税；未分别核算的，由主管税务机关核定其应税劳务的营业额：提供建筑业劳务的同时销售自产货物的行为；财政部、国家税务总局规定的其他情形。

（3）兼营。纳税人兼营应税行为和货物或者非应税劳务的，应当分别核算应税行为的营业额和货物或者非应税劳务的销售额，其应税行为营业额缴纳营业税，货物或者非应税劳务销售额缴纳增值税；未分别核算的，由主管税务机关核定其应税行为营业额。

（二）纳税人和扣缴义务人

1. 纳税人。凡在我国境内提供应税劳务、转让无形资产或销售不动产的单位和个人，都是营业税的纳税人。单位是指企业、行政单位、事业单位、军事单位、社会团体及其他单位。个人是指个体工商户和其他个人。

除另有规定外，负有营业税纳税义务的单位为发生应税行为并收取货币、货物或者其他经济利益的单位，但不包括单位依法不需要办理税务登记的内设机构。

纳税人的特殊规定：

（1）单位以承包、承租、挂靠方式经营的，承包人、承租人、挂靠人（以下统称承包人）发生应税行为，承包人以发包人、出租人、被挂靠人名义对外经营并由发包人承担相关法律责任的，以发包人为纳税人；否则以承包人为纳税人。

（2）中央铁路运营业务的纳税人为铁道部，合资铁路运营业务的纳税人为合资铁路公司，地方铁路运营业务的纳税人为地方铁路管理机构，基建临管线运营业务的纳税人为基建临管线管理机构。

2. 扣缴义务人。为加强源泉控制，规定下列单位和个人为营业税的扣缴义务人：

（1）委托金融机构发放贷款，以受托发放贷款的金融机构为扣缴义务人。

（2）建筑安装业务实行分包或转包的，以总承包人为扣缴义务人。

（3）我国境外的单位或者个人在境内提供应税劳务、转让无形资产或者销售不动产，在境内未设有经营机构的，以其境内代理人为扣缴义务人；在境内没有代理人的，以受让方或者购买方为扣缴义务人。

（4）单位或个人进行演出由他人售票及演出经纪人为个人的，其应纳税款以售票者为扣缴义务人。

（5）个人转让除土地使用权外的其他无形资产的，以受让者为扣缴义务人。

（6）分保险业务，以初保人为扣缴义务人。

（三）税率

营业税采用比例税率。对于国家鼓励发展的行业，如交通运输、邮电通信、文化体育只按3%征收；对于在市场经济中迅速发展、盈利水平提高较快的金融保险业、服务业及转让无形资产、销售不动产，按5%征收。此外，对娱乐业设计了较高的幅度比例税率，由各地根据不同的经济发展情况具体确定适用税率（见表5-1）。

税目、税率的调整，由国务院决定。纳税人经营娱乐业具体适用的税率，由省、自治区、直辖市人民政府在规定的幅度内决定。

纳税人兼有不同税目的应当缴纳营业税的劳务、转让无形资产或者销售不动产，应当分别核算不同税目的营业额、转让额、销售额；未分别核算营业额的，从高适用税率。

（四）税收优惠

1. 免税。下列项目免征营业税：

（1）托儿所、幼儿园、养老院、残疾人福利机构提供的育养服务，婚姻介绍，殡葬服务。

（2）残疾人员个人提供的劳务。残疾人员个人提供的劳务是指残疾人员本人为社会提供的劳务。

表 5-1　　营业税税目税率表

税目	征收范围	税率
一、交通运输业	陆路运输、水路运输、航空运输、管道运输、装卸搬运	3%
二、建筑业	建筑、安装、修缮、装饰及其他工程作业	3%
三、金融保险业	金融业、保险业	5%
四、邮电通信业	邮政业、电信业	3%
五、文化体育业	文化业、体育业	3%
六、娱乐业	歌厅、舞厅、卡拉 OK 歌舞厅、音乐茶座、台球、高尔夫球、保龄球、游艺、网吧	5% ~20%
七、服务业	代理业、旅店业、饮食业、旅游业、仓储业、租赁业、广告业及其他服务业	5%
八、转让无形资产	转让土地使用权、转让专利权、转让非专利技术、转让商标权、出租电影拷贝、转让著作权和转让商誉	5%
九、销售不动产	销售建筑物、构筑物及销售其他土地附着物	5%

注："娱乐业"中的歌厅、舞厅、卡拉 OK 歌舞厅（包括夜总会、练歌房）、音乐茶座（包括酒吧）、高尔夫球、游艺（如射击、狩猎、跑马、游戏机、蹦极、卡丁车、热气球、动力伞、射箭、飞镖等）等营业税率统一规定按 20% 执行；网吧各地一般按 20% 执行；台球、保龄球统一规定按 5% 执行，其他娱乐税率 5% ~20%。

（3）医院、诊所和其他医疗机构提供的医疗服务。

（4）学校和其他教育机构提供的教育劳务，学生勤工俭学提供的劳务。

学校和其他教育机构是指普通学校以及经地、市级以上人民政府或者同级政府的教育行政部门批准成立、国家承认其学员学历的各类学校。

（5）农业机耕、排灌、病虫害防治、植物保护、农牧保险以及相关技术培训业务，家禽、牲畜、水生动物的配种和疾病防治。

农业机耕是指在农业、林业、牧业中使用农业机械进行耕作（包括耕耘、种植、收割、脱粒、植物保护等）的业务；排灌是指对农田进行灌溉或排涝的业务；病虫害防治是指从事农业、林业、牧业、渔业的病虫害测报和防治的业务；农牧保险是指为种植业、养殖业、牧业种植和饲养的动植物提供保险的业务；相关技术培训是指与农业机耕、排灌、病虫害防治、植物保护业务相关以及为使农民获得农牧业保险知识的技术培训业务；家禽、牲畜、水生动物的配种和疾病防治业务的免税范围，包括与该项劳务有关的提供药品和医疗用具的业务。

（6）纪念馆、博物馆、文化馆、文物保护单位管理机构、美术馆、展览馆、书画院、图书馆举办文化活动的门票收入，宗教场所举办文化、宗教活动的门票收入。

纪念馆、博物馆、文化馆、文物保护单位管理机构、美术馆、展览馆、书画院、图书馆举办文化活动，是指这些单位在自己的场所举办的属于文化体育业税目征税范围的文化活动。其门票收入，是指销售第一道门票的收入。宗教场所举办文化、宗教活动的门票收入，是指寺院、宫观、清真寺和教堂举办文化、宗教活动销售门票的收入。

（7）境内保险机构为出口货物提供的保险产品。

为出口货物提供的保险产品，包括出口货物保险和出口信用保险。

除上述规定外，营业税的免税、减税项目由国务院规定。任何地区、部门均不得规定免税、减税项目。

纳税人兼营免税、减税项目的，应当分别核算免税、减税项目的营业额；未分别核算营业额的，不得免税、减税。

2. 起征点。营业税起征点是指纳税人营业额合计达到起征点。

起征点的适用范围限于个人。

纳税人营业额未达到国务院财政、税务主管部门规定的营业税起征点的，免征营业税；达到起征点的，全额计算缴纳营业税。

营业税起征点的幅度规定如下：（1）按期纳税的，为月营业额 1 000 ~ 5 000 元；（2）按次纳税的，为每次（日）营业额 100 元。

省、自治区、直辖市财政厅（局）、税务局应当在规定的幅度内，根据实际情况确定本地区适用的起征点，并报财政部、国家税务总局备案。

第二节　营业税的计算

一、营业税计算的一般规定

纳税人提供应税劳务、转让无形资产或者销售不动产，按照营业额和规定的税率计算应纳税额。应纳税额计算公式：

应纳税额 = 营业额 × 税率

营业额以人民币计算。纳税人以人民币以外的货币结算营业额的，应当折合成人民币计算。人民币的折合率可以选择营业额发生的当天或者当月 1 日的人民币汇率中间价。纳税人应当在事先确定采用何种折合率，确定后 1 年内不得变更。

二、营业额的确定及应纳税额的计算

计算营业税应纳税额的关键在于正确确定营业额，营业额具体按以下要求确定：

（一）按纳税人取得的全部营业收入计税

除另有规定外，纳税人的营业额为纳税人提供应税劳务、转让无形资产或者销售不动产收取的全部价款和价外费用。

价外费用包括收取的手续费、补贴、基金、集资费、返还利润、奖励费、违约金、滞纳金、延期付款利息、赔偿金、代收款项、代垫款项、罚息及其他各种性质的价外收费，但不包括同时符合以下条件代为收取的政府性基金或者行政事业性收费：

1. 由国务院或者财政部批准设立的政府性基金，由国务院或者省级人民政府及其财政、价格主管部门批准设立的行政事业性收费；

2. 收取时开具省级以上财政部门印制的财政票据；

3. 所收款项全额上缴财政。

【例5-1】 某工程师对外转让一项非专利技术，取得收入5万元。计算应纳营业税税额。

应纳税额 = 50 000 × 5% = 2 500（元）

（二）按差额计税

在营业收入都要征税的原则下，为了避免对同一营业额的重复征税，针对下列应税行为的特点，对纳税人向对方收取的全部价款和价外费用，允许从中扣除一些特定的支出项目，以其余额作为营业额计税。从这个意义上说，可称之为差额计税。这些应税劳务和允许扣除的支出项目有：

1. 交通运输业。纳税人将承揽的运输业务分给其他单位或者个人的，以取得的全部价款和价外费用扣除支付给其他单位或者个人的运输费用后的余额为营业额。

【例5-2】 有一货主要将一批货物自内地A市运往沿海B市。某汽车运输公司承接了这一业务，货主一次性与该公司结算运费5万元。其中，该批货物经该公司联系，海上运输由某海运公司承运，汽车运输公司与海运公司结算运费2万元。汽车运输公司应纳营业税税额为：

应纳税额 = (50 000 - 20 000) × 3% = 900（元）

2. 建筑业。纳税人将建筑工程分包给其他单位的，以其取得的全部价款和价外费用扣除其支付给其他单位的分包款后的余额为营业额。

【例5-3】 甲建筑公司总承包一项建筑工程，工程价款2 000万元。甲公司将其中一部分项目分包给乙建筑公司，工程价款500万元。则：

甲公司应纳营业税 = (2 000 - 500) × 3% = 45（万元）

3. 金融保险业。

（1）外汇、有价证券、期货等金融商品买卖业务，以卖出价减去买入价后的余额为营业额。外汇、有价证券、期货等金融商品买卖业务，是指纳税人从事的外汇、有价证券、非货物期货和其他金融商品买卖业务。货物期货不缴纳营业税。

【例5-4】 某证券公司（非银行金融机构）购入某股票10万股，每股买入价格为10元。半个月后，公司将购入的10万股股票以每股11元全部卖出，则：

证券公司营业额 = 10 × (11 - 10) = 10（万元）

应纳营业税 = 10 × 5% = 0.50（万元）

（2）经中国人民银行、外经贸部和国家经贸委批准经营融资租赁业务的单位从事融资租赁业务的，以其向承租者收取的全部价款和价外费用（包括残值）减除出租方承担的出租货物的实际成本后的余额为营业额。出租货物的实际成本，包括由出租方承担的货物的购入价、关税、增值税、消费税、运杂费、安装费、保险费和贷款的利息（包括外汇借款和人民币借款利息）。

（3）中华人民共和国境内的保险人将其承保的以境内标的物为保险标的的保险业务向境外再保险人办理分保的，以全部保费收入减去分保保费后的余额为营业额。境外再保险人应就其分保收入承担营业税纳税义务，并由境内保险人扣缴境外再保险人应缴纳的营业税税款。

4. 邮政电信业。

（1）电信单位销售的各种有价电话卡，由于其计费系统只能按有价电话卡面值出账并按有价电话卡面值确认收入，不能直接在销售发票上注明折扣折让额，以按面值确认的收入减去当期财务会计上体现的销售折扣折让后的余额为营业额。

（2）邮政电信单位与其他单位合作，共同为用户提供邮政电信业务及其他服务并由邮政电信单位统一收取价款的，以全部收入减去支付给合作方价款后的余额为营业额。

5. 文化体育业。单位或个人进行演出，以全部票价收入或包场收入减去付给提供演出场所的单位、演出公司或经纪人的费用后的余额为营业额。

【例5-5】 王五为某剧场举办文艺演出联系演员张三，取得手续费1万元；参加演出的演员张三取得出场演出费10万元，剧场提供演出场所取得场租收入4万元。入场券由剧场销售。这一应税行为中，王五为演出经纪人，其取得的手续费应按服务业中的代理业缴纳营业税；张三提供演出劳务，其取得的收入应按文化业缴纳营业税；剧场提供演出场地，其取得的场租收入应按服务业中的租赁业缴纳营业税，因此，三者都是纳税人。而剧场又是售票者，是王五和张三应纳税额的扣缴义务人，故剧场应纳营业税为：

应缴营业税 $=4\times5\%=0.20$（万元）

剧场应代扣代缴的营业税 $=1\times5\%+10\times3\%=0.35$（万元）

6. 服务业。

（1）纳税人从事旅游业务的，以其取得的全部价款和价外费用扣除替旅游者支付给其他单位或者个人的住宿费、餐费、交通费、旅游景点门票和支付给其他接团旅游企业的旅游费后的余额为营业额。

【例5-6】 某旅游公司组团在境内旅游，共收取旅游费10万元，途中交通费1万元，安排旅客住食支付房费2万元、餐费4万元，支付景点门票费和其他代付费用1万元。则：

旅游公司计税营业额 $=10-1-2-4-1=2$（万元）

应纳税额 $=2\times5\%=0.10$（万元）

【例5-7】 某旅游船公司组织旅客游览长江三峡，计收费300万元。旅途中安排旅客吃、住、行均在自己的旅游船上，仅消耗购进的食品10万元，燃料费5万元，支付沿途靠岸的码头停泊费1万元。故其营业额应为300万元，而不能扣除以上列举的各项费用。则：

应纳税额 $=300\times5\%=15$（万元）

（2）从事广告代理业务的，以其全部收入减去支付给其他广告公司或广告发布者（包括媒体、载体）的广告发布费后的余额为营业额。但自营广告业务收入，按全额征税。

【例5-8】 某广告公司×月取得自营广告收入100万元，收取广告赞助费30万元，支付其他单位设计及制作费60万元；又办理代理业务收取20万元，从中支付广告者的发布费18万元。则：

广告公司营业额 $=100+30+(20-18)=132$（万元）

广告公司应纳税额 $=132\times5\%=6.6$（万元）

7. 单位和个人销售或转让其购置的不动产或受让的土地使用权，以全部收入减去不动产或土地使用权的购置或受让原价后的余额为营业额。

单位和个人销售或转让抵债所得的不动产、土地使用权的，以全部收入减去抵债时该项不动产或土地使用权作价后的余额为营业额。

这里需要注意的是：纳税人按照上述规定扣除有关项目，取得的凭证不符合法律、行政法规或者国务院税务主管部门有关规定的，该项目金额不得扣除。符合国务院税务主管部门有关规定的凭证，是指：

（1）支付给境内单位或者个人的款项，且该单位或者个人发生的行为属于营业税或者增值税征收范围的，以该单位或者个人开具的发票为合法有效凭证。

（2）支付的行政事业性收费或者政府性基金，以开具的财政票据为合法有效凭证。

（3）支付给境外单位或者个人的款项，以该单位或者个人的签收单据为合法有效凭证，税务机关对签收单据有疑义的，可以要求其提供境外公证机构的确认证明。

（4）国家税务总局规定的其他合法有效凭证。

按差额计税还须注意，对于允许扣除的部分，除明确规定不征税的以外，也应当征收营业税，只是纳税人不同。

（三）按包括一部分货物价款的营业额计税

1. 除混合销售行为中提供建筑业劳务的同时销售自产货物的行为外，纳税人提供建筑业劳务（不含装饰劳务）的，其营业额应当包括工程所用原材料、设备及其他物资和动力价款在内，但不包括建设方提供的设备的价款。

【例 5－9】 某建筑公司承包一项工程，双方议定，除建设单位提供建筑材料 100 万元外，由建筑公司以 800 万元包工包料完成。则：

建筑公司营业额 = 800 + 100 = 900（万元）

应纳税额 = 900 × 3% = 27（万元）

2. 娱乐业的营业额为经营娱乐业收取的全部价款和价外费用，包括门票收费、台位费、点歌费、烟酒、饮料、茶水、鲜花、小吃等收费及经营娱乐业的其他各项收费。

3. 纳税人按规定应一并征收营业税的混合销售行为，以应税劳务与货物销售额的合计数为营业额计税。

提示：营业税应纳税额的计算方法共三种：一是按全部营业收入计税；二是在全部营业收入中扣除一部分营业收入计税；三是在全部营业收入的基础上还要加上部分货物价款计税。

（四）税务机关核定营业额

纳税人提供应税劳务、转让无形资产、销售不动产的价格明显偏低并无正当理由的，或者视同发生应税行为而无营业额的，按下列顺序确定其营业额：

1. 按纳税人最近时期发生同类应税行为的平均价格核定；

2. 按其他纳税人最近时期发生同类应税行为的平均价格核定；

3. 按下列公式核定①：

营业额 = 营业成本或者工程成本 ×（1 + 成本利润率）÷（1 − 营业税税率）

公式中的成本利润率，由省、自治区、直辖市税务局确定。

【例 5－10】 某房产公司，自建一幢商品楼销售给有共同经济利益的某单位，每平方米售价 2 000 元，建筑面积 6 000 平方米，共取得销售价款 1 200 万元。经税务机关确认，该公司 2 000 元/平方米的销售价格明显偏低且无正当理由：

（1）经主管税务机关确认，该公司纳税人最近时期和其他纳税人最近时期都未发生同类建筑行为，公司建此商品楼的工程成本为 882 万元；所在省确定建筑的成本利润率为

① 营业税属于价内税，营业额公式的含义是：营业额 = 营业成本或者工程成本 + 营业利润 + 营业税，公式的推导与消费税组成计税价格的推导相同。

10%。则：

确定该公司自建行为的营业额 = 882 ×（1 + 10%）÷（1 – 3%）= 1 000（万元）

应纳营业税 = 1 000 × 3% = 30（万元）

（2）经主管税务机关查实，该公司最近时期销售同类商品房的价格为 2 500 元/平方米。因此，核定其销售这幢商品房的计税营业额为：

计税营业额 = 2 500 × 6 000 = 1 500（万元）

应纳营业税 = 1 500 × 5% = 75（万元）

（五）其他相关规定

纳税人计算缴纳营业税后因发生退款减除营业额的，应当退还已缴纳营业税税款或者从纳税人以后的应缴纳营业税税额中减除。

纳税人发生应税行为，如果将价款与折扣额在同一张发票上注明的，以折扣后的价款为营业额；如果将折扣额另开发票的，不论在财务上如何处理，均不得从营业额中扣除。

第三节　营业税的缴纳和会计处理

一、纳税义务发生时间

1. 一般规定。营业税纳税义务发生时间为纳税人提供应税劳务、转让无形资产或者销售不动产并收讫营业收入款项或者取得索取营业收入款项凭据的当天。

收讫营业收入款项，是指纳税人应税行为发生过程中或者完成后收取的款项。取得索取营业收入款项凭据的当天，为书面合同确定的付款日期的当天；未签订书面合同或者书面合同未确定付款日期的，为应税行为完成的当天。

2. 特殊规定：

（1）纳税人转让土地使用权或者销售不动产，采取预收款方式的，其纳税义务发生时间为收到预收款的当天。

（2）纳税人提供建筑业或者租赁业劳务，采取预收款方式的，其纳税义务发生时间为收到预收款的当天。

（3）将不动产或者土地使用权无偿赠送其他单位或者个人的，其纳税义务发生时间为不动产所有权、土地使用权转移的当天。

（4）单位或者个人自己新建建筑物后销售，所发生的自建行为，其纳税义务发生时间为销售自建建筑物的纳税义务发生时间。

3. 营业税扣缴义务发生时间为纳税人营业税纳税义务发生的当天。

二、纳税期限

1. 营业税的纳税期限分别为 5 日、10 日、15 日、1 个月或者 1 个季度。

纳税人的具体纳税期限，由主管税务机关根据纳税人应纳税额的大小分别核定。其中，银行、财务公司、信托投资公司、信用社、外国企业常驻代表机构的纳税期限规定为 1 个季度。

不能按照固定期限纳税的，可以按次纳税。

2. 纳税人以 1 个月或者 1 个季度为一个纳税期的，自期满之日起 15 日内申报纳税；以 5 日、10 日或者 15 日为一个纳税期的，自期满之日起 5 日内预缴税款，于次月 1 日起 15 日内申报纳税并结清上月应纳税款。

3. 扣缴义务人解缴税款的期限，依照上述规定执行。

三、纳税地点

营业税由税务机关征收。

1. 纳税人提供应税劳务应当向其机构所在地或者居住地的主管税务机关申报纳税。但是，纳税人提供的建筑业劳务以及国务院财政、税务主管部门规定的其他应税劳务，应当向应税劳务发生地的主管税务机关申报纳税。

2. 纳税人转让无形资产应当向其机构所在地或者居住地的主管税务机关申报纳税。但是，纳税人转让、出租土地使用权，应当向土地所在地的主管税务机关申报纳税。

3. 纳税人销售、出租不动产应当向不动产所在地的主管税务机关申报纳税。

4. 纳税人应当向应税劳务发生地、土地或者不动产所在地的主管税务机关申报纳税而自应当申报纳税之月起超过 6 个月没有申报纳税的，由其机构所在地或者居住地的主管税务机关补征税款。

5. 扣缴义务人应当向其机构所在地或者居住地的主管税务机关申报缴纳其扣缴的税款。

四、纳税申报

纳税人应按照规定的时间及时办理纳税申报，如实填报“营业税纳税申报表”。

五、营业税的会计处理

1. 企业缴纳营业税，要通过“应交税费——应交营业税”账户进行核算。

2. 企业按规定计算出应纳营业税后，为便于将税金结转给有关业务收入负担，并最终计算企业经营损益，应先借记“营业税金及附加”账户，贷记“应交税费——应交营业税”。在缴纳营业税时，借记“应交税费——应交营业税”，贷记“银行存款”账户。

3. 期末，在计算企业本期损益时。借记“本年利润”，贷记“营业税金及附加”账户，表明本期已纳营业税金已计入当期损益。

4. 企业作为营业税扣缴义务人，在计算代扣税金时，借记“应付账款”等账户，贷记“应交税费——应交营业税”；代缴时，借记“应交税费——应交营业税”，贷记“银行存款”账户。

5. 企业销售不动产按销售额计算的营业税，借记“固定资产清理”（房地产开发企业借记“营业税金及附加”），贷记“应交税费——应交营业税”。

6. 企业转让无形资产，应纳营业税借记“其他业务支出”账户，贷记“应交税费——应交营业税”账户。

第6章 关税

关税是一个古老的税种，在我国西周后期就有“关市之赋”的记载，当时的关税主要是内地关税。随着对外贸易的出现，唐朝设立了“市舶司”，宋朝设立了“榷易院”，专门负责对国外来华贸易货物和船舶征收关税。我国现行关税以全国人民代表大会于2000年7月修正颁布的《中华人民共和国海关法》为法律依据，以国务院于2003年11月发布的《中华人民共和国进出口关税条例》，以及由国务院关税税则委员会审定并报国务院批准，作为条例组成部分的《中华人民共和国海关进出口税则》和《中华人民共和国海关入境旅客行李物品和个人邮递物品征收进口税办法》为基本法规。

第一节 关税的含义与内容

一、关税的含义与特点

（一）关税的含义

关税是对进出国境或关境的货物和物品征收的一种税。

国境是一个主权国家的全面行使主权的境域，包括领土、领海、领空。关境又称税境或海关境域，是一个国家的关税法令完全实施的境域。通常情况下，一个国家的关境与国境是一致的，但在国境内设有免税的自由港或自由贸易区以及其他独立的关税区时，关境就小于国境；如果几个国家结成关税同盟，在成员国之间货物进出国境不征收关税，只对来自和运往非同盟成员国的货物进出共同关境时征收关税，这时就各成员国来说，关境大于国境。

货物是指贸易性商品。物品是指入境旅客随身携带的行李物品、个人邮递进口物品、各种运输工具上的服务人员携带进口的自用物品、馈赠物品及以其他方式进入国境的个人物品等。为方便旅客进入国境，简化征收手续，我国对物品进口实行关税与其他海关代征税合并征收的简易征收方法。

概括地说，关税具有以下四个方面的作用：

1. 维护国家主权和经济利益。

2. 保护和促进工农业生产的发展。

3. 调节国民经济和对外贸易。

4. 积累财政资金。

（二）关税的特点

与其他税种比较，关税具有如下几个方面的特点：

1. 以进出国境或关境的货物和物品为征税对象。关税独特的征税对象使得它不同于因商品交换或提供劳务取得收入而课征的商品劳务税，也不同于因取得所得或拥有财产而课征的所得税或财产税，它是对特定货物和物品途经海关通道进出口征收的一种税。

2. 以货物和物品进出统一的国境或关境为征税环节。货物和物品只有在进出国境或关境时才征收关税，在征收一次关税后，出口货物在关境或国境外、进口货物或物品在国境或关境内不再征收本国关税。

3. 实行复式税则。关税的税则是关税课税范围及其税率的法则。复式税则又称多栏税则，是指一个税目设有两个或两个以上的税率，根据进口货物原产国的不同，分别适用高低不同的税率。

4. 由海关代表国家征收。关税由主权国家设置在边境、沿海口岸或境内的水陆空国际交往通道的海关根据国家制定的关税税法、税则征收，其他任何单位和个人均无权征收关税。监督管理、征收关税和查缉走私是海关工作的基本任务。

二、进出口货物关税税制的主要内容

由于我国对进出口货物关税与个人行李和邮递进口物品进口税采用不同的征收方法，因而本书对二者分别讲述。本节先讲述进出口货物关税，个人行李和邮递进口物品进口税在本章第三节另行讲述。

（一）进出口货物关税的征税对象

进出口货物关税以国家准许进口和出口的货物为征税对象。凡准许进出口的货物，除国家另有规定以外，都要按照《海关进出口税则》征收进口税或出口税。对从境外进口国产货物也要征收进口关税。按照“奖出限入”的原则，对出口货物一般免征出口关税，税则中列名出口征收关税的仅有鳗鱼苗等少数商品。

（二）进出口货物关税的纳税人

根据《进出口关税条例》，进出口关税以进出口货物的收、发货人或他们的代理人为纳税人。具体界定为依法取得对外贸易经营权并进口或出口货物的法人或其他社会团体。

（三）进出口关税税则（税目、税率）

进出口税则是一国政府根据国家对外贸易政策和税收政策，通过一定的立法程序制定公布实施的进出口货物和物品的关税税率表和相关规则所组成的法律法规体系。关税税率表是关税税则的主体，包括税号、商品分类目录和税率三部分。

我国进出口税则是根据《商品名称及编码协调制度》（简称《协调制度》，英文缩写为

HS）制定的。该制度是一部由海关合作理事会（即世界海关组织）制定，采用六位数字编码的多用途的商品分类目录，可供海关税则、统计、国际贸易管理、信息、运输等方面使用。它将国际贸易中的商品分为21类、97章、1 241个名目、5 019个独立的商品组。每个商品名目和商品组都按一定的规律和顺序用数字编码，简称税号。我国在该制度的税目基础上，根据贯彻国家产业政策的需要和我国外贸进出口的实际情况，结合外贸管理和海关统计业务的要求，增加了一些子目，将编码数字由该制度规定的6位增加到8位。2006年的海关商品编码及进出口税则中的一些商品根据代征税、暂定税率和贸易管制的需要而增设第9、第10位代码。

关税的税率是税则的关键组成部分，根据国际惯例和我国的对外贸易政策，在实际执行过程中会不断进行调整。详细的税率表税目很多，分商品品目的具体的税率则更多。自2002年起，为履行中国加入世界贸易组织（WTO）承诺的关税减让义务和中国加入《亚太贸易协定》（《曼谷协定》）的需要，我国将进口税则中的税目每年都进行了新的调整，2010年版税则税目共计7 923个。进口关税税率水平逐年降低，算术平均税率为：1992年43.2%、1994年35.9%、1996年23.0%、1997年17.0%、2000年16.4%、2001年15.3%、2002年12%、2003年11%、2004年10.4%、2005年和2006年为9.9%、2007年以后维持在9.8%。

目前，进口货物关税设置有最惠国税率、协定税率、特惠税率、普通税率、关税配额税率等税率。对进口货物在一定期限内可以实行暂定税率。其适用范围分别为：

1. 最惠国税率。对原产于共同适用最惠国待遇条款的世界贸易组织成员的进口货物，原产于与中华人民共和国签订含有相互给予最惠国待遇条款的双边贸易协定的国家或者地区的进口货物，以及原产于中华人民共和国境内的进口货物，适用最惠国税率。

2. 协定税率。对原产于与中华人民共和国签订含有关税优惠条款的区域性贸易协定的国家或者地区的进口货物，适用协定税率。如“亚太贸易协定”协定税率、中国—东盟自由贸易区协定税率、中国—智利自由贸易协定税率、中国—巴基斯坦自由贸易协定税率、中国—新西兰自由贸易协定税率、中国—新加坡自由贸易协定税率、中国香港和澳门的零关税等。

3. 特惠税率。对原产于与中华人民共和国签订含有特殊关税优惠条款的贸易协定的国家或者地区的进口货物，适用特惠税率。比如，对老挝等东南亚4国、埃塞俄比亚等非洲31国、阿富汗等6国，共41个联合国认定的最不发达国家实施特惠税率。

4. 普通税率。对原产于上述国家或地区以外的国家或地区的进口货物以及原产地不明的进口货物适用普通税率。

对于货物的原产地我国基本上采用“全部产地生产标准”和“实质性加工标准”。“全部产地生产标准”是指进口货物完全在一个国家内生产或制造。“实质性加工标准”是指多国参与加工、制造的货物，以最后一个对货物进行经济上可以视为实质性加工的国家作为原产国。标准以该货物在进出口税则中四位数税号一级的税则归类发生了变化，或者加工增值部分所占新产品总值的比例超过30%及以上。

5. 暂定税率。适用最惠国税率的进口货物有暂定税率的，应当适用暂定税率；适用协定税率、特惠税率的进口货物有暂定税率的，应当从低适用税率；适用普通税率的进口货物，不适用暂定税率。

6. 关税配额税率。按照国家规定实行关税配额管理的进口货物，关税配额内的，适用关税配额税率；关税配额外的，其税率的适用按上述规定执行。

出口货物税率没有按出口国的不同进行区分，一般是按应税出口货物分别规定不同的比例税率。对出口货物在一定期限内可以实行暂定税率，适用出口税率的出口货物有暂定税率的，应当适用暂定税率。

根据《中华人民共和国进出口关税条例》，任何国家或地区违反与我国签订或共同参加的贸易协定及相关协定，对我国贸易单方面采取禁止、限制、加征关税或其他影响正常贸易的措施的，可以对原产于该国或地区的进口货物适用报复性关税税率。另外，按照有关法律、行政法规的规定对进口货物采取反倾销、反补贴、保障措施的，其税率适用于相关法规规定的特别关税税率。

（四）进出口货物关税完税价格

1. 进口货物完税价格。进口货物的完税价格由海关以进口货物的成交价格为基础审查确定，并应当包括该货物运抵中华人民共和国境内输入地点起卸前的运输及其相关费用、保险费。进口货物的成交价格，是指卖方向我国境内销售该货物时买方为进口该货物向卖方实付、应付的，并按照下列要求调整后的价款总额，包括直接支付的价款和间接支付的价款。进口货物的成交价格应当符合下列条件：

（1）对买方处置或者使用该货物不予限制，但法律、行政法规规定实施的限制、对货物转售地域的限制和对货物价格无实质性影响的限制除外。

（2）进口货物的价格不得受到使该货物成交价格无法确定的条件或者因素的影响。

（3）卖方不得从买方直接或者间接获得因该货物进口后转售、处置或者使用而产生的任何收益，或者虽有收益，但可以根据纳税义务人向海关提供的费用、价值的有关资料进行合理调整。

（4）买卖双方没有特殊关系，或者虽有特殊关系但未对成交价格产生影响。

进口货物的成交价格不符合上述规定条件的，或者成交价格不能确定的，海关经了解有关情况，并与纳税义务人进行价格磋商后，依次以下列价格估定该货物的完税价格：

（1）相同货物成交价格估价方法，是指海关以与进口货物同时或者大约同时向中华人民共和国境内销售的相同货物的成交价格为基础，审查确定进口货物的完税价格的估价方法。

（2）类似货物成交价格估价方法，是指海关以与进口货物同时或者大约同时向中华人民共和国境内销售的类似货物的成交价格为基础，审查确定进口货物的完税价格的估价方法。

（3）倒扣价格估价方法，即与该货物进口的同时或者大约同时，将该进口货物、相同或者类似进口货物在第一级销售环节销售给无特殊关系买方最大销售总量的单位价格，但应当扣除同等级或者同种类货物在我国境内第一级销售环节销售时通常的利润和一般费用以及通常支付的佣金、进口货物运抵境内输入地点起卸后的运输及其相关费用、保险费、进口关税及国内税收。

（4）计算价格估价方法，即按照下列各项总和计算的价格：生产该货物所使用的料件成本和加工费用，向中华人民共和国境内销售同等级或者同种类货物通常的利润和一般费用，该货物运抵境内输入地点起卸前的运输及其相关费用、保险费。

（5）合理方法，是指当海关不能根据成交价格估价方法、相同货物成交价格估价方法、类似货物成交价格估价方法、倒扣价格估价方法和计算价格估价方法确定完税价格时，海关根据客观、公平、统一的原则，以客观量化的数据资料为基础审查确定进口货物完税价格的估价方法。

纳税义务人向海关提供有关资料后，可以提出申请，颠倒前款第（3）项和第（4）项的适用次序。

2. 出口货物的完税价格。出口货物的完税价格由海关以该货物的成交价格为基础审查确定，并应当包括该货物运至中华人民共和国境内输出地点装载前的运输及其相关费用、保险费。出口货物的成交价格，是指该货物出口时卖方为出口该货物应当向买方直接收取和间接收取的价款总额。下列税收、费用不计入出口货物的完税价格：

（1）出口关税。

（2）在货物价款中单独列明的货物运至我国境内输出地点装载后的运输及其相关费用、保险费。

（3）在货物价款中单独列明由卖方承担的佣金。

出口货物的成交价格不能确定的，海关经了解有关情况，并与纳税义务人进行价格磋商后，依次以下列价格估定该货物的完税价格：

（1）同时或者大约同时向同一国家或者地区出口的相同货物的成交价格。

（2）同时或者大约同时向同一国家或者地区出口的类似货物的成交价格。

（3）根据境内生产相同或者类似货物的成本、利润和一般费用（包括直接费用和间接费用）、境内发生的运输及其相关费用、保险费计算所得的价格。

（4）按照合理方法估定的价格。

3. 进出口货物完税价格中的运输及相关费用、保险费的计算。

（1）进口货物的运费，应当按照实际支付的费用计算。如果进口货物的运费无法确定的，海关应当按照该货物的实际运输成本或者该货物进口同期运输行业公布的运费率（额）计算运费。

运输工具作为进口货物，利用自身动力进境的，海关在审查确定完税价格时，不再另行计入运费。

（2）进口货物的保险费，应当按照实际支付的费用计算。如果进口货物的保险费无法确定或者未实际发生，海关应当按照“货价加运费”两者总额的3‰计算保险费。

（3）邮运进口的货物，应当以邮费作为运输及其相关费用、保险费。

（4）以境外边境口岸价格条件成交的铁路或者公路运输进口货物，海关应当按照境外边境口岸价格的1%计算运输及其相关费用、保险费。

请思考： 关税的计税依据与增值税、消费税、营业税、城市维护建设税有哪些联系和区别。

（五）减税免税

我国关税减免政策可分法定减免、特定减免和临时减免三种类型。

1. 法定减免。法定减免是依照关税基本法规的规定列明予以的减免，包括：

（1）下列进出口货物，免征关税：关税税额在人民币50元以下的一票货物；无商业价值的广告品和货样；外国政府、国际组织无偿赠送的物资；在海关放行前损失的货物；进出境运输工具装载的途中必需的燃料、物料和饮食用品。

（2）在海关放行前遭受损坏的货物，可以根据海关认定的受损程度减征关税。

（3）经海关批准暂时进境或者暂时出境的下列货物，在进境或者出境时纳税义务人向海关缴纳相当于应纳税款的保证金或者提供其他担保的，可以暂不缴纳关税，并应当自进境或者出境之日起6个月内复运出境或者复运进境。包括：在展览会、交易会、会议及类似活动中展示或者使用的货物；文化、体育交流活动中使用的表演、比赛用品；进行新闻报道或者摄制电影、电视节目使用的仪器、设备及用品；开展科研、教学、医疗活动使用的仪器、设备及用品；以上所列活动中使用的交通工具及特种车辆；货样；供安装、调试、检测设备时使用的仪器、工具；盛装货物的容器；其他用于非商业目的的货物。

经纳税义务人申请，海关可以根据海关总署的规定延长复运出境或者复运进境的期限，但如果所列暂准进境货物在规定的期限内未复运出境的，或者暂准出境货物在规定的期限内未复运进境的，海关应当依法征收关税。

（4）因品质或者规格原因，出口货物自出口之日起1年内原状复运进境的，不征收进口关税。

（5）因品质或者规格原因，进口货物自进口之日起1年内原状复运出境的，不征收出口关税。

（6）因残损、短少、品质不良或者规格不符原因，由进出口货物的发货人、承运人或者保险公司免费补偿或者更换的相同货物，进出口时不征收关税。被免费更换的原进口货物不退运出境或者原出口货物不退运进境的，海关应当对原进出口货物重新按照规定征收关税。

（7）法律规定的其他免征或者减征关税的货物，海关根据规定予以免征或者减征。

2. 特定减免。特定减免是指在关税基本法规确定的法定减免以外，由国务院或国务院授权的机关颁布法规、规章规定对特定地区、特定企业或有特定用途的进出口货物减免关税。如对保税区和出口加工区进出口货物的减免；对加工贸易产品和边境贸易进口物资关税的减免；对科教用品、残疾人专用品、扶贫慈善性捐赠物资进口税的减免以及其他依法给予关税减免优惠的进出口货物的减免。

3. 临时减免。临时减免是指在以上两项减免税以外，由国务院规定，根据某个纳税人、某个时期或某批进出口货物的特殊情况临时给予的减免。

第二节　进出口货物关税的计算和缴纳

一、应纳税额的计算

（一）进出口货物从价税应纳税额的计算

我国对进出口商品主要是实行从价税，即以进出口货物的完税价格作为计税依据，按照规定的税率计算应交税金。其应纳税额的计算公式为：

关税税额＝应税进（出）口货物数量×单位完税价格×税率

【例 6－1】 某单位进口原产于某 WTO 成员国的排气量为 2.2L 的小轿车 20 辆，该批货物在出口国的离岸价格为 310 万元，运抵我国关境内输入地点起卸前的包装费、运输费、保险费和其他费用共 5 万元；支付货物在我国输入地点起卸后的运输费用 2 万元。进口关税税率为 25%。该单位应纳关税税额的计算方法为：

应纳税额＝(3 100 000＋50 000)×25%＝787 500(元)

（二）进出口货物从量税应纳税额的计算

从量税以进口商品的重量、长度、容量、面积等计量单位为计税依据，按照规定的单位税额计算应交税金。其应纳税额的计算公式为：

关税税额＝应税进（出）口货物数量×单位货物税额

（三）进出口货物复合税应纳税额的计算

复合税是对某种进口商品同时使用从价和从量计征的一种计征关税的方法，复合税既可发挥从量税抑制低价商品进口的作用，又可充分体现从价税税负合理、稳定的特点。目前我国对录像机、放像机、摄像机、数字照相机和摄录一体机实行复合税。其应纳税额的计算公式为：

关税税额＝应税进（出）口货物数量×单位货物税额
＋应税进（出）口货物数量×单位完税价格×税率

（四）进出口货物滑准税应纳税额的计算

滑准税是一种关税税率随进口商品价格由高到低而由低至高设置计征关税的方法，可以使进口商品价格越高，其进口关税税率越低；进口商品的价格越低，其进口关税税率越高。其主要特点是可保持滑准税商品的国内市场价格的相对稳定，尽可能减少国际市场价格波动的影响。目前我国对配额外进口的一定数量棉花实行 6%～40% 的滑准税。其应纳税额的计算公式为：

关税税额＝应税进（出）口货物数量×单位完税价格×滑准税税率

二、纳税地点和纳税期限

进口货物的纳税人应当自运输工具申报进境之日起 14 日内，出口货物的纳税人除海关特准的外，应当在货物运抵海关监管区后、装货的 24 小时以前，向货物的进出境地海关申报。进口货物到达前，纳税义务人经海关核准可以先行申报。海关根据税则归类和完税价格计算应缴纳的关税和进口环节代征税，并填发税款缴款书。纳税义务人应当自海关填发税款缴款书之日起 15 日内向指定银行缴纳税款。如缴纳期限的最后一日是周末或法定节假日，则缴纳期限顺延至周末或法定节假日过后的第 1 个工作日。

纳税义务人因不可抗力或者在国家税收政策调整的情形下，不能按期缴纳税款的，经海关总署批准，可以延期缴纳税款，但是最长不得超过 6 个月。

进口货物应当由收货人在货物的进境地海关办理海关手续，出口货物应当由发货人在货物的出境地海关办理海关手续。为方便纳税人，经收发货人申请，海关同意，进口货物的收货人可以在设有海关的指运地、出口货物的发货人可以在设有海关的启运地办理海关手续。经电缆、管道或者其他特殊方式输送进出境的货物，经营单位应当定期向指定的海关申报和办理海关手续。过境、转运和通运货物，运输工具负责人应当向进境地海关如实申报，并应当在规定期限内运输出境。

三、税款的申报缴纳和会计处理

（一）纳税申报

进出口关税的申报是通过填写“进出口货物报关单”来进行的，进出口货物报关单是指进出口货物的收发货人或其代理人，按照海关规定的格式对进出口货物的实际情况作出的书面申明，以此要求海关对其货物按适用的海关制度办理报关手续的法律文书。它既是海关对进出口货物进行监管、征税、统计以及开展稽查、调查的重要依据，又是出口退税和外汇管理的重要凭证，也是海关处理进出口货物走私，违规案件及税务、外汇管理部门查处骗税、逃套汇犯罪活动的重要书证。纸质进口货物报关单一式五联，分别是海关作业联、海关留存联、企业留存联、海关核销联、进口付汇证明联。纸质出口货物报关单一式六联，分别是海关作业联、海关留存联、企业留存联、海关核销联、出口收汇证明联、出口退税证明联。进出口货物报关单海关作业联和留存联是报关员配合海关查验、缴纳税费、提取或装运货物的重要单据，也是海关查验货物、征收税费、编制海关统计以及处理其他海关事务的重要凭证。

（二）税款的缴纳

1. 滞纳金。纳税义务人未按期缴纳税款的，从滞纳税款之日起，按日加收滞纳税款0.5‰的滞纳金。海关征收关税、滞纳金等，应当按人民币计征。进出口货物的成交价格以及有关费用以外币计价的，以中国人民银行公布的基准汇率折合为人民币计算完税价格；以基准汇率币种以外的外币计价的，按照国家有关规定套算为人民币计算完税价格。适用汇率的日期由海关总署规定。

2. 多缴税款的退还。海关发现多征税款的，应当立即通知纳税义务人办理退还手续。纳税义务人发现多缴税款的，自缴纳税款之日起1年内，可以书面形式要求海关退还多缴的税款并加算银行同期活期存款利息；海关应当自受理退税申请之日起30日内查实并通知纳税义务人办理退还手续。纳税义务人应当自收到通知之日起3个月内办理有关退税手续。按照其他有关法律、行政法规规定应当退还关税的，海关应当按照有关法律、行政法规的规定退税。

有下列情形之一的，纳税人自缴纳税款之日起1年内，可以申请退还关税，并应当以书面形式向海关说明理由，提供原缴款凭证及相关资料：（1）已征进口关税的货物，因品质或者规格原因，原状退货复运出境的；（2）已征出口关税的货物，因品质或者规格原因，原状退货复运进境，并已重新缴纳因出口而退还的国内环节有关税收的；（3）已征出口关税的货物，因故未装运出口，申报退关的。

3. 税款的补征和追征。进出口货物放行后，海关发现少征或者漏征税款的，应当自缴纳税款或者货物放行之日起1年内，向纳税人补征税款。但因纳税人违反规定造成少征或者漏征税款的，海关可以自缴纳税款或者货物放行之日起3年内追征税款，并从缴纳税款或者货物放行之日起按日加收少征或者漏征税款0.5‰的滞纳金。

需由海关监管使用的减免税进口货物，在监管年限内转让或者移作他用需要补税的，海关应当根据该货物进口时间折旧估价，补征进口关税。

4. 税收保全和强制执行。进出口货物的纳税人在规定的纳税期限内有明显的转移、藏匿其应税货物以及其他财产迹象的，海关应当要求纳税人在规定的期限内提供海关认可的担保。纳税人不能在海关规定的期限内按照海关要求提供担保的，经批准海关应当采取税收保全措施。依照规定对上述纳税人采取税收保全措施的，海关应当书面通知纳税人开户银行或者其他金融机构暂停支付纳税人相当于应纳税款的存款。因无法查明纳税人账户、存款数额等情形不能实施暂停支付措施的，应当扣留纳税人价值相当于应纳税款的货物或者其他财产。纳税人自海关填发税款缴款书之日起 15 日内未缴纳税款的，经批准，海关应当向金融机构制发《中华人民共和国海关扣缴税款通知书》，通知其从暂停支付的款项中扣缴相应税款，或依法变卖被扣留的货物或者其他财产，并以变卖所得抵缴税款。

进出口货物的纳税义务人、担保人自规定的纳税期限届满之日起超过 3 个月未缴纳税款的，经直属海关关长或者其授权的隶属海关关长批准，海关可以依次采取下列强制措施：(1) 书面通知金融机构从其存款中扣缴税款；(2) 将应税货物依法变卖，以变卖所得抵缴税款；(3) 扣留并依法变卖其价值相当于应纳税款的货物或者其他财产，以变卖所得抵缴税款。

（三）税款的会计核算

进出口企业缴纳进口关税的会计核算，一般通过“库存商品”或“物资采购”和“应交税费”等账户。购进进口商品时，借记“库存商品”或“物资采购”，贷记“银行存款”和“应交税费”账户；缴纳税金时，借记“应交税费”，贷记“银行存款”或“现金”账户。而出口关税的会计核算，一般通过“营业税金及附加”和“应交税费”两个账户。计算应纳税额时，借记“营业税金及附加”，贷记“应交税费”；缴纳税金时，借记“应交税费”，贷记“银行存款”或“现金”账户。但须注意由于经营进出口业务的形式与内容的不同，其具体核算方法有所不同。

第三节 行李和邮递物品进口税

一、行李和邮递物品进口税的含义与内容

（一）行李和邮递物品进口税的含义

行李和邮递物品进口税简称“行邮税”，是海关对入境旅客行李物品、个人邮递物品、运输工具服务人员携带进口的应税自用物品以及用其他方式进口的个人自用物品所征收的进口税。

我国于 1962 年开始对行邮物品征收进口税。现行的《关于入境旅客行李物品和个人邮递物品征收进口税办法》是国务院关税税则委员会于 1994 年 5 月 18 日发布，同年 7 月 1 日施行的。此后，对税率表进行了多次调整。

（二）行李和邮递物品进口税的内容

1. 纳税人和征税范围。行李和邮递物品进口税的纳税人为携有应税个人自用物品的入

境旅客和运输工具服务人员、进口邮递物品的收件人、以其他方式进口应税个人自用物品的收件人。

上述应税个人自用物品，不包括汽车、摩托车及其配件、附件。进口应税个人自用汽车、摩托车及其配件、附件，应当按照有关税法规定缴纳关税、增值税和消费税。

2. 税目和税率。行李和邮递物品进口税的征税项目共有4类，都采用比例税率（见表6－1）。

表6－1　进境物品进口税率表

税号	物品名称	税率
1	书报，刊物，教育专用电影片，幻灯片，原版录音带，录像带，金、银及其制品，食品，饮料，本表税号2、3、4税号及备注不包含的其他商品	10%
2	纺织品及其制成品、摄像机、摄录一体机、数码像机及其他电器用具、照像机、自行车、手表、钟表（含配件、附件）	20%
3	高尔夫球及球具、高档手表	30%
4	烟、酒、化妆品	50%

注：避孕用具和避孕药品，超过海关规定的自用合理数量部分按有关规定予以退运或按货物进口程序办理报关及验放手续。高档手表是指每块完税价格在1万元人民币及以上的手表。

行李和邮递物品进口税税率的调整，由国务院关税税则委员会确定。

3. 减免税。行李和邮递物品税的主要免税规定有：

（1）中国籍旅客可以享受一定的免征行李和邮递物品进口税待遇，对海关规定免税限值（量）内的自用物品，海关予以免税放行。居民旅客携带在境外获取的总值不超过人民币5 000元的自用物品免税，只对超出部分予以征税，但国家规定应税的20种商品海关不予免税［20种商品是指电视机、摄像机、录像机、放像机、音响设备、空调器、电冰箱（柜）、洗衣机、照相机、复印机、程控电话交换机、微型计算机、电话机、无线寻呼系统、传真机、电子计算器、打印机及文字处理机、家具、灯具和餐料］。携带超过1 500毫升的酒精饮料（酒精含量12度以上），或超过400支的香烟，或超过100支的雪茄，或超过500克的烟丝，对超出限量但仍属自用的部分，海关予以征税放行，限量以内的免税。中国常驻境外的外交机构人员、留学人员、访问学者、劳务人员、援外人员连续在外每满180天，远洋海员每满120天，可以免税携带进境一件规定范围以内的生活用品，包括电视机、洗衣机、电冰箱、照相机、录像机、收录音机、组合音响等。

上述中国籍旅客是指持中华人民共和国护照等有效旅行证件出入境的旅客，包括公派出境工作、考察、访问、学习和因私出境探亲、访友、旅游、经商、学习等中国籍居民旅客和华侨、台湾同胞、港澳同胞等中国籍非居民旅客。

（2）不超过海关规定的自用合理数量的避孕用具和药品，可以免征行李和邮递物品进口税。

（3）非居民长期旅客取得境内长期居留证件后首次申请进境的自用物品海关予以免税。但按规定准予进境的机动车辆和应当征税的20种商品除外。

上述非居民长期旅客是指经公安部门批准进境并在境内连续居留一年以上（含一年），

期满后仍回到境外定居地的外国公民、港澳台地区人员、华侨。

(4) 外国在华常驻人员在签证有效期内初次来华携带进境的个人自用的家用摄像机、照相机、便携式收录机、便携式激光唱机、便携式计算机，报经所在地主管海关审核，在每个品种一台的数量限制内，予以免征进口税。其中，外籍专家（含港、澳、台地区专家）或华侨专家携运进境的图书资料、科研仪器、工具、样品、试剂等教学、科研物品，在自用合理数量范围内，免征进口税。

上述外国在华常驻人员包括：外国企业和其他经济贸易、文化等组织在华常驻机构的常驻人员，外国民间经济贸易、文化团体在华常驻机构的常驻人员，外国在华常驻新闻机构的常驻记者，在华的中外合资经营企业、中外合作经营企业和外资企业的外方常驻人员，长期来华工作的外籍专家和华侨专家，长期来华学习的外国留学生和华侨留学生。

(5) 根据政府间协定免税进境的非居民长期旅客自用物品和常驻机构公用物品，海关依法免征税款。

二、行李和邮递物品进口税应纳税额的计算和缴纳

(一) 行李和邮递物品进口税应纳税额的计算

1. 行李和邮递物品进口税的完税价格。行李和邮递物品进口税的完税价格由海关参照应税物品的境外正常零售价格确定。其依据为海关总署制定的《入境旅客行李物品和个人邮递物品进口税税则归类表》和《入境旅客行李物品和个人邮递物品完税价格表》。例如，茶叶、咖啡每千克200元，按摩床每张1万元，微波炉每台600元，家用洗碗机每台1 500元，三角钢琴每架9万元，皮鞋每双300元等。表中所列完税价格与应税物品实际价格相差悬殊达到3倍（或1/3）及以上程度的，经现场科级领导同意，可采取另行确定价格原则或按物品实际价格计征税赋。

相关链接

《入境旅客行李物品和个人邮递物品进口税税则归类表》和《入境旅客行李物品和个人邮递物品完税价格表》参见海关总署2007年第25号公告。

2. 应纳税额的计算。行李和邮递物品进口税实行从价计征。应纳税额计算公式为：

应纳税额 = 完税价格 × 进口税税率

【例6-2】 某出国人员回国时带入境内1台300万像素应税数码摄像机，完税价格折合人民币1万元，适用税率为20%。该出国人员应纳行李和邮递物品进口税税额的计算方法为：

应纳税额 = 10 000 × 20% = 2 000（元）

(二) 行李和邮递物品进口税的申报

进出境旅客需要向海关申报纳税的，应到海关申报台填写《中华人民共和国海关进出境旅客行李物品申报单》，同时交验身份证件。未满16周岁旅客的行李物品可由随行成人在同一张申报单上进行申报，如该旅客无成人同行，则须填写申报单向海关申报。如旅客办理申报手续有困难，也可委托他人办理，旅客只要签字确认申报的内容即可。持有我国政府外交、礼遇签证的旅客和海关给予免验礼遇的旅客可以免填申报单，通关时应主动向海关出示

护照和身份证件。

（三）行李和邮递物品进口税的缴纳

1. 纳税人应当按照海关填发税款缴纳证当日应税物品的完税价格和税率，在海关放行物品之前计算缴纳行李和邮递物品进口税。

2. 纳税人可以自行办理纳税手续，也可委托他人办理纳税手续。

提示：缴纳行李和邮递物品进口税的物品不缴纳进口货物关税和进口环节的增值税和消费税。

3. 进口税的减免、补征、追征、退还以及对暂准进境物品征收进口税参照上节对货物征收进口关税的有关规定。

第四节　船舶吨税

一、船舶吨税的含义与内容

（一）船舶吨税的含义

船舶吨税是对进出、停靠我国港口的国际航行船舶由海关负责征收的一种税。国际航行船舶因在我国港口行驶，使用了我国的港口和助航设备，对其征收的这种税收，是一种属于使用性质的税。凡征收了吨税的船舶不再征收车船税，反之亦然。

（二）船舶吨税的内容

1. 征税范围。船舶吨税征税范围包括：（1）在我国港口行驶的外国籍船舶；（2）外商租用的中国籍船舶；（3）中外合营企业使用的中国籍船舶。

2. 计税依据和税率。船舶吨税的计税依据是注册净吨位。所谓注册净吨位是船上能装载客、货的船舱容量，它是船舶的容积指标。由于每100立方英尺（或2. 33立方米）为1容积吨，因此，容积指标也用“吨”来表示。

船舶吨税，按船舶的净吨位，以吨为单位确定定额税率，吨位越大，定额税率越高，船舶吨税定额税率分为优惠税率和普通税率两种。凡与中华人民共和国签订互惠协议的国家或地区适用船舶吨税优惠税率，未签订互惠协议的适用船舶吨税普通税率（见表6-2）。

3. 减免税。下列情况下免征吨税：（1）外国驻华使馆、领事馆使用的船舶；（2）避难、修理、停驶或拆毁，并不上下客货的船舶；（3）专供上下客货及存货的泊定趸船、浮桥趸船及浮船；（4）中央或地方人民政府征用或租用的船舶。

二、计算和缴纳

（一）船舶吨位的计算

船舶吨税按《船舶吨位证书》中净吨位计征，计税公式为：

应交税金 = 净吨位 × 船舶吨税税率

表6-2 吨税税率表

船舶种类	净吨位	一般吨税（元/吨）		优惠吨税（元/吨）	
		90天	30天	90天	30天
机动船（轮船、汽船、拖船）	500吨及以下	3.15	1.50	2.25	1.20
	501吨至1 500吨	4.65	2.25	3.30	1.65
	1 501吨至3 000吨	7.05	3.45	4.95	2.55
	3 001吨至10 000吨	8.10	3.90	5.85	3.00
	10 000吨以上	9.30	4.65	6.60	3.30
非机动船（各种人力驾驶及驳船、帆船）	30吨及以下	1.50	0.60	1.05	0.45
	31吨至150吨	1.65	0.90	1.35	0.60
	150吨上	2.10	1.05	1.50	0.90

（二）船舶吨税的缴纳

1. 按规定应当缴纳船舶吨税的，船舶负责人或代理人应当在抵港时，如实填写“船舶吨税执照申请书”，向海关申报纳税，同时交验“船舶国籍证书”和“船舶吨位证书”。

2. 船舶吨税分90天期缴纳与30天期缴纳两种。缴纳期限由纳税人自行选择。进口船舶应自申报进口之日起征，如所领执照满期后尚未驶离中国，则应自期满之次日起续征。

3. 船舶吨税起征日为：船舶直接抵口之日。进境后驶达锚地的，以船舶抵达锚地之日起计算；进境后直接靠泊的，以靠泊之日起计算。

4. 船舶吨税自填发缴款书之日起15日内（法定节假日除外）缴纳，逾期按日征收税款额1‰的滞纳金。

第7章 企业所得税

最早的所得税是英国政府为了适应英法战争对军费开支的需要于1799年在英国开征的一种临时税收，19世纪以后各国相继仿效，现已成为世界各国普遍开征的重要税种。改革开放初期，通过实行国有企业利改税我国实行了在不同所有制企业征收不同的所得税的方法。此后通过不断归并，最终实现了对所有企业统一征收的企业所得税。现行企业所得税的基本法是2007年3月16日第十届全国人民代表大会第五次会议通过颁布的《中华人民共和国企业所得税法》，从2008年1月1日起施行。

第一节　企业所得税的含义与内容

一、企业所得税的含义及特点

企业所得税是对我国境内除个人独资、合伙性质的企业以外的企业和组织，就其生产经营所得和其他所得征收的一种税。

企业所得税制一直是我国工商税制中的一个重要组成部分，解放初期包含在工商业税中。1958年税制改革后成为一个独立的税种，称为工商所得税。1980年后至1994年，我国对企业征收的所得税分成内外两套税制，并按经济性质设置有外商投资企业和外国企业所得税、国有企业所得税和调节税、集体企业所得税、私营企业所得税。1994年1月1日，后三者合并为针对内资企业的所得税。从2008年1月1日起，原企业所得税与外商投资企业和外国企业所得税合并为现行的企业所得税。

企业所得税与其他税种比较有如下特点：

（一）企业所得税以应纳税所得额为征税对象

应纳税所得额是按照企业所得税法的规定，以企业每一纳税年度的收入总额，减除不征税收入、免税收入、各项扣除以及允许弥补的以前年度亏损后的余额。

（二）企业所得税较好地体现了量能负担的原则

企业所得税以企业的最终所得为征税对象，所得多的多征，所得少的少征，没有所得的不征，充分体现税收的公平负担原则。与商品劳务税相比，企业所得税更容易为社会大众所接受。

（三）企业所得税以某一会计期间作为纳税义务发生时间

与商品劳务税相比，企业所得税通常以一个时间段落的总体的收支累计结果的得出作为纳税义务发生的时间。因此，企业所得税在征收上采取了以企业一个纳税年度的应纳税所得额为计税依据，平时分月或分季预缴，年度终了后进行汇算清缴，多退少补的办法。

二、企业所得税税制的主要内容

（一）纳税人

在中华人民共和国境内，除依照中国法律、行政法规成立的个人独资企业和合伙企业以外的企业和其他取得收入的组织（以下统称企业）为企业所得税的纳税人，依法缴纳企业所得税。

企业分为居民企业和非居民企业。居民企业，是指依法在中国境内成立，或者依照外国（地区）法律成立但实际管理机构在中国境内的企业。非居民企业，是指依照外国（地区）法律成立且实际管理机构不在中国境内，但在中国境内设立机构、场所的，或者在中国境内未设立机构、场所，但有来源于中国境内所得的企业。

“依法在中国境内成立”的企业需要同时符合以下三个条件：一是成立的依据为中国的法律、行政法规；二是在中国境内成立。这是属地管辖原则的体现，即在中国境内成立的企业或其他取得收入的组织，其成立条件、程序以及经营活动等方面都应当适用中国的法律、法规；三是属于取得收入的经济组织。

企业和其他取得收入的组织都统称“企业”，包括以下各类取得收入的组织：

1. 企业。包括公司制企业和其他非公司制企业。企业是以赢利为目的、从事生产经营活动的经济实体，是企业所得税法最主要的适用对象。但这里的“企业”，不包括依照中国法律、行政法规规定成立的个人独资企业、合伙企业，但包括依照外国法律法规在境外成立的个人独资企业和合伙企业。

依照中国法律、行政法规成立的个人独资企业是指依法在中国境内设立，由一个自然人投资，财产为投资人个人所有，投资人以其个人财产对企业债务承担无限连带责任的经营实体。由于个人独资企业是以投资人的个人财产对外承担无限责任的，其生产经营所得也即出资人个人所得，应该缴纳个人所得税。企业本身没有独立的财产和所得，所以不属于企业所得税的纳税人。

依照中国法律、行政法规成立的合伙企业，是指自然人、法人和其他组织依法在中国境内设立的普通合伙企业和有限合伙企业。普通合伙企业由普通合伙人组成，合伙人对合伙企业债务承担无限连带责任。有限合伙企业由普通合伙人和有限合伙人组成，普通合伙人对合伙企业债务承担无限连带责任，有限合伙人以其认缴的出资额为限对合伙企业债务承担责任。合伙企业以每一个合伙人为纳税义务人，其生产经营所得和其他所得采取“先分后税”的原则，合伙人是自然人的，缴纳个人所得税；合伙人是法人和其他组织的，缴纳企业所得税。

2. 事业单位。事业单位是公益性或非营利性组织，也可能通过经营或接受捐赠等行为取得收入。企业所得税法规定，符合条件的事业单位的收入为免税收入，如果事业单位的收入不属于符合条件的非营利组织的收入范畴，则不能予以免税。

3. 社会团体。社会团体包括公益性或非营利性组织，符合条件的社会团体的收入可以享受免税优惠，如果社会团体的收入不符合免税条件，应当依法缴纳企业所得税。

4. 其他取得收入的组织。除上述之外的经济组织也能够依法取得各种收入，也是企业所得税的纳税人，应当依法缴纳企业所得税。如民办非企业单位、基金会、商会、农民专业合作社以及随着经济社会发展而出现的其他类型的取得收入的组织。

“依照外国（地区）法律成立”的企业也需要同时具备的三个条件：一是成立的法律依据为外国（地区）的法律法规。这类企业虽然是中国的企业所得税的纳税人，但是并不是依据中国的法律法规成立的，而是依据中国境外的其他国家（地区）的法律法规成立的。二是在中国境外成立。这类企业不是在中国境内成立的，即企业的登记注册地点是在中国境外的其他国家（地区），但企业有取得来自于中国境内的所得。三是属于取得收入的经济组织。具体包括：在中国境内设立机构、场所从事生产经营活动的外国企业，或者没有在中国境内设立机构、场所但是取得来源于中国境内的所得的外国企业，包括在中国境内进行活动并取得收入的外国慈善组织、学术机构等等。如果这类企业的实际管理机构在中国境内，就属于企业所得税法规定的居民企业纳税人，否则即属于非居民企业纳税人。

实际管理机构，是指对企业的生产经营、人员、账务、财产等实施实质性全面管理和控制的机构，需要同时符合以下三个方面的条件：一是对企业有实质性管理和控制的机构。即并非形式上的“橡皮图章”，而是对企业的经营活动能够起到实质性的影响。二是对企业实行全面的管理和控制的机构。如果该机构只是对该企业的一部分或并不关键的生产经营活动进行影响和控制，比如只是对在中国境内的某一个生产车间进行管理，则不被认定为实际管理机构。只有对企业的整体或者主要的生产经营活动有实际管理控制，本企业的生产经营活动负总体责任的管理控制机构，才符合实际管理机构标准。三是管理和控制的内容是企业的生产经营、人员、账务、财产等。这是界定实际管理机构的最关键标准。如果一个外国企业只是在表面上是由境外的机构对企业有实质性全面管理和控制权，但是企业的生产经营、人员、账务、财产等重要事务实际上是由在中国境内的一个机构来作出决策的，就应当认定其实际管理机构在中国境内。

（二）征税对象和征税范围

企业所得税的征税对象是纳税人取得的所得。包括销售货物所得、提供劳务所得、转让财产所得、股息红利所得、利息所得、租金所得、特许权使用费所得、接受捐赠所得和其他所得。

1. 销售货物所得是指企业销售商品、产品、原材料、包装物、低值易耗品以及其他存货取得的所得。

2. 提供劳务所得是指企业从事建筑安装、修理修配、交通运输、仓储租赁、金融保险、邮电通信、咨询经纪、文化体育、科学研究、技术服务、教育培训、餐饮住宿、中介代理、卫生保健、社区服务、旅游、娱乐、加工以及其他劳务服务活动取得的所得。

3. 转让财产所得是指企业转让固定资产、生物资产、无形资产、股权、债权等财产取得的所得。

4. 股息、红利等权益性投资收益是指企业因权益性投资从被投资方取得的所得。

5. 利息所得是指企业将资金提供他人使用但不构成权益性投资，或者因他人占用本企业资金取得的所得，包括存款利息、贷款利息、债券利息、欠款利息等所得。

6. 租金所得是指企业提供固定资产、包装物或者其他资产的使用权取得的所得。

7. 特许权使用费所得是指企业提供专利权、非专利技术、商标权、著作权以及其他特许权的使用权取得的所得。

8. 接受捐赠所得是指企业接受的来自其他企业、组织或者个人无偿给予的货币性资产、非货币性资产的所得。

9. 其他所得是指除以上列举外的也应当缴纳企业所得税的其他所得，包括企业资产溢余所得、逾期未退包装物押金所得、确实无法偿付的应付款项、已作坏账损失处理后又收回的应收款项、债务重组所得、补贴所得、违约金所得、汇兑收益等。

居民企业应当就其来源于中国境内、境外的所得缴纳企业所得税；非居民企业在中国境内设立机构、场所的，应当就其所设机构、场所取得的来源于中国境内的所得，以及发生在中国境外但与其所设机构、场所有实际联系的所得，缴纳企业所得税；对非居民企业在中国境内未设立机构、场所的，或者虽设立机构、场所但取得的所得与其所设机构、场所没有实际联系的，应当就其来源于中国境内的所得缴纳企业所得税。

上述所说的机构、场所，是指在中国境内从事生产经营活动的机构、场所，包括：管理机构、营业机构、办事机构；工厂、农场、开采自然资源的场所；提供劳务的场所；从事建筑、安装、装配、修理、勘探等工程作业的场所；其他从事生产经营活动的机构、场所。非居民企业委托营业代理人在中国境内从事生产经营活动的，包括委托单位或者个人经常代其签订合同，或者储存、交付货物等，该营业代理人视为非居民企业在中国境内设立的机构、场所。

中国境内、境外的所得，按照以下原则确定：

1. 销售货物所得，按照交易活动发生地确定；

2. 提供劳务所得，按照劳务发生地确定；

3. 转让财产所得，不动产转让所得按照不动产所在地确定，动产转让所得按照转让动产的企业或者机构、场所所在地确定，权益性投资资产转让所得按照被投资企业所在地确定；

4. 股息、红利等权益性投资所得，按照分配所得的企业所在地确定；

5. 利息所得、租金所得、特许权使用费所得，按照负担、支付所得的企业或者机构、场所所在地确定，或者按照负担、支付所得的个人的住所地确定；

6. 其他所得，由国务院财政、税务主管部门确定。

实际联系是指非居民企业在中国境内设立的机构、场所拥有据以取得所得的股权、债权，以及拥有、管理、控制据以取得所得的财产等，非居民企业取得的所得如果与其在中国境内设立的机构、场所有以下两种关系的，就属于有“实际联系”：

（1）非居民企业取得的所得，是通过该机构、场所拥有的股权、债权而取得的。例如，非居民企业通过该机构、场所对其他企业进行股权、债权等权益性投资或者债权性投资而获得股息、红利或者利息收入，就可以认定为与该机构、场所有实际联系。

(2) 非居民企业取得的所得，是通过该机构、场所拥有、管理和控制的财产取得的。例如，非居民企业将境内或者境外的房产对外出租收取的租金，如果该房产是由该机构、场所拥有、管理或者控制的，那么就可以认定这笔租金收入与该机构、场所有实际联系。

(三) 税率

1. 企业所得税的法定税率为25%。

2. 符合条件的小型微利企业，减按20%的税率征收企业所得税。

符合条件的小型微利企业是指从事国家非限制和禁止行业，并符合下列条件的企业：工业企业，年度应纳税所得额不超过30万元，从业人不超过100人，资产总额不超过3 000万元；其他企业，年度应纳税所得额不超过30万元，从业人数不超过80人，资产总额不超过1 000万元。

非居民企业不适用小型微利企业减按20%税率征收企业所得税的规定。

3. 国家需要重点扶持的高新技术企业，减按15%的税率征收企业所得税。

国家需要重点扶持的高新技术企业，是指拥有核心自主知识产权，并同时符合下列条件的企业：

(1) 产品（服务）属于《国家重点支持的高新技术领域》规定的范围；

(2) 研究开发费用占销售收入的比例不低于规定比例：即近三个会计年度的研究开发费用总额占销售收入总额的比例符合如下要求：①最近一年销售收入小于5 000万元的企业，比例不低于6%；②最近一年销售收入在5 000万元至2亿元的企业，比例不低于4%；③最近一年销售收入在2亿元以上的企业，比例不低于3%。其中，企业在中国境内发生的研究开发费用总额占全部研究开发费用总额的比例不低于60%。企业注册成立时间不足三年的，按实际经营年限计算；

(3) 高新技术产品（服务）收入占企业总收入的比例不低于规定比例：即高新技术产品（服务）收入占企业当年总收入的60%以上；

(4) 科技人员占企业职工总数的比例不低于规定比例：即具有大学专科以上学历的科技人员占企业当年职工总数的30%以上，其中研发人员占企业当年职工总数的10%以上；

(5)《高新技术企业认定管理办法》规定的其他条件。

4. 非居民企业在中国境内未设立机构、场所的，或者虽设立机构、场所但取得的所得与其所设机构、场所没有实际联系的，应当就其来源于中国境内的所得缴纳企业所得税成为预提所得税，预提所得税的税率为20%，减按10%的税率征收企业所得税。

(四) 税收减免优惠

1. 国家对重点扶持和鼓励发展的产业和项目，给予企业所得税优惠。

2. 企业的下列收入为免税收入：国债利息收入；符合条件的居民企业之间的股息、红利等权益性投资收益；在中国境内设立机构、场所的非居民企业从居民企业取得与该机构、场所有实际联系的股息、红利等权益性投资收益；符合条件的非营利组织的收入。

3. 企业的下列所得，可以免征、减征企业所得税：

(1) 从事农、林、牧、渔业项目的所得，属于免征企业所得税的项目有：蔬菜、谷物、薯类、油料、豆类、棉花、麻类、糖料、水果、坚果的种植；农作物新品种的选育；中药材的种植；林木的培育和种植；牲畜、家禽的饲养；林产品的采集；灌溉、农产品初加工、兽医、农技推广、农机作业和维修等农、林、牧、渔服务业项目；远洋捕捞。从事农、林、牧、渔业项目的所得，属于减半征收企业所得税的有：花卉、茶以及其他饮料作物和香料作物的种植；海水养殖、内陆养殖。企业从事国家限制和禁止发展的项目，不得享受本条规定的企业所得税优惠。

（2）从事《公共基础设施项目企业所得税优惠目录》规定的港口码头、机场、铁路、公路、城市公共交通、电力、水利等国家重点扶持的公共基础设施项目取得的投资经营的所得，自项目取得第一笔生产经营收入所属纳税年度起，第 1 年至第 3 年免征企业所得税，第 4 年至第 5 年减半征收企业所得税，企业承包经营、承包建设和内部自建自用本条规定的项目，不得享受本条规定的企业所得税优惠。

（3）从事包括公共污水处理、公共垃圾处理、沼气综合开发利用、节能减排技术改造、海水淡化等符合条件的环境保护、节能节水项目的所得，自项目取得第一笔生产经营收入所属纳税年度起，第 1 年至第 3 年免征企业所得税，第 4 年至第 6 年减半征收企业所得税。

（4）符合条件的技术转让所得。一个纳税年度内，居民企业技术转让所得不超过 500 万元的部分，免征企业所得税；超过 500 万元的部分，减半征收企业所得税。

4. 民族自治地方的自治机关对本民族自治地方的企业应缴纳的企业所得税中属于地方分享的部分，可以决定减征或者免征。自治州、自治县决定减征或者免征的，须报省、自治区、直辖市人民政府批准。

5. 企业的下列支出，可以在计算应纳税所得额时加计扣除：开发新技术、新产品、新工艺发生的研究开发费用，未形成无形资产计入当期损益的，在按照规定据实扣除的基础上，按照研究开发费用的 50% 加计扣除；形成无形资产的，按照无形资产成本的 150% 摊销；安置残疾人员及国家鼓励安置的其他就业人员所支付的工资，在按照支付给残疾职工工资据实扣除的基础上，按照支付给残疾职工工资的 100% 加计扣除，残疾人员的范围适用《中华人民共和国残疾人保障法》的有关规定。

6. 创业投资企业从事国家需要重点扶持和鼓励的创业投资，采取股权投资方式投资于未上市的中小高新技术企业 2 年以上的，可以按照其投资额的 70% 在股权持有满 2 年的当年抵扣该创业投资企业的应纳税所得额；当年不足抵扣的，可以在以后纳税年度结转抵扣。

7. 企业的固定资产由于技术进步等原因，确需加速折旧的，可以缩短折旧年限或者采取加速折旧的方法。具体包括：由于技术进步，产品更新换代较快的固定资产；常年处于强震动、高腐蚀状态的固定资产。采取缩短折旧年限方法的，最低折旧年限不得低于企业所得税法规定折旧年限的 60%；采取加速折旧方法的，可以采取双倍余额递减法或者年数总和法。

8. 企业综合利用资源，生产符合国家产业政策规定的产品所取得的收入，可以在计算应纳税所得额时减计收入。以《资源综合利用企业所得税优惠目录》规定的资源作为主要原材料，生产国家非限制和禁止并符合国家和行业相关标准的产品取得的收入，减按 90% 计入收入总额。

9. 企业购置并实际使用《环境保护专用设备企业所得税优惠目录》、《节能节水专用设备企业所得税优惠目录》和《安全生产专用设备企业所得税优惠目录》规定的环境保护、节能节水、安全生产等专用设备的，该专用设备的投资额的 10% 可以从企业当年的应纳税额中抵免；当年不足抵免的，可以在以后 5 个纳税年度结转抵免。享受此项企业所得税优惠的企业，应当实际购置并自身实际投入使用的专用设备；企业购置上述专用设备在 5 年内转让、出租的，应当停止享受企业所得税优惠，并补缴已经抵免的企业所得税税款。

企业同时从事适用不同企业所得税待遇的项目的，其优惠项目应当单独计算所得，并合理分摊企业的期间费用；没有单独计算的，不得享受企业所得税优惠。

第二节 企业所得税应纳税所得额的确定

一、应纳税所得额计算的一般规定

企业所得税的计税依据为纳税人的应纳税所得额。企业每一纳税年度的收入总额，减除不征税收入、免税收入、各项扣除以及允许弥补的以前年度亏损后的余额，为应纳税所得额。其计算公式为：

应纳税所得额＝收入总额－不征税收入－免税收入－准予扣除项目金额
－允许弥补的以前年度亏损

应纳税所得额的计算，以权责发生制为原则，属于当期的收入和费用，不论款项是否收付，均作为当期的收入和费用；不属于当期的收入和费用，即使款项已经在当期收付，也不作为当期的收入和费用。

在计算应纳税所得额时，企业财务、会计处理办法与税收法律、行政法规的规定不一致的，应当依照税收法律、行政法规的规定计算。

二、收入总额的确定

（一）收入确定的基本规定

1. 企业以货币形式和非货币形式从各种来源取得的收入，为收入总额。企业取得收入的货币形式，包括现金、存款、应收账款、应收票据、准备持有至到期的债券投资以及债务的豁免等。企业取得收入的非货币形式，包括固定资产、生物资产、无形资产、股权投资、存货、不准备持有至到期的债券投资、劳务以及有关权益等，非货币形式取得的收入，应当按照公允价值确定收入额。公允价值，是指按照市场价格确定的价值。

2. 收入确定必须遵循权责发生制原则和实质重于形式原则。

（1）企业销售商品同时满足下列条件的，应确认收入的实现：商品销售合同已经签订，企业已将商品所有权相关的主要风险和报酬转移给购货方；企业对已售出的商品既没有保留通常与所有权相联系的继续管理权，也没有实施有效控制；收入的金额能够可靠地计量；已发生或将发生的销售方的成本能够可靠地核算。

（2）符合上款收入确认条件，采取下列商品销售方式的，应按以下规定确认收入实现时间：销售商品采用托收承付方式的，在办妥托收手续时确认收入；销售商品采取预收款方式的，在发出商品时确认收入；销售商品需要安装和检验的，在购买方接受商品以及安装和检验完毕时确认收入。如果安装程序比较简单，可在发出商品时确认收入；销售商品采用支付手续费方式委托代销的，在收到代销清单时确认收入。

（3）采用售后回购方式销售商品的，销售的商品按售价确认收入，回购的商品作为购进商品处理。有证据表明不符合销售收入确认条件的，如以销售商品方式进行融资，收到的款项应确认为负债，回购价格大于原售价的，差额应在回购期间确认为利息费用。

（4）销售商品以旧换新的，销售商品应当按照销售商品收入确认条件确认收入，回收的商品作为购进商品处理。

（5）企业为促进商品销售而在商品价格上给予的价格扣除属于商业折扣，商品销售涉及商业折扣的，应当按照扣除商业折扣后的金额确定销售商品收入金额。债权人为鼓励债务人在规定的期限内付款而向债务人提供的债务扣除属于现金折扣，销售商品涉及现金折扣的，应当按扣除现金折扣前的金额确定销售商品收入金额，现金折扣在实际发生时作为财务费用扣除。企业因售出商品的质量不合格等原因而在售价上给的减让属于销售折让；企业因售出商品质量、品种不符合要求等原因而发生的退货属于销售退回。企业已经确认销售收入的售出商品发生销售折让和销售退回，应当在发生当期冲减当期销售商品收入。

3. 企业在各个纳税期末，提供劳务交易的结果能够可靠估计的，应采用完工进度（完工百分比）法确认提供劳务收入。

（1）提供劳务交易的结果能够可靠估计，是指同时满足下列条件：收入的金额能够可靠地计量；交易的完工进度能够可靠地确定；交易中已发生和将发生的成本能够可靠地核算。

（2）企业提供劳务完工进度的确定，可选用下列方法：已完工作的测量；已提供劳务占劳务总量的比例；发生成本占总成本的比例。

（3）企业应按照从接受劳务方已收或应收的合同或协议价款确定劳务收入总额，根据纳税期末提供劳务收入总额乘以完工进度扣除以前纳税年度累计已确认提供劳务收入后的金额，确认为当期劳务收入；同时，按照提供劳务估计总成本乘以完工进度扣除以前纳税期间累计已确认劳务成本后的金额，结转为当期劳务成本。

（4）下列提供劳务满足收入确认条件的，应按规定确认收入：

①安装费。应根据安装完工进度确认收入。安装工作是商品销售附带条件的，安装费在确认商品销售实现时确认收入；

②宣传媒介的收费。应在相关的广告或商业行为出现于公众面前时确认收入。广告的制作费，应根据制作广告的完工进度确认收入；

③软件费。为特定客户开发软件的收费，应根据开发的完工进度确认收入；

④服务费。包含在商品售价内可区分的服务费，在提供服务的期间分期确认收入；

⑤艺术表演、招待宴会和其他特殊活动的收费。在相关活动发生时确认收入。收费涉及几项活动的，预收的款项应合理分配给每项活动，分别确认收入；

⑥会员费。申请入会或加入会员，只允许取得会籍，所有其他服务或商品都要另行收费的，在取得该会员费时确认收入。申请入会或加入会员后，会员在会员期内不再付费就可得到各种服务或商品，或者以低于非会员的价格销售商品或提供服务的，该会员费应在整个受益期内分期确认收入；

⑦特许权费。属于提供设备和其他有形资产的特许权费，在交付资产或转移资产所有权时确认收入；属于提供初始及后续服务的特许权费，在提供服务时确认收入；

⑧劳务费。长期为客户提供重复的劳务收取的劳务费，在相关劳务活动发生时确认收入。

4. 企业以买一赠一等方式组合销售本企业商品的，不属于捐赠，应将总的销售金额按各项商品的公允价值的比例来分摊确认各项的销售收入。

（二）收入确定的特殊规定

1. 企业的下列生产经营业务可以分期确认收入的实现。

（1）以分期收款方式销售货物的，按照合同约定的收款日期确认收入的实现；

（2）企业受托加工制造大型机械设备、船舶、飞机，以及从事建筑、安装、装配工程业务或者提供其他劳务等，持续时间超过 12 个月的，按照纳税年度内完工进度或者完成的工作量确认收入的实现。

2. 采取产品分成方式取得收入的，按照企业分得产品的日期确认收入的实现，其收入额按照产品的公允价值确定。

3. 企业发生非货币性资产交换，以及将货物、财产、劳务用于捐赠、偿债、赞助、集资、广告、样品、职工福利或者利润分配等用途的，应当视同销售货物、转让财产或者提供劳务。但企业的内部处理行为，如将货物或者劳务用于在建工程、管理部门、非生产性部门，不再视同销售作收入处理。

三、不征税收入的确定

（一）财政拨款

财政拨款是指各级人民政府对纳入预算管理的事业单位、社会团体等组织拨付的财政资金，但国务院和国务院财政、税务主管部门另有规定的除外。

（二）依法收取并纳入财政管理的行政事业性收费、政府性基金

行政事业性收费是指依照法律法规等有关规定，按照国务院规定程序批准，在实施社会公共管理，以及在向公民、法人或者其他组织提供特定公共服务过程中，向特定对象收取并纳入财政管理的费用；政府性基金，是指企业依照法律、行政法规等有关规定，代政府收取的具有专项用途的财政资金。

（三）国务院规定的其他不征税收入

国务院规定的其他不征税收入是指企业取得的，由国务院财政、税务主管部门规定专项用途并经国务院批准的财政性资金。

四、扣除项目的确定

（一）扣除项目确定的原则

1. 真实性原则。是指除税法规定的加计扣除费用外的任何费用，除非确属已经实际发生，否则不允许税前扣除。企业申报扣除的任何费用必须能够提供确属已经实际发生的足够和适当凭据。

2. 相关性原则。是指企业的可扣除费用必须与取得的应税收入直接相关。具体判断必须从费用发生的根源和性质上分析，而不是费用支出的结果。企业的不征税收入用于支出所形成的费用或者财产，不得扣除或者计算对应的折旧、摊销扣除。

3. 合理的支出。是指符合生产经营活动常规，应当计入当期损益或者有关资产成本的必要和正常的支出，其计算和分配方法应该符合一般的经营常规和会计惯例。如果费用的发

生既是为了经营目的，又是为了投资者个人目的；既与经营活动有关，又与非经营活动有关，就必须进行合理分配。

4. 合法性原则。各项支出必须符合税法规定，一是超限额支出不得扣除，二是非法支出不得扣除。

5. 区分收益性支出和资本性支出原则。收益性支出在发生当期直接扣除；资本性支出应当分期扣除或者计入有关资产成本，不得在发生当期直接扣除。

6. 不得重复扣除原则。企业实际发生的成本、费用、税金、损失和其他支出，不得重复扣除。

（二）准予扣除项目的基本内容

企业实际发生的与取得收入有关的、合理的支出，包括成本、费用、税金、损失和其他支出，准予在计算应纳税所得额时扣除。

1. 准予扣除的成本。准予扣除的成本是指企业在生产经营活动中发生的销售成本、销货成本、业务支出以及其他耗费。准予扣除的成本必须是生产经营过程中的成本。企业所发生的成本必须是企业在生产经营活动过程中的支出或者耗费，在非生产经营活动过程中所发生的支出，不得作为企业的生产经营成本予以认定。也就是说，企业所发生的成本，必须是企业在生产产品、提供劳务、销售商品等过程中的支出和耗费。

销售成本主要是针对以制造业为主的生产性企业而言。生产性企业在生产产品过程中，将耗费产品所需的原材料、直接人工以及耗费在产品上的辅助材料、物料等，这些都属于销售成本的组成部分。

销货成本主要是针对以商业企业为主的流通性企业而言。流通性企业本身并不直接制造可见的成品，而是通过向生产性企业购买成品或者经过简单包装、处理就能出售的产品，通过购入价与售出价的差额等，来获取相应的利润。所以，此类企业的成本主要是所销售货物的成本，而所销售的货物是购置于生产性企业，应以购买价（含包括了生产性企业所获取的利润）为主体部分，加上可直接归属于销售货物所发生的支出，就是销货成本。

业务支出主要是针对服务业企业而言的成本概念。与制造业企业和商业企业不同，服务业企业提供的服务，从广义上也可以称之为“产品”，但是从根本上说这种“产品”往往是无形的劳务，虽然在提供服务过程中也可能需要一定的辅助材料，但是它必须借助于服务业企业特有的人工或者技术，所以服务业企业的成本就称之为业务支出，以区别于制造业企业和商业企业，它的成本主要包括提供服务过程中直接耗费的原材料、服务人员的工资、薪金等直接可归属于服务的其他支出。

其他耗费是一个兜底的规定，保证企业发生的与取得收入有关、合理的支出得以税前扣除。它适用于销售成本、销货成本和业务支出，凡是企业生产产品、销售商品、提供劳务等过程中耗费的直接相关支出，如果没有列入费用的范畴，则将被允许列入成本的范围，准予税前扣除。

2. 准予扣除的费用。准予扣除的是指企业在生产经营活动中发生的销售费用、管理费用和财务费用，已经计入成本的有关费用除外。准予扣除的费用必须是生产经营过程中发生的费用。企业所发生的费用必须是在生产经营活动过程中的支出或者耗费，在非生产经营活动过程中所发生的支出，不得作为企业的生产经营费用予以认定。也就是说，企业所发生的费用，必须是企业在生产产品、提供劳务、销售商品等过程中的支出和耗费。

销售费用是企业为销售商品和材料、提供劳务的过程中发生的各种费用。企业所生产出来的产品，在出售前，其经济利益只能说是潜在的，而尚未得到正式的社会承认，只有等产品真正售出后，才能实现现实的经济利益，而企业为销售商品，必然将发生一定的支出，这部分支出是企业为获取收入而产生的必要与正常的支出，包括广告费、运输费、装卸费、包装费、展览费、保险费、销售佣金、代销手续费、经营性租赁费及销售部门发生的差旅费、工资、福利费等费用。从事商品流通业务的纳税人购入存货抵达仓库前发生的包装费、运杂费、运输存储过程中的保险费、装卸费、运输途中的合理损耗和入库前的挑选整理费用等购货费用可直接计入销售费用。从事房地产开发业务的纳税人的销售费用还包括开发产品销售之前的改装修复费、看护费、采暖费等。从事邮电等其他业务的纳税人发生的销售费用已计入营运成本的不得再计入销售费用重复扣除。

管理费用是企业的行政管理部门等为管理组织经营活动提供各项支援性服务而发生的费用。企业除了生产经营所直接相关的各种机构、人员、财物之外，作为一个行为主体，还需要一些为组织生产经营提供辅助性服务的机构和人员，这些机构和人员的配置、职能的发挥等，都将影响到企业的生产经营活动的效益性，相应地支出也是与企业取得收入有关的必要与正常的支出，这些在企业所得税扣除方面体现为管理费用，包括由纳税人统一负担的总部（公司）经费（包括总部行政管理人员的工资薪金、福利费、差旅费、办公费、折旧费、修理费、物料消耗、低值易耗品摊销等）、研究开发费（技术开发费）、劳动保护费、业务招待费、工会经费、职工教育经费、股东大会或董事会费、开办费摊销、无形资产摊销（含土地使用费、土地损失补偿费）、坏账损失、印花税等税金、消防费、排污费、绿化费、外事费和法律、财务、资料处理及会计事务方面的成本（咨询费、诉讼费、聘请中介机构费、商标注册费等）。

财务费用是企业筹集经营性资金而发生的费用。实践中，一个企业很少能做到不借助外来资金来满足自身生产经营的需要，企业发生的资金拆借行为较为普遍，为此企业要发生一定的费用，这些费用就是被计入财务费用的，包括利息净支出、汇兑净损失、金融机构手续费以及其他非资本化支出等。

3. 准予扣除的税金。准予扣除的税金是指企业发生的除企业所得税和允许抵扣的增值税以外的各项税金及其附加。目前，允许税前扣除的税种主要有消费税、营业税、资源税、城市维护建设税、教育费附加、房产税、车船税、耕地占用税、城镇土地使用税、车辆购置税、印花税等。

提示：准予扣除的税金不包括增值税。

4. 准予扣除的损失。准予扣除的损失是指企业在生产经营活动中发生的固定资产和存货的盘亏、毁损、报废损失，转让财产损失，呆账损失，坏账损失，自然灾害等不可抗力因素造成的损失以及其他损失。企业发生的损失，减除责任人赔偿和保险赔款后的余额，依照国务院财政、税务主管部门的规定扣除。企业已经作为损失处理的资产，在以后纳税年度又全部收回或者部分收回时，应当计入当期收入。

5. 准予扣除的其他支出。准予扣除的其他支出是指除成本、费用、税金、损失外，企业在生产经营活动中发生的与生产经营活动有关的、合理的支出。

（三）准予扣除项目的具体规定

1. 企业发生的合理的工资薪金支出，准予扣除。企业发生的合理的工资薪金支出是指企业每一纳税年度支付给在本企业任职或者受雇的员工的所有现金形式或者非现金形式的劳动报酬，包括基本工资、奖金、津贴、补贴、年终加薪、加班工资，以及与员工任职或者受雇有关的其他支出。对工资支出合理性的判断，主要包括两个方面：一是雇员实际提供了服务；二是报酬总额在数量上是合理的。实际操作中主要考虑雇员的职责、过去的报酬情况，以及雇员的业务量和复杂程度等相关因素。同时，还要考虑当地同行业职工平均工资水平。

2. 企业依照国务院有关主管部门或者省级人民政府规定的范围和标准为职工缴纳的基本养老保险费、基本医疗保险费、失业保险费、工伤保险费、生育保险费等基本社会保险费和住房公积金，准予扣除。企业为投资者或者职工支付的补充养老保险费、补充医疗保险费，在国务院财政、税务主管部门规定的范围和标准内，准予扣除。除企业依照国家有关规定为特殊工种职工支付的人身安全保险费和国务院财政、税务主管部门规定可以扣除的其他商业保险费外，企业为投资者或者职工支付的商业保险费，不得扣除。

自2008年1月1日起，企业根据国家有关政策规定，为在本企业任职或者受雇的全体员工支付的补充养老保险费、补充医疗保险费，分别在不超过职工工资总额5%标准内的部分，在计算应纳税所得额时准予扣除；超过的部分，不予扣除。

3. 企业在生产经营活动中发生的合理的不需要资本化的借款费用，准予扣除。企业为购置、建造固定资产、无形资产和经过12个月以上的建造才能达到预定可销售状态的存货发生借款的，在有关资产购置、建造期间发生的合理的借款费用，应当作为资本性支出计入有关资产的成本，并依照有关规定扣除。

4. 企业在生产经营活动中发生的下列利息支出，准予扣除：（1）非金融企业向金融企业借款的利息支出、金融企业的各项存款利息支出和同业拆借利息支出、企业经批准发行债券的利息支出；（2）非金融企业向非金融企业借款的利息支出，不超过按照金融企业同期同类贷款利率计算的数额的部分。非银行企业内营业机构之间支付的利息，不得税前扣除。

5. 企业发生的公益性捐赠支出，在年度利润总额12%以内的部分，准予在计算应纳税所得额时扣除。年度利润总额，是指企业依照国家统一会计制度的规定计算的年度会计利润。公益性捐赠，是指企业通过公益性社会团体或者县级以上人民政府及其部门，用于《中华人民共和国公益事业捐赠法》规定的公益事业的捐赠。

6. 企业在货币交易中，以及纳税年度终了时将人民币以外的货币性资产、负债按照期末即期人民币汇率中间价折算为人民币时产生的汇兑损失，除已经计入有关资产成本以及与向所有者进行利润分配相关的部分外，准予扣除。

7. 企业发生的职工福利费支出，不超过工资薪金总额14%的部分，准予扣除。

8. 企业拨缴的工会经费，不超过工资薪金总额2%的部分，准予扣除。

9. 除国务院财政、税务主管部门另有规定外，企业发生的职工教育经费支出，不超过工资薪金总额2.5%的部分，准予扣除；超过部分，准予在以后纳税年度结转扣除。

10. 企业发生的与生产经营活动有关的业务招待费支出，按照发生额的60%扣除，但最高不得超过当年销售（营业）收入的5‰。

业务招待费支出的税前扣除的管理必须符合税前扣除的一般条件和原则。具体地分析：

（1）企业开支的业务招待费必须是正常和必要的。

（2）业务招待费支出一般要求与经营活动“直接相关”。

（3）必须有大量足够有效凭证证明企业相关性的陈述：比如费用金额、招待、娱乐旅行的时间和地点、商业目的、企业与被招待人之间的业务关系等。

(4) 虽然纳税人可以证明费用已经真实发生，但费用金额无法证明，主管税务机关有权根据实际情况合理推算最确切的金额。如果纳税人不同意，则有证明的义务。

11. 企业发生的符合条件的广告费和业务宣传费支出，除国务院财政、税务主管部门另有规定外，不超过当年销售（营业）收入 15% 的部分，准予扣除；超过部分，准予在以后纳税年度结转扣除。

12. 企业依照法律、行政法规有关规定提取的用于环境保护、生态恢复等方面的专项资金，准予扣除。上述专项资金提取后改变用途的，不得扣除。

13. 企业参加财产保险，按照规定缴纳的保险费，准予扣除。

14. 企业根据生产经营活动的需要租入固定资产支付的租赁费，按照以下方法扣除：以经营租赁方式租入固定资产发生的租赁费支出，按照租赁期限均匀扣除；以融资租赁方式租入固定资产发生的租赁费支出，按照规定构成融资租入固定资产价值的部分应当提取折旧费用，分期扣除。

15. 企业发生的合理的劳动保护支出，准予扣除。

16. 企业发生与生产经营有关的手续费及佣金支出，不超过以下规定计算限额以内的部分，准予扣除；超过部分，不得扣除。

(1) 保险企业：财产保险企业按当年全部保费收入扣除退保金等后余额的 15% 计算限额；人身保险企业按当年全部保费收入扣除退保金等后余额的 10% 计算限额。

(2) 其他企业：按与具有合法经营资格中介服务机构或个人（不含交易双方及其雇员、代理人和代表人等）所签订服务协议或合同确认的收入金额的 5% 计算限额。

除委托个人代理外，企业以现金等非转账方式支付的手续费及佣金不得在税前扣除。企业不得将手续费及佣金支出计入回扣、业务提成、返利、进场费等费用。

17. 非居民企业在中国境内设立的机构、场所，就其中国境外总机构发生的与该机构、场所生产经营有关的费用，能够提供总机构出具的费用汇集范围、定额、分配依据和方法等证明文件，并合理分摊的，准予扣除。

（四）不得扣除的项目

在计算应纳税所得额时，下列项目不得扣除：

1. 向投资者支付的股息、红利等权益性投资收益款项；

2. 企业所得税税款；

3. 税收滞纳金，是指纳税人违反税收法规，被税务机关处以的滞纳金。

4. 罚金、罚款和被没收财物的损失，是指纳税人违反国家有关法律、法规规定，被有关部门处以的罚款，以及被司法机关处以的罚金和被没收财物。

5. 允许税前扣除的公益性捐赠以外的捐赠支出；

6. 赞助支出，是指企业发生的与生产经营活动无关的各种非广告性质支出；

7. 未经核定的准备金支出，是指不符合国务院财政、税务主管部门规定的各项资产减值准备、风险准备等准备金支出。

8. 企业之间支付的管理费、企业内营业机构之间支付的租金和特许权使用费，以及非银行企业内营业机构之间支付的利息，不得扣除。

9. 企业对外投资期间，投资资产的成本在计算应纳税所得额时不得扣除。

10. 与取得收入无关的其他支出。

五、亏损弥补

亏损是指企业依照企业所得税法和暂行条例的规定，将每一纳税年度的收入总额减除不征税收入、免税收入和各项扣除后小于零的数额。企业某一纳税年度发生的亏损可以用下一年度的所得弥补，下一年度的所得不足以弥补的，可以逐年延续弥补，但最长不得超过5年。而且，企业在汇总计算缴纳企业所得税时，其境外营业机构的亏损不得抵减境内营业机构的盈利。

需注意，这里的亏损不是指企业利润表中的亏损额，而是利润表中的亏损额经税务机关或者经税务机关批准认可的中介机构按税法规定核实、调整后金额。

【例7-1】 设某企业1994—2002年的盈亏情况如下（单位：万元，见表7-1）：

表7-1

年度	1994	1995	1996	1997	1998	1999	2000	2001	2002
盈亏情况	-50	-30	10	-40	20	30	10	40	10

按规定，1994年度的亏损弥补期为1995—1999年，可依次以1996年、1998年、1999年的盈利弥补，弥补后1999年尚有盈利10万元；1995年度亏损弥补期为1996—2000年，因1996年、1997年盈利和1999年盈利的20万元已用以弥补1994年的亏损，因此只能依次1999年剩余的10万元和2000年的盈利弥补，弥补后尚有10万元亏损不能延续到2001年，只能以企业以后年度的税后利润自行解决。1997年亏损可延续弥补至2002年，但以2001年的盈利刚好弥补完，而2002年的盈利10万元则应依法纳税。

企业用当年的所得弥补以前年度亏损，其适用税率按弥补亏损后的所得额确定。例如，某企业本年的所得额为11万元，但按规定可弥补上一年度亏损2万元，则本年度的应纳税所得额为9万元。则其适用的税率为27%，而不是33%。

六、资产的税务处理

资产是由于资本投资而形成的资产，对于资本性支出以及无形资产受让、开办、开发费用，不允许作为成本、费用从纳税人的收入总额中做一次性扣除，只能采取分次计提折旧或分次摊销的方式予以扣除。

企业的各项资产，包括固定资产、生物资产、无形资产、长期待摊费用、投资资产、存货等，以历史成本为计税基础。历史成本，是指企业取得该项资产时实际发生的支出。企业持有各项资产期间资产增值或者减值，除国务院财政、税务主管部门规定可以确认损益外，不得调整该资产的计税基础。

（一）固定资产的税务处理

固定资产，是指企业为生产产品、提供劳务、出租或者经营管理而持有的、使用时间超过12个月的非货币性资产，包括房屋、建筑物、机器、机械、运输工具以及其他与生产经营活动有关的设备、器具、工具等。

1. 固定资产计税基础。外购的固定资产，以购买价款和支付的相关税费以及直接归属于使该资产达到预定用途产生的其他支出为计税基础；自行建造的固定资产，以竣工结算前发生的支出为计税基础；融资租入的固定资产，以租赁合同约定的付款总额和承租人在签订租赁合同过程中发生的相关费用为计税基础，租赁合同未约定付款总额的，以该资产的公允价值和承租人在签订租赁合同过程中发生的相关费用为计税基础；盘盈的固定资产，以同类固定资产的重置完全价值为计税基础；通过捐赠、投资、非货币性资产交换、债务重组等方式取得的固定资产，以该资产的公允价值和支付的相关税费为计税基础；改建的固定资产，除已足额提取折旧的固定资产和租入的固定资产以外的其他固定资产，以改建过程中发生的改建支出增加计税基础。

2. 固定资产的折旧方法和折旧年限。固定资产按照直线法计算的折旧，准予扣除。

企业应当自固定资产投入使用月份的次月起计算折旧；停止使用的固定资产，应当自停止使用月份的次月起停止计算折旧。

企业应当根据固定资产的性质和使用情况，合理确定固定资产的预计净残值。固定资产的预计净残值一经确定，不得变更。

除国务院财政、税务主管部门另有规定外，固定资产计算折旧的最低年限如下：

（1）房屋、建筑物，为20年；

（2）飞机、火车、轮船、机器、机械和其他生产设备，为10年；

（3）与生产经营活动有关的器具、工具、家具等，为5年；

（4）飞机、火车、轮船以外的运输工具，为4年；

（5）电子设备，为3年。

3. 固定资产折旧的范围。在计算应纳税所得额时，企业按照规定计算的固定资产折旧，准予扣除。下列固定资产不得计算折旧扣除：

（1）房屋、建筑物以外未投入使用的固定资产；

（2）以经营租赁方式租入的固定资产；

（3）以融资租赁方式租出的固定资产；

（4）已足额提取折旧仍继续使用的固定资产；

（5）与经营活动无关的固定资产；

（6）单独估价作为固定资产入账的土地；

（7）其他不得计算折旧扣除的固定资产。

（二）生物资产的税务处理

生物资产是指有生命的动物和植物。生物资产分为消耗性生物资产、生产性生物资产和公益性生物资产。

1. 生物资产的计税基础。外购的生产性生物资产，以购买价款和支付的相关税费为计税基础；通过捐赠、投资、非货币性资产交换、债务重组等方式取得的生产性生物资产，以该资产的公允价值和支付的相关税费为计税基础。

2. 生物资产的折旧方法和折旧年限。生产性生物资产按照直线法计算的折旧，准予扣除。企业应当自生产性生物资产投入使用月份的次月起计算折旧；停止使用的生产性生物资产应当自停止使用月份的次月起停止计算折旧。生产性生物资产计算折旧的最低年限为：林木类生产性生物资产为10年；畜类生产性生物资产为3年。

（三）无形资产的税务处理

无形资产，是指企业为生产产品、提供劳务、出租或者经营管理而持有的、没有实物形态的非货币性长期资产，包括专利权、商标权、著作权、土地使用权、非专利技术、商誉等。

1. 无形资产的计税基础。外购的无形资产，以购买价款和支付的相关税费，以及直接归属于使该资产达到预定用途发生的其他支出为计税基础；自行开发的无形资产，以开发过程中该资产符合资本化条件后至达到预定用途前发生的支出为计税基础；通过捐赠、投资、非货币性交换、债务重组等方式取得的无形资产，以该资产的公允价值和支付的相关税费为计税基础。

2. 无形资产摊销的范围。下列无形资产不得计算摊销费用扣除：

（1）自行开发的支出已在计算应纳税所得额时扣除的无形资产；

（2）自创商誉；

（3）与经营活动无关的无形资产；

（4）其他不得计算摊销费用扣除的无形资产。

3. 无形资产的摊销方法及年限。无形资产的摊销采取直线法计算。无形资产的摊销不得低于10年。作为投资或者受让的无形资产，有关法律规定或者合同约定了使用年限的，可以按照规定或者约定的使用年限分期摊销。外购商誉，在企业整体转让或者清算时准予扣除。

（四）长期待摊费用的税务处理

长期待摊费用，是指企业发生的应在一个年度以上或几个年度进行摊销的费用。在计算应纳税所得额时，企业发生的下列支出作为长期待摊费用，按照规定摊销的，准予扣除。具体包括：已足额提取折旧的固定资产的改建支出；租入固定资产的改建支出；固定资产的大修理支出；其他应当作为长期待摊费用的支出。

大修理支出，是指同时符合以下条件的支出：修理支出达到取得固定资产时的计税基础50%以上；修理后固定资产的使用年限延长2年以上。大修理支出按照固定资产尚可使用资产使用年限分期摊销。

其他应当作为长期待摊费用的支出，自支出发生月份的次月起，分期摊销，摊销年限不得低于3年。

（五）投资资产的税务处理

投资资产，是指企业对外进行权益性投资和债权性投资形成的资产。企业在转让或者处置投资资产时，投资资产的成本，准予扣除。投资资产按照以下方法确定成本：通过支付现金方式取得的投资资产，以购买价款为成本；通过支付现金以外的方式取得的投资资产，以该资产的公允价值和支付的相关税费为成本。

（六）存货的税务处理

存货，是指企业持有以备出售的产品或者商品、或在生产过程中的在产品、在生产或者提供劳务过程中耗用的材料和物料等。

1. 存货成本的确定。存货按照以下方法确定成本：

（1）通过支付现金方式取得的存货，以购买价款和支付的相关税费为成本；

（2）通过支付现金以外的方式取得的存货，以该存货的公允价值和支付的相关税费为成本；

（3）生产性生物资产收获的农产品，以产出或者采收过程中发生的材料费、人工费和分摊的间接费用等必要支出为成本。

2. 存货成本的计算方法。企业使用或者销售的存货的成本计算方法，可以在先进先出法、加权平均法、个别计价法中选用一种。计价方法一经选用，不得随意变更。

资产的净值和财产净值，是指有关资产、财产的计税基础减除已经按照规定扣除的折旧、折耗、摊销、准备金等后的余额。

除另有规定外，企业在重组过程中，应当在交易发生时确认有关资产的转让所得或者损失，相关资产应当按照交易价格重新确定计税基础。

七、应纳税所得额的计算

税法通过上述规定规范了企业应纳税所得额的计算，企业财务、会计处理办法与税收法律、行政法规的规定不一致的，应当依照税收法律、行政法规的规定计算。因此，在实际工作中表现为，以企业按照会计准则进行核算得出的会计利润，依照税法的规定作相应调整后确定应纳税所得额，用公式表示为：

应纳税所得额 = 利润总额 + 纳税调整增加额 − 纳税调整减少额
− 弥补以前年度亏损

需作纳税调整的项目包括调增、调减两个方面：

1. 调增的项目有三类：一是按企业财务、会计制度规定允许从收入中扣除而税收制度规定不允许扣除的项目，如某些捐赠等。二是超过税收规定允许扣除的范围和标准的项目，如：按实发工资多列支的职工工会、福利、教育三项经费支出；应资本化的借款利息，以及向非金融机构借款等利息支出超过金融机构同期同类贷款利息的部分；非公益性捐赠、直接向受赠者的捐赠，以及公益性捐赠超过税法规定标准的部分；业务招待费超过标准的部分；超过规定范围和标准提取的折旧费；无形资产摊销超过标准的部分；其他税法规定不得扣除而已列支的项目，以及超过税法规定标准的成本、费用项目。三是未计或少计应税收入的项目，如：在建工程试运行收入；自产用于集体福利、个人消费的产品；接受来料加工装配，按合同规定留归企业的节余材料；保险公司给予的无赔款优待；已作为坏账处理的应收款项，在以后年度全部或部分收回的；等等。

2. 调减的项目，即按企业财务会计制度规定在利润总额中反映，但在计算应纳税所得额时准予扣除，不计入计税所得的项目，主要有：（1）不征税和免税收入；（2）不同减免税项目，如减计收入，加计扣除费用等。

【例 7－2】 某贸易公司为居民企业，当年实现货物销售收入 4 000 万元，年度会计报表利润总额 500 万元。其中有关的核算资料如下：（1）列支并支付职工工资总额 100 万元；（2）列支职工工会 2 万元、福利费 16 万元、教育经费 3 万元，工会经费全额上缴上级工会并取得工会专用收据；（3）向其他企业借入经营资金 200 万元，一年支付利息 40 万元（同期银行贷款年利率为 10%）；（4）在管理费用和营业费用中列支业务招待费 20 万元；（5）支付符合规定的广告费及业务宣传费 100 万元；（6）赞助市举办的体育运动会 10 万元；（7）国债利息收入 15 万元。则该公司当年应纳税所得额为：

按照税法规定需要调增的项目有：

（1）实际列支的职工工资准予据实扣除，无需调整。

（2）允许列支的工会经费为：100 × 2% = 2（万元），未超标不作调整。

允许列支的职工福利费为：100 × 14% = 14（万元），超标列支 2 万元。

允许列支的教育项经费为：100 × 2.5% = 2.5（万元），超标列支 0.5 万元。

合计调增应纳税所得额为：2 + 0.5 = 2.5（万元）

（3）利息在不高于金融机构同类、同期贷款利率计算的数额以内扣除，应调增：40 －（200 × 10%）= 20 万元。

（4）业务招待费应按规定的标准扣除：列支限额为：4 000 × 5‰ = 20 万元，实际开支按比例可以扣除 20 × 60% = 12 万元，该公司准予列支的业务招待费为：12 万元，应调增：20 － 12 = 8 万元。

（5）广告费及业务宣传费按规定的标准扣除，该公司准予列支：4 000 × 15% = 600 万元，实际列支 100 万元，未超标不作调整。

（6）非广告性赞助费不得在税前列支，应调增：10 万元。

（7）国债利息收入属于免税收入，应调减：15 万元。

（8）该公司当年应纳税所得额 = 500 +（2.5 + 20 + 8 + 10）－ 15 = 525.5 万元。

八、特别纳税调整

特别纳税调整是相对于前述一般纳税调整而言的，是指税务机关出于反避税目的对纳税人特定的纳税事项所作的税务调整，包括针对纳税人转让定价、弱化资本、避税港避税以及其他避税情况所进行的税务调整。

（一）关联企业的确定

关联企业，是指与企业有以下关系之一的公司、企业和其他经济组织：

1. 在资金、经营、购销等方面，存在直接或者间接的拥有或者控制关系；
2. 直接或者间接地同为第三者所拥有或者控制；
3. 其他在利益上属相关联的关系。

（二）关联交易的主要类型

关联交易主要包括以下类型：

1. 有形资产的购销、转让和使用，包括房屋建筑物、交通工具、机器设备、工具、商品、产品等有形资产的购销、转让和租赁业务；
2. 无形资产的转让和使用，包括土地使用权、版权（著作权）、专利、商标、客户名单、营销渠道、牌号、商业秘密和专有技术等特许权，以及工业品外观设计或实用新型等工业产权的所有权转让和使用权的提供业务；
3. 融通资金，包括各类长短期资金拆借和担保以及各类计息预付款和延期付款等业务；
4. 提供劳务，包括市场调查、行销、管理、行政事务、技术服务、维修、设计、咨询、代理、科研、法律、会计事务等服务的提供。

（三）关联企业的税务处理

企业与其关联方之间的业务往来，不符合独立交易原则（独立交易原则是指没有关联关系的交易各方，按照公平成交价格和营业常规进行业务往来遵循的原则）而减少企业或者其关联方应纳税收入或者所得额的，税务机关有权按照合理方法调整。具体包括：

1. 可比非受控价格法，是指按照没有关联关系的交易各方进行相同或者类似业务往来的价格进行定价的方法；

2. 再销售价格法，是指按照从关联方购进商品再销售给没有关联关系的交易方的价格，减除相同或者类似业务的销售毛利进行定价的方法；

3. 成本加成法，是指按照成本加合理的费用和利润进行定价的方法；

4. 交易净利润法，是指按照没有关联关系的交易各方进行相同或者类似业务往来取得的净利润水平确定利润的方法；

5. 利润分割法，是指将企业与其关联方的合并利润或者亏损在各方之间采用合理标准进行分配的方法；

6. 其他符合独立交易原则的方法。

企业与其关联方共同开发、受让无形资产，或者共同提供、接受劳务发生的成本，在计算应纳税所得额时应当按照独立交易原则进行分摊。企业与其关联方分摊成本时，应当按照成本与预期收益相配比的原则进行分摊，并在税务机关规定的期限内，按照税务机关的要求报送有关资料。违反上述规定的，其自行分摊的成本不得在计算应纳税所得额时扣除。

企业可以向税务机关提出与其关联方之间业务往来的定价原则和计算方法，税务机关与企业协商、确认后，达成预约定价安排。预约定价安排，是指企业就其未来年度关联交易的定价原则和计算方法，向税务机关提出申请，与税务机关按照独立交易原则协商、确认后达成的协议。预约定价安排包括单边、双边和多边3种类型。预约定价安排适用于自企业提交正式书面申请年度的次年起3至5个连续年度的关联交易。预约定价安排的谈签不影响税务机关对企业提交预约定价安排正式书面申请当年或以前年度关联交易的转让定价调查调整。如果企业申请当年或以前年度的关联交易与预约定价安排适用年度相同或类似，经企业申请，税务机关批准，可将预约定价安排确定的定价原则和计算方法适用于申请当年或以前年度关联交易的评估和调整。

企业向税务机关报送年度企业所得税纳税申报表时，应当就其与关联方之间的业务往来，附送年度关联业务往来报告表。

税务机关在进行关联业务调查时，企业及其关联方，以及与关联业务调查有关的其他企业，应当按照规定提供如下相关资料：（1）与关联业务往来有关的价格、费用的制定标准、计算方法和说明等同期资料；（2）关联业务往来所涉及的财产、财产使用权、劳务等的再销售（转让）价格或者最终销售（转让）价格的相关资料；（3）与关联业务调查有关的其他企业应当提供的与被调查企业可比的产品价格、定价方式以及利润水平等资料；（4）其他与关联业务往来有关的资料。

企业不提供与其关联方之间业务往来资料，或者提供虚假、不完整资料，未能真实反映其关联业务往来情况的，税务机关有权依法核定其应纳税所得额。核定企业的应纳税所得额时，可以采用下列方法：（1）参照同类或者类似企业的利润率水平核定；（2）按照企业成本加合理的费用和利润的方法核定；（3）按照关联企业集团整体利润的合理比例核定；（4）按照其他合理方法核定。

企业对税务机关按照前款规定的方法核定的应纳税所得额有异议的，应当提供相关证据，经税务机关认定后，调整核定的应纳税所得额。

由居民企业，或者由居民企业和中国居民控制的设立在实际税负明显低于25%税率水平（指低于企业所得税法定税率的50%）的国家（地区）的企业，并非由于合理的经营需要而对利润不作分配或者减少分配的，该利润中应归属于该居民企业的部分，应当计入该居民企业的当期收入。所称控制是指包括：居民企业或者中国居民直接或者间接单一持有外国企业 10% 以上有表决权股份，且由其共同持有该外国企业 50% 以上股份；居民企业，或者居民企业和中国居民持股比例没有达到 10% 以上，但在股份、资金、经营、购销等方面对该外国企业构成实质控制。

企业从其关联方接受的债权性投资与权益性投资的比例超过规定标准（金融企业为 5∶1；其他企业为 2∶1）而发生的利息支出不得在税前扣除。

债权性投资，是指企业直接或者间接从关联方获得的，需要偿还本金和支付利息或者需要以其他具有支付利息性质的方式予以补偿的融资。企业间接从关联方获得的债权性投资，包括：（1）关联方通过无关联第三方提供的债权性投资；（2）无关联第三方提供的、由关联方担保且负有连带责任的债权性投资；（3）其他间接从关联方获得的具有负债实质的债权性投资。

权益性投资，是指企业接受的不需要偿还本金和支付利息，投资人对企业净资产拥有所有权的投资。

企业实施其他不具有合理商业目的（指以减少、免除或者推迟缴纳税款为主要目的）的安排，而减少其应纳税收入或者所得额的，税务机关有权按照合理方法调整。

税务机关依照法规定作出纳税调整，需要补征税款的，自税款所属纳税年度的次年 6 月 1 日起至补缴税款之日止的期间，按日加收利息。加收的利息不得在计算应纳税所得额时扣除。加收利息，应当按照税款所属纳税年度中国人民银行公布的与补税期间同期的人民币贷款基准利率加 5 个百分点计算。

企业与其关联方之间的业务往来，不符合独立交易原则，或者企业实施其他不具有合理商业目的的安排的，税务机关有权在该业务发生的纳税年度起 10 年内，进行纳税调整。

第三节 企业所得税的计算

一、境内应纳税额的计算

企业的应纳税所得额乘以适用税率，减除依法规定减免和抵免的税额后的余额，为应纳税额。

应纳税额 = 应纳税所得额 × 适用税率 − 减免税额 − 抵免税额

公式中的减免税额和抵免税额，是指依照企业所得税法和国务院的税收优惠规定减征、免征和抵免的应纳税额。

企业汇总计算缴纳企业所得税时，应当统一核算应纳税所得额，具体办法由国务院财政、税务主管部门另行规定。

【例 7－3】 某企业为居民企业，本年全年实现营业收入 1 亿元，应扣除业务成本 5 000 万元，发生销售费用 2 500 万元（含企业确认的广告及业务宣传费 1 550 万元），发生管理费用380万元（其中含业务招待费用40万元），应扣除的营业税金及附加250万元，营业外支出20万元（其中：税收罚款10万元，锅炉烟尘超标罚款8万元，由于没有按期履行合同支付罚款2万元），该企业当年购买环境保护设备100万元，按规定可以抵免的税额为10万元。该企业本年应纳企业所得税税额计算如下：

会计利润＝10 000－5 000－2 500－380－250－20＝1 850（万元）

广告业务宣传费：

允许扣除的广告业务宣传费＝10 000×15＝1 500（万元）

实际列支1 550万元。

超标列支＝1 550－1 500＝50（万元）

应调增当年应纳税所得额，但可以在以后年度结转扣除。

业务招待费列支限额＝10 000×0.05%＝50万元，按比例允许在限额内列支的数额为40×60%＝24万元。

因为24＜50　所以允许扣除的业务招待为24万元。

实际列支40万元，超标列支＝40－24＝16（万元），应调增当年应纳税所得额。

税收罚款、锅炉烟尘超标罚款属于行政性罚款不允许税前扣除，应调增当年应纳税所得额10＋8＝18万元。

合同罚款允许扣除不作调整。

应纳税所得额＝1 850＋50＋16＋18＝1 934（万元）

应纳企业所得税税额＝1 934×25%－10＝483.5－10＝473.5（万元）

二、境外已纳税款的扣除

为了避免国际间的重复征税，企业取得的下列所得已在境外缴纳的所得税税额，可以从其当期应纳税额中抵免，抵免限额为该项所得依法计算的应纳税额；超过抵免限额的部分可以在以后5个年度内（指从企业取得的来源于中国境外的所得，已经在中国境外缴纳的企业所得税性质的税额超过抵免限额的当年的次年起连续5个纳税年度），用每年度抵免限额抵免当年应抵税额后的余额进行抵补：（1）居民企业来源于中国境外的应税所得；（2）非居民企业在中国境内设立机构、场所，取得发生在中国境外但与该机构、场所有实际联系的应税所得。

居民企业从外国企业分得的来源于中国境外的股息、红利等权益性投资收益，外国企业在境外实际缴纳的所得税税额中属于该项所得负担的部分，可以作为该居民企业的可抵免境外所得税税额，可在规定的抵免限额内抵免。

抵免限额，是指企业来源于中国境外的所得，依照企业所得税法及其实施条例的规定计算的应纳税额。除国务院财政、税务主管部门另有规定外，该抵免限额应当分国（地区）不分项计算，计算公式如下：

抵免限额＝中国境内、境外所得依照企业所得税法及其实施条例的规定计算的应纳税总额×来源于某国（地区）的应纳税所得额÷中国境内、境外应纳税所得总额

可以简化为：

抵免限额＝按照税法规定计算的来源于某国（地区）的应纳税所得额×法定税率（25%）

上面所说在境外缴纳的所得税税额，是指企业来源于中国境外的所得依照中国境外税收法律以及相关规定应当缴纳并已经实际缴纳的企业所得税性质的税款。但不包括：（1）按照境外所得税法律及相关规定属于错缴或错征的境外所得税税款；（2）按照税收协定规定不应征收的境外所得税税款；（3）因少缴或迟缴境外所得税而追加的利息、滞纳金或罚款；（4）境外所得税纳税人或者其利害关系人从境外征税主体得到实际返还或补偿的境外所得税税款；（5）按照我国企业所得税法及其实施条例规定，已经免征我国企业所得税的境外所得负担的境外所得税税款；（6）按照国务院财政、税务主管部门有关规定已经从企业境外应纳税所得额中扣除的境外所得税税款。

抵免企业所得税税额时，应当提供中国境外税务机关出具的税款所属年度的有关纳税凭证。

企业抵免境外所得税额后实际应纳所得税额的计算公式为：

企业实际应纳所得税额＝企业境内外所得应纳税总额－企业所得税减免、抵免优惠税额－境外所得税抵免额

【例7－4】 国内某企业在A、B两国分别设有分厂，某企业某年取得境内所得为600万元，在A国所得100万元，并在A国缴纳所得税20万元；在B国所得150万元，其中生产经营所得120万元，特许权使用费所得30万元，并在B国共缴纳所得税52.5万元。该企业在汇总缴纳所得税时，首先，要分别计算A、B两国所得税税款扣除限额，来确定准予扣除的境外已缴税额，具体计算过程为：

- A国所得税款扣除限额＝(600＋100＋150)×25%×100÷(600＋100＋150)
＝25（万元）

因20＜25，因此可从应纳税额中按在A国的实缴税款20万元扣除。

- B国所得税款扣除限额＝(600＋100＋150)×25%×150÷(600＋100＋150)
＝37.5（万元）

因52.5＞37.5，因此从应纳税额中只能按最高扣除限额37.5万元扣除。

- 该企业境内外所得应汇总缴纳所得税额＝(600＋100＋150)×25%－20－37.5
＝212.5－57.5＝155（万元）

属于下列情形的，经企业申请，主管税务机关核准，可以采取简易办法对境外所得已纳税额计算抵免：

（1）企业从境外取得营业利润所得以及符合境外税额间接抵免条件的股息所得，虽有所得来源国（地区）政府机关核发的具有纳税性质的凭证或证明，但因客观原因无法真实、准确地确认应当缴纳并已经实际缴纳的境外所得税税额的，除就该所得直接缴纳及间接负担的税额在所得来源国（地区）的实际有效税率低于我国企业所得税法税率50%以上的外，可按境外应纳税所得额的12.5%作为抵免限额，企业按该国（地区）税务机关或政府机关核发具有纳税性质凭证或证明的金额，其不超过抵免限额的部分，准予抵免；超过的部分不得抵免。除此以外的股息、利息、租金、特许权使用费、转让财产等投资性所得，均应按照相关规定计算境外税额抵免。

（2）企业从境外取得营业利润所得以及符合境外税额间接抵免条件的股息所得，凡就该所得缴纳及间接负担的税额在所得来源国（地区）的法定税率且其实际有效税率明显高于我国的，可直接以按本通知规定计算的境外应纳税所得额和我国企业所得税法规定的税率

计算的抵免限额作为可抵免的已在境外实际缴纳的企业所得税税额。除此以外的股息、利息、租金、特许权使用费、转让财产等投资性所得，均应按照相关规定计算境外税额抵免。

三、核定征收应纳所得税的计算

纳税人具有下列情形之一的，应采取核定征收企业所得税：

1. 依照法律、行政法规的规定可以不设置账簿的；

2. 依照法律、行政法规的规定应当设置但未设置账簿的；

3. 擅自销毁账簿或者拒不提供纳税资料的；

4. 虽设置账簿，但账目混乱或者成本资料、收入凭证、费用凭证残缺不全，难以查账的；

5. 发生纳税义务，未按照规定的期限办理纳税申报，经税务机关责令限期申报，逾期仍不申报的；

6. 申报的计税依据明显偏低，又无正当理由的。

特殊行业、特殊类型的纳税人和一定规模以上的纳税人不适用本办法。上述特定纳税人由国家税务总局另行明确。

税务机关应根据纳税人具体情况，对核定征收企业所得税的纳税人，核定应税所得率或者核定应纳所得税额。

具有下列情形之一的，核定其应税所得率：

1. 能正确核算（查实）收入总额，但不能正确核算（查实）成本费用总额的；

2. 能正确核算（查实）成本费用总额，但不能正确核算（查实）收入总额的；

3. 通过合理方法，能计算和推定纳税人收入总额或成本费用总额的。

纳税人不属于以上情形的，核定其应纳所得税额。

税务机关采用下列方法核定征收企业所得税：（1）参照当地同类行业或者类似行业中经营规模和收入水平相近的纳税人的税负水平核定；（2）按照应税收入额或成本费用支出额定率核定；（3）按照耗用的原材料、燃料、动力等推算或测算核定；（4）按照其他合理方法核定。

采用上述所列一种方法不足以正确核定应纳税所得额或应纳税额的，可以同时采用两种以上的方法核定。采用两种以上方法测算的应纳税额不一致时，可按测算的应纳税额从高核定。

采用应税所得率方式核定征收企业所得税的，应纳所得税额计算公式如下：

应纳所得税额 = 应纳税所得额 × 适用税率

应纳税所得额 = 应税收入额 × 应税所得率

或 = 成本(费用)支出额 ÷ (1 − 应税所得率) × 应税所得率

实行应税所得率方式核定征收企业所得税的纳税人，经营多业的，无论其经营项目是否单独核算，均由税务机关根据其主营项目确定适用的应税所得率。

主营项目应为纳税人所有经营项目中，收入总额或者成本（费用）支出额或者耗用原材料、燃料、动力数量所占比重最大的项目。

应税所得率按表 7 – 2 规定的幅度标准确定。

纳税人的生产经营范围、主营业务发生重大变化，或者应纳税所得额或应纳税额增减变化达到 20% 的，应及时向税务机关申报调整已确定的应纳税额或应税所得率。

【例 7 – 5】 某企业能够准确核算收入总额，但不能够准确核算成本费用，税务机关确定其为采取核定征收方式纳税，全年的收入总额100万元，核定的应税所得率为10%，税率为20%。其应纳企业所得税计算如下：

应纳税所得额＝100×10%
＝10（万元）

应纳所得税额＝10×20%
＝2（万元）

假如上例企业能够准确核算成本费用，但不能够准确核算收入总额，税务机关确定其为采取核定征收方式纳税，全年的成本费用支出总额90万元，核定的应税所得率为10%。其应纳企业所得税计算如下：

表7－2　分行业应税所得率表

行　业	应税所得率（%）
农、林、牧、渔业	3～10
制造业	5～15
批发和零售贸易业	4～15
交通运输业	7～15
建筑业	8～20
饮食业	8～25
娱乐业	15～30
其他行业	10～30

应纳税所得额＝90÷（1－10%）×10%＝10(万元)

应纳所得税额＝10×20%＝2（万元）

四、源泉扣缴税款的计算

（一）扣缴义务人与扣缴范围的确定

扣缴义务人是指以所得支付人为扣缴义务人，在每次支付或者到期应支付时，从支付或者到期应支付的款项中代为扣缴税款的做法。在企业所得税中将这种做法称为预提所得税。

支付人，是指依照有关法律规定或者合同约定对非居民企业直接负有支付相关款项义务的单位或者个人。

支付，包括现金支付、汇拨支付、转账支付和权益兑价支付等货币支付和非货币支付。

到期应支付的款项，是指支付人按照权责发生制原则应当计入相关成本、费用的应付款项。

非居民企业在中国境内未设立机构、场所的，或者虽设立机构、场所但取得的所得与其所设机构、场所没有实际联系的，应当就其来源于中国境内的所得缴纳企业所得税。

对非居民企业在中国境内取得工程作业和劳务所得应缴纳的所得税，税务机关可以指定工程价款或者劳务费的支付人为扣缴义务人。具体包括：

1. 预计工程作业或者提供劳务期限不足一个纳税年度，且有证据表明不履行纳税义务的；
2. 没有办理税务登记或者临时税务登记，且未委托中国境内的代理人履行纳税义务的；
3. 未按照规定期限办理企业所得税纳税申报或者预缴申报的。

县级以上税务机关指定扣缴义务人时，应同时告知扣缴义务人所扣税款的计算依据、计算方法、扣缴期限和扣缴方式。

（二）源泉扣缴税款的计算方法

非居民企业在中国境内未设立机构、场所的，或者虽设立机构、场所但取得的所得与其所设机构、场所没有实际联系的，应当就其来源于中国境内的所得缴纳企业所得税，称为预提所得税，预提所得税的税率为20%，减按10%的税率征收企业所得税。非居民企业取得上述所得，按照下列方法计算其应纳税所得额：

1. 股息、红利等权益性投资收益和利息、租金、特许权使用费所得，以收入全额（指非居民企业向支付人收取的全部价款和价外费用）为应纳税所得额，不得扣除税法规定之外的税费支出；

2. 转让财产所得，以收入全额减除财产净值后的余额为应纳税所得额；

3. 其他所得，参照前两项规定的方法计算应纳税所得额。

计算公式为：

扣缴企业所得税应纳税额 = 应纳税所得额 × 实际征收率

实际征收率是指企业所得税法及其实施条例等相关法律法规规定的税率，或者税收协定规定的更低的税率。

【例 7 – 6】 某非居民企业在中国境内未设立机构、场所，2009 年将一项专利给中国一企业使用，中国企业支付专利费 200 万元，中国企业应源泉扣缴的税额 = 200（1 – 5%）× 10% = 19（万元），式中 5% 为允许扣除的营业税。

（三）源泉扣缴的申报缴纳

税法规定应当扣缴的所得税，扣缴义务人未依法扣缴或者无法履行扣缴义务的，由纳税人在所得发生地缴纳。纳税人未依法缴纳的，税务机关可以从该纳税人在中国境内其他收入项目的支付人应付的款项中，追缴该纳税人的应纳税款。

扣缴义务人每次代扣的税款，应当自代扣之日起 7 日内缴入国库，并向所在地的税务机关报送扣缴企业所得税报告表。

第四节　企业所得税的缴纳和会计处理

一、纳税年度

纳税年度一般为公历年度，即公历 1 月 1 日至 12 月 31 日为一个纳税年度。纳税人在一个纳税年度的中间开业，或由于合并、关闭等原因，使该纳税年度的实际经营期不足 12 个月的，以其实际经营期为一个纳税年度。纳税人破产清算时，以清算期间为一个纳税年度。

二、税款的缴纳期限和缴纳办法

企业所得税按年计算，分月或分季预缴，年终汇算清缴，多退少补。

企业在纳税年度内无论盈利或者亏损，都应当依照企业所得税法规定的期限，向税务机关报送预缴企业所得税纳税申报表、年度企业所得税纳税申报表、财务会计报告和税务机关规定应当报送的其他有关资料。

企业分月或者分季预缴企业所得税时，应当按照月度或者季度的实际利润额预缴；按照月度或者季度的实际利润额预缴有困难的，可以按照上一纳税年度应纳税所得额的月度或者季度平均额预缴，或者按照经税务机关认可的其他方法预缴。预缴方法一经确定，该纳税年度内不得随意变更。

企业应当自月份或者季度终了之日起 15 日内，向税务机关报送预缴企业所得税纳税申报表，预缴税款。

企业应当自年度终了之日起 5 个月内，向税务机关报送年度企业所得税纳税申报表，并汇算清缴，结清应缴应退税款。

企业在报送企业所得税纳税申报表时，应当按照规定附送财务会计报告和其他有关资料。

企业在年度中间终止经营活动的，应当自实际经营终止之日起六十日内，向税务机关办理当期企业所得税汇算清缴。

企业应当在办理注销登记前，就其清算所得向税务机关申报并依法缴纳企业所得税。

依法缴纳的企业所得税，以人民币计算。所得以人民币以外的货币计算的，应当折合成人民币计算并缴纳税款。

企业所得以人民币以外的货币计算的，预缴企业所得税时，应当按照月度或者季度最后一日的人民币汇率中间价，折合成人民币计算应纳税所得额。年度终了汇算清缴时，对已经按照月度或者季度预缴税款的，不再重新折合计算，只就该纳税年度内未缴纳企业所得税的部分，按照纳税年度最后一日的人民币汇率中间价，折合成人民币计算应纳税所得额。

经税务机关检查确认，企业少计或者多计前款规定的所得的，应当按照检查确认补税或者退税时的上一个月最后一日的人民币汇率中间价，将少计或者多计的所得折合成人民币计算应纳税所得额，再计算应补缴或者应退的税款。

三、纳税地点

除税收法律、行政法规另有规定外，居民企业以企业登记注册地为纳税地点；但登记注册地在境外的，以实际管理机构所在地为纳税地点。

居民企业在中国境内设立不具有法人资格的营业机构的，应当汇总计算并缴纳企业所得税。

在中国境内设立机构、场所的非居民企业取得的所得，以机构、场所所在地为纳税地点。非居民企业在中国境内设立两个或者两个以上机构、场所的，经税务机关审核批准，可以选择由其主要机构、场所汇总缴纳企业所得税。

非居民企业在中国境内未设立机构、场所的，或者虽设立机构、场所但取得的所得与其所设机构、场所没有实际联系的，以扣缴义务人所在地为纳税地点。

四、企业所得税的会计处理

1. 企业按照税法规定计算应交的所得税，借记“所得税费用”科目，贷记“应交税费——应交所得税”。

2. 实际缴纳的企业所得税，借记“应交税费——应交所得税”，贷记“银行存款”等科目。

3. 月末结转损益类账户时，将所得税费用转入本年利润账户，借记“本年利润”，贷记“所得税费用”科目。

第8章 个人所得税

个人所得税是世界各国普遍征收的一种税。1980 年 9 月 10 日第五届全国人民代表大会第三次会议通过了《中华人民共和国个人所得税法》，并同时公布实施。1993 年 10 月 31 日，第八届全国人民代表大会常务委员会第四次会议审议通过了重新修订的《中华人民共和国个人所得税法》，于 1994 年 1 月 1 日起施行，废除了城乡个体工商业户所得税和个人收入调节税，统一了我国境内所有自然人应税所得的征税。1999 年 8 月 30 日、2005 年 10 月 27 日、2007 年 6 月 29 日、2007 年 12 月 29 日，全国人民代表大会常务委员会对该法作了四次修订。

第一节　个人所得税的含义与内容

一、个人所得税的含义与特点

个人所得税是对个人（自然人）取得的应纳税所得征收的一种税。征收个人所得税，对促进社会主义市场经济体制的健康发展，扩大对外开放，缓解社会分配不公以及维护国家权益等方面具有重要的意义。

我国个人所得税有如下特点：一是实行分项定率、分项扣除、分项征收。即根据列举的应税所得项目分别规定各自的费用扣除标准和适用税率，分别计税。二是税率、费用扣除标准和计税时间的多样化。即根据各项应税所得的不同特点，在税率上分别规定了不同的超额累进税率、比例税率以及加征和减征办法；在费用扣除上，分别采取定额扣除、附加减除费用、定额与定率相结合扣除、减除成本、费用、损失、财产原值以及不减除费用等多种标准；在计税时间上，分别规定按次、按月或按年计征、分期预缴、年终汇算清缴等多种办法。

二、个人所得税税制的主要内容

（一）纳税人

个人所得税的纳税人包括中国公民、个体工商业户（包括内资的个人独资、合伙性质的企业）以及在中国境内有所得的外籍人员（包括无国籍人员）、华侨和香港、澳门、台湾同胞。

按照国际通行做法，纳税人按在我国境内有无住所和居住时间的长短，分为居民纳税人和非居民纳税人，分别承担不同的纳税义务。

1. 居民纳税人。凡在我国境内有住所，或者无住所而在境内居住满一年并负有纳税义务的个人，为居民纳税人。所谓“居民”，是指在我国境内长期或永久居住，并受我国法律保护和管辖的自然人。具体包括：（1）居住在中国境内、拥有中国国籍的中国公民。（2）在我国境内有住所的外籍人员。（3）在我国境内无住所，但在境内居住满一年的外籍人员和没有户籍的中国公民。

上面所说在中国境内有住所的个人，是指因户籍、家庭和经济利益关系而在中国境内习惯性居住的个人。习惯性居住，是判定纳税人是居民或非居民的一个法律意义上的标准，而不是指实际居住或在某一个特定时期内的居住地。比如因学习、工作、探亲、旅游等而在中国境外居住，但在这些原因消除之后，必须回到中国境内居住的个人，中国就是他习惯性居住地。在中国境内居住满一年，是指在一个纳税年度中在中国境内居住 365 日。而在这一个纳税年度中，因公出差、探亲、休假而离境，一次离境不超过 30 日，或多次离境累计不超过 90 日的，属于临时离境，仍计算居住时间，不扣减日数。

凡属于我国居民纳税人，须对我国政府承担无限的纳税义务，原则上对其从我国境内和境外取得的所得都要征税，但在维护国家权益的前提下，贯彻从宽从简的原则，又具体区分为两种情况：（1）在中国境内无住所，但在境内居住满 1 年以上 5 年以下的个人，从中国境内取得的所得全额纳税，对其来源于我国境外的所得，经主管税务机关批准，可只就由我国境内公司、企业以及其他经济组织和个人支付的部分缴纳个人所得税；（2）对居住满 5 年的个人，从第 6 年起，应就其来源于中国境内和境外的全部所得纳税。

2. 非居民纳税人。凡在我国境内无住所又不居住，或者无住所而在境内居住不满 1 年而有来源于我国境内所得的个人，为非居民纳税人。

非居民纳税人对我国政府负有有限的纳税义务，只就其从我国境内取得的所得征税。但在一个纳税年度中在我国境内连续或累计居住不超过 90 天的个人，其来源于我国境内的所得，是由境外雇主支付并且不由该雇主在我国境内的机构、场所负担的部分，免予缴纳个人所得税。

提示：我国居民不仅包括“中国人”，也包括符合居民条件的外国人。

从中国境内取得的所得，是指来源于中国境内的所得；从中国境外取得的所得，是指来源于中国境外的所得。下列所得，不论支付地点是否在中国境内，均为来源于中国境内的所得：

（1）因任职、受雇、履约等而在中国境内提供劳务取得的所得；

（2）将财产出租给承租人在中国境内使用而取得的所得；

（3）转让中国境内的建筑物、土地使用权等财产或者在中国境内转让其他财产取得的所得；

（4）许可各种特许权在中国境内使用而取得的所得；

（5）从中国境内的公司、企业以及其他经济组织或者个人取得的利息、股息、红利所得。

（二）征税项目

个人所得税的征税对象是个人取得的各项应纳税所得额。我国实行分类所得税制，采取简便的列举项目征税。征税项目有：

1. 工资、薪金所得。指个人因任职或受雇而取得的工资、薪金 、奖金、年终加薪、劳动分红、津贴、补贴以及与任职、受雇有关的其他所得。

2. 个体工商户的生产、经营所得。包括：（1）个体工商户或个人从事工业、手工业、建筑业、交通运输业、饮食业、服务业、修理业及其他行业取得的所得；（2）个人经政府有关部门批准从事的办学、医疗、咨询以及其他有偿服务活动取得的所得；（3）其他个人取得与生产、经营有关的各项应税所得；（4）上述个体工商户和个人取得的与生产、经营有关的各项应税所得。

依照《中华人民共和国个人独资企业法》和《中华人民共和国合伙企业法》登记成立的个人独资企业、合伙企业的投资者，依照《中华人民共和国私营企业法》登记成立的独资、合伙性质的私营企业的投资者，依照《中华人民共和国律师法》登记成立的合伙律师事务所的投资者、经政府有关部门依照法律法规批准的负有无限责任和无限连带责任的其他个人独资企业、个人合伙性质的机构或组织的投资者，所取得的生产经营所得，参照个体工商户的生产经营所得项目征税。

个体工商户和从事生产、经营的个人，取得与生产、经营活动无关的其他各项应税所得，分别适用各应税项目的规定计征个人所得税。

3. 对企事业单位的承包经营、承租经营所得。即个人承包经营或承租经营企业、事业单位取得的所得，以及转包、转租取得的所得，其中包括纳税人按月或按次领取的工资、薪金性质的所得。

但下列情况例外：（1）承包、承租人对企业经营成果不拥有所有权，仅是按合同（协议）规定取得一定所得的，其所得按工资、薪金所得项目征税。（2）企业实行个人承包、承租经营后，如工商登记改变为个体工商户的，其所得按个体工商户的生产、经营所得项目征税（不再征收企业所得税）。(3) 从事建筑安装业（包括建筑、安装、修缮、装饰及其他工程作业）的工程承包人、个体户及其他个人：①经营成果归承包人个人所有的所得，或按照承包合同（协议）规定，将一部分经营成果留归承包人个人的所得，按本项目征税，而其他分配方式取得的所得，按工资、薪金所得项目征税；②从事建筑安装业的个体户和未领取营业执照承揽建筑业工程作业的建筑安装队和个人，以及建筑安装业实行承包后工商登记改变为个体经济性质的，其从事建筑安装业取得的收入，按照个体工商户的生产、经营所得项目征税；③从事建筑安装业工程作业的其他人员取得的所得，分别按照工资、薪金所得项目和劳务报酬所得项目征税。

4. 劳务报酬所得。指个人从事设计、装潢、安装、制图 、化验、测试、医疗、法律、会计、咨询、讲学、新闻、广播、翻译、审稿、书画、雕刻、影视、录音、录像、各种演出与表演展览、技术服务、介绍服务、经纪服务、代办服务以及其他劳务取得的所得。

劳务报酬是指个人独立劳动取得报酬，而工资、薪金所得则是个人由于受雇而取得的非独立劳动报酬，个人来自聘用、雇用或本人所在的单位领取的报酬即为工资、薪金所得，反之即为劳务报酬所得，如教师在本人所在学校领取工资、奖金和课酬等为工资、薪金所得，教师在校外教授课程取得课酬、辅导费等为劳务报酬所得。

5. 稿酬所得。指个人因其作品以图书、报刊形式出版、发表而取得的所得。作者去世后，对取得其遗作的稿酬的个人，也按此项目征税。

6. 特许权使用费所得。指个人提供或转让专利权、著作权、商标权、专有技术使用权以及其他特许权利取得的所得。这里所说的提供或转让著作权的所得不包括稿酬所得。作者将自己的文字作品手稿原件或复印件公开拍卖（竞卖）取得的所得，均属于特许权使用费所得。

7. 财产租赁所得。指个人出租建筑物、土地使用权、机器设备、车船以及其他财产取得的所得。财产租赁所得纳税人的确定，以产权凭证为依据。无产权凭证的，由主管税务机关根据实际情况确定。产权所有人死亡，在未办理产权继承手续期间，该财产出租而有租金收入的，以领取租金的个人为纳税人。

个人将承租房屋转租取得的租金收入，应按“财产租赁所得”项目计算缴纳个人所得税。

8. 财产转让所得。指个人转让有价证券、股权、建筑物、机器设备、土地使用权、电气设备、车船以及其他财产取得的所得。但目前对股票转让所得，暂不征收个人所得税。

对企业在改制为股份合作制企业时，对职工个人以股份形式取得的拥有所有权的企业量化资产，暂缓征税；待个人将股份转让时，再按本项目征税。

自 2010 年 1 月 1 日起，对个人转让限售股取得的所得，按照“财产转让所得”办理。限售股包括：上市公司股权分置改革完成后股票复牌日之前股东所持原非流通股股份，以及股票复牌日至解禁日期间由上述股份孳生的送、转股（以下统称股改限售股）；2006 年股权分置改革新老划断后，首次公开发行股票并上市的公司形成的限售股，以及上市首日至解禁日期间由上述股份孳生的送、转股（以下统称新股限售股）；财政部、税务总局、法制办和证监会共同确定的其他限售股。

对个人出售自有住房取得的所得按照本项目征税。但对个人出售自有住房并拟在现住房出售后 1 年内按市场价重新购房的纳税人，其出售现住房所应缴纳的个人所得税，视其重新购房的价值可全部或部分予以免税。

个人通过网络收购玩家的虚拟货币，加价后向他人出售取得的收入，应按照“财产转让所得”项目计算缴纳个人所得税。个人销售虚拟货币的财产原值为其收购网络虚拟货币所支付的价款和相关税费。对于个人不能提供有关财产原值凭证的，由主管税务机关核定其财产原值。

9. 利息、股息、红利所得。指个人拥有债权、股权而取得的利息、股息、红利所得。

10. 偶然所得。指个人得奖、中奖、中彩以及其他偶然性质的所得。

11. 经国务院财政部门确定征税的其他所得。

个人无偿受赠房屋符合以下情形的，对当事双方不征收个人所得税：房屋产权所有人将房屋产权无偿赠与配偶、父母、子女、祖父母、外祖父母、孙子女、外孙子女、兄弟姐妹；房屋产权所有人将房屋产权无偿赠与对其承担直接抚养或者赡养义务的抚养人或者赡养人；房屋产权所有人死亡，依法取得房屋产权的法定继承人、遗嘱继承人或者受遗赠人。除以上情形以外，房屋产权所有人将房屋产权无偿赠与他人的，受赠人因无偿受赠房屋取得的受赠所得，按照“其他所得”项目计税。

纳税人取得的所得难以界定应纳税所得项目的，由主管税务机关确定。

（三）所得来源地的认定

来源于我国境内所得，不以款项的支付地为准，也不以取得所得的人是否在中国境内居住为准，而是按以下标准认定：

1. 工资、薪金所得，以纳税人任职、受聘单位的所在地为所得来源地。由此因任职、受雇、履约等而在我国境内，提供劳务的所得，为来源于我国境内的所得。例如，外国公司、企业派出在华常驻人员，或派出雇员为该公司承包的中国境内一工程项目提供劳务，不论其在华时间长短，而且即使其工资、薪金全部或一部分是由雇主在中国境外支付的，均属于来源于我国境内的所得。

2. 生产经营所得，以生产、经营活动实现地为来源所在地。

3. 劳务报酬所得，以纳税人实际提供劳务的地点为所得来源地。在中国境内以图书、报刊方式出版、发表作品取得的稿酬所得，为来源于我国境内所得。

4. 财产租赁所得，以被租赁财产地使用地为来源地。因此，将财产出租，由承租人在中国境内使用取得的所得，为来源于我国境内所得。

5. 不动产转让所得，以不动产的坐落地为来源地。转让中国境内的房屋、建筑物、土地使用权等财产，以及在我国境内转让其他财产取得的所得，均为来源于我国境内所得。

6. 特许权使用费所得，以特许权使用地为所得来源地。提供在我国境内使用的各种特许权取得的所得，为来源于我国境内所得。

7. 利息、股息、红利所得，以支付的企业单位的所在地为来源地。从中国境内的公司、企业或其他经济组织以及个人取得的利息、股息、红利所得，为来源于我国境内所得。

8. 偶然所得，以所得的产生地为来源地。

（四）税率

我国的个人所得税实行分项定率征收，即对不同性质的所得分别规定了分项扣除的规定和分项征收的税率，税率分别为九级超额累进税率、五级超额累进税率和20%的比例税率三种，具体规定如下：

1. 工资、薪金所得，适用5% ~45%的九级超额累进税率，见表8－1。

表8－1 个人所得税税率表

（适用工资、薪金所得）

级数	含税级距	不含税级距	税率（%）	速算扣除数（元）
1	不超过500元的部分	不超过475元的部分	5	0
2	超过500元至2 000元的部分	超过475元至1 825元的部分	10	25
3	超过2 000元至5 000元的部分	超过1 825元至4 375元的部分	15	125
4	超过5 000元至20 000元的部分	超过4 375元至16 375元的部分	20	375
5	超过20 000元至40 000元的部分	超过16 375元至31 375元的部分	25	1 375
6	超过40 000元至60 000元的部分	超过31 375元至45 375元的部分	30	3 375

续表

级数	含税级距	不含税级距	税率（%）	速算扣除数（元）
7	超过 60 000 元至 80 000 元的部分	超过 45 375 元至 58 375 元的部分	35	6 375
8	超过 80 000 元至 100 000 元的部分	超过 58 375 元至 70 375 元的部分	40	10 375
9	超过 100 000 元的部分	超过 70 375 元的部分	45	15 375

注：1. 表中的含税级距与不含税级距，均按照税法规定减除费用 2 000 元后的应纳税所得额。

2. 含税级距适用于由纳税人负担税款的工资、薪金所得；不含税级距适用于由他人（单位）代付税款的工资、薪金所得。

3. 如前所述，对企业单位承包、承租经营的个人，及企业经营成果不拥有所有权，仅按合同（协议）规定取得一定所得的，也适用此税率表计税。

2. 个体工商户的生产、经营所得和对企事业单位的承包经营、承租经营所得，适用五级超额累进税率，税率为 5% ~35%。见表 8 – 2。

表 8 – 2　　个人所得税税率表

（个体工商业户的生产、经营所得和对企事业单位的承包经营、承租经营所得适用）

级数	全年应纳税所得额	税率（%）	速算扣除数（元）
1	不超过 5 000 元的部分	5	0
2	超过 5 000 元至 10 000 元的部分	10	250
3	超过 10 000 元至 30 000 元的部分	20	1 250
4	超过 30 000 元至 50 000 元的部分	30	4 250
5	超过 50 000 元的部分	35	6 750

（注：本表所称全年应纳税所得额是指依照税法的规定，以每一纳税年度的收入总额，扣除成本、费用、税金以及损失后的余额。）

3. 稿酬所得，劳务报酬所得，特许权使用费所得，利息、股息、红利所得，财产租赁所得，财产转让所得，偶然所得和其他所得，均适用 20% 的比例税率。在此基础上有下列加成和减征的规定：

（1）稿酬所得，按 20% 税率计税后按应纳所得税额减征 30%。

（2）对劳务报酬所得一次收入畸高的，即一次取得劳务报酬的应纳税所得额超过 2 万元的，实行加成征收。具体办法为，应纳税所得额一次超过 2 万元至 5 万元的部分，按 20% 比例税率计算应纳税额后，再按照应纳税额加征 5 成；超过 5 万元的部分，加征 10 成。

加成实际是税率的延伸，因此，为便于计算，可据此简化为三级超额率进税率（见表 8 – 3）。

表 8 – 3　　个人所得税税率加成计算速算表

级数	含税级距	不含税级距	税率（%）	速算扣除数（元）
1	不超过 20 000 元的部分	不超过 16 000 元的部分	20	0
2	超过 20 000 元至 50 000 元的部分	超过 16 000 元至 37 000 元的部分	30	2 000
3	超过 50 000 元的部分	超过 37 000 元的部分	40	7 000

注：1. 表中的含税级距与不含税级距，均为按税法规定减除费用后的应纳税所得额。

2. 含税级距适用于由纳税人负担税款的劳务报酬所得；不含税级距适用于由他人（单位）代付税款的劳务报酬所得。

（3）自2001年1月1日起，对个人出租房屋取得的所得暂减按10%的税率征收个人所得税。

（五）减免税收优惠

1. 下列各项个人所得免税：

（1）省级人民政府、国务院部委和中国人民解放军军级以上单位，以及外国组织、国际组织颁发的科学、技术、文化、卫生、体育、环境保护等方面的奖金。

（2）国债和国家发行的金融债券的利息。国债利息是指个人持有中华人民共和国财政部发行的债券取得的利息所得；国家发行的金融债券利息，是指个人持有经国务院批准发行的金融债券取得的利息所得。

（3）按国务院规定标准发给的政府特殊津贴和按国务院统一规定标准发给的补贴、津贴。如按国务院统一规定标准发给独生子女补贴、托儿补贴费、差旅费、误餐费、住房补贴、通讯费、执行公务员工资制度未纳入基本工资总额的补贴、津贴差额和家庭成员的副食补贴等。

（4）根据国家有关规定，从企业、事业单位、国家机关、社会团体提留的福利基金或工会经费中支付给个人的生活补助费等；国家民政部门支付给个人的生活困难补助费（即救济金）以及抚恤金。

（5）军人的转业费、复员费。

（6）按照国家统一规定发给干部、职工的安家费、退职费、退休工资、离休工资、离休生活补助费。

（7）保险赔款。

（8）依照我国有关法律规定应予免税的各国驻华使馆、领事馆的外交代表、领事馆员和其他人员的所得。

（9）中国政府参加的国际公约、签订的协议中规定免税的所得。

（10）经国务院财政部门批准免税的其他所得。

2. 下列所得，暂免征个人所得税：

（1）外籍个人以非现金形式或实报实销形式取得的住房补贴、伙食补贴、搬迁费、洗衣费。

（2）外籍个人按合理标准取得的境内、境外出差补贴。

（3）外籍个人取得的探亲费、语言训练费、子女教育费等，经当地税务机关审核批准的部分。

（4）外籍个人从外商投资企业取得的股息、红利所得。

（5）符合下列条件之一的外籍专家取得的工资、薪金所得，可免征个人所得税：①根据世界银行专项贷款协议由世界银行直接派往我国工作的外国专家；②联合国组织直接派往我国工作的专家；③为联合国援助项目来华工作的专家；④援助国派往我国专为该国援助项目工作的专家；⑤根据两国政府签订的文化交流项目来华工作两年以内的文教专家，其工资、薪金所得由该国负担的；⑥根据我国大专院校国际交流项目来华工作两年以内的文教专家，其工资、薪金所得由该国负担的；⑦通过民间科研协定来华工作的专家，其工资、薪金所得由该国政府机构负担的。

（6）个人举报、协查各种违法、犯罪行为而获得的奖金。

（7）个人办理代扣代缴手续，按规定取得的扣缴手续费。

（8）个人转让自用达5年以上、并且是唯一的家庭生活用房取得的所得。

（9）对个人购买福利彩票、体育彩票，一次中奖收入在1万元以下的（含1万元）暂免征税，超过1万元的全额征税。

（10）达到离休、退休年龄，但确因工作需要，适当延长离休、退休年龄的高级专家（指享受国家发放的政府特殊津贴的专家、学者），其在延长离休、退休期间的工资、薪金所得，视同离休、退休工资免征个人所得税。

（11）对国有企业职工，因企业依照《中华人民共和国企业破产法（试行）》，从破产企业取得的一次性安置费收入，免征个人所得税。

（12）国营企业职工与企业解除劳动合同取得的一次性补偿收入，在当地上年企业职工年平均工资3倍数额内，免征个人所得税。

（13）城镇企事业单位及其职工个人按照国家有关法规规定的比例，实际缴付的失业保险基金、医疗保险基金、大病统筹基金、养老基金和住房公积金，均不计入职工个人当期的工资、薪金收入，免征个人所得税。

（14）具备规定条件领取或报销的失业保险金、医药费和住房公积金，免征个人所得税。

（15）下岗职工从事社区居民服务，对其取得的经营所得和劳务报酬所得，从事个体经营的自其领取税务登记证之日起、从事独立劳务服务的自其持下岗证明在当地主管税务机关备案之日起，3年内免征个人所得税；但第1年免税期满后由县以上主管税务机关就免税主体及其范围按规定逐年审核，符合条件的，可继续免征1～2年。

（16）个人领取原提存的住房公积金、医疗保险金、基本养老保险金，以及具备《失业保险条例》规定条件的失业人员领取的失业保险。

（17）个人取得的教育储蓄存款利息所得和按照国家或地方政府规定的比例缴付的住房公积金、医疗保险金、基本养老保险金、失业保险金存入银行个人账户所取得的利息所得。

（18）自2008年10月9日起，对储蓄存款利息所得暂免征收个人所得税。即储蓄存款在1999年10月31日前孳生的利息所得，不征收个人所得税；储蓄存款在1999年11月1日至2007年8月14日孳生的利息所得，按照20%的比例税率征收个人所得税；储蓄存款在2007年8月15日至2008年10月8日孳生的利息所得，按照5%的比例税率征收个人所得税；储蓄存款在2008年10月9日后（含10月9日）孳生的利息所得，暂免征收个人所得税。

（19）生育妇女按照县级以上人民政府根据国家有关规定制定的生育保险办法，取得的生育津贴、生育医疗费或其他属于生育保险性质的津贴、补贴，免征个人所得税。

3. 对下列特定纳税人和特殊情况，经省、自治区和直辖市人民政府批准可以减征个人所得税：（1）残疾、孤老人员和烈属的所得；（2）因严重自然灾害造成重大损失的；（3）其他经国务院财政部门批准减税的。

第二节　个人所得税的计算

一、应纳税所得额的确定

个人所得税的计税依据为应纳税所得额，即以纳税人各项应纳税收入，分别减除规定的费用扣除额后的余额为应纳税所得额。正确的计算应纳税所得额，是依法缴纳个人所得税的基础和前提。要正确计算应纳税所得额，首先是正确核实各项应纳税收入，然后再按照规定分别进行费用扣除。

（一）应税收入额的确定

纳税人取得的应纳税收入额，包括现金、实物和有价证券。纳税人取得的应纳税所得额为非现金时，按下列规定确定应纳税所得额：

1. 所得为实物的，应当按照取得所得的凭证上注明的价格计算应纳税所得额。无凭证的实物或者凭证上所注明的价格明显偏低的，由主管税务机关参照当地的市场价格核定应纳税所得额。

2. 所得为有价证券的，由主管税务机关根据票面价格和市场价格核定应纳税所得额。

3. 从事生产、经营的纳税人未提供完整、准确的纳税资料，不能正确计算应纳税所得额的，由主管税务机关核定其应纳税所得额。

各项应税所得的计算，以人民币为单位。所得为外国货币的，按照填开完税凭证的上一个月最后一日中国人民银行公布的外汇牌价，折合人民币计算。依照税法规定，在年度终了后汇算清缴的，对已按月或按次预缴税款的外国货币所得，不再重新折算；对应补缴税款的所得部分，按上一纳税年度最后一日中国人民银行公布的外汇牌价，折合人民币计算。

（二）费用扣除额的确定

所得税是针对纳税人纯收入（净收入）征收的，因此须从纳税人的毛收入中减除一定的费用，主要有两部分：一部分是纳税人本人及其赡养家庭的费用，称为生计费用；一部分是年收入中为取得收入而支付的费用。我国个人所得税实行分类所得税制，因此采取分项计算费用减除的办法。各项应税所得项目的减除费用标准为：

1. 工资、薪金所得，以每月收入额定额减除 2 000 元费用后的余额，为应纳税所得额。

但对下列人员的工资、薪金所得，在每月扣除 2 000 元费用的基础上，再减 2 800 元的附加扣除费用后的余额为应纳税所得额：（1）在中国境内的外商投资企业和外国企业中工作的外籍人员；（2）应聘在中国境内的企业、事业单位、社会团体、国家机关中工作的外籍专家；（3）在中国境内有住所而在中国境外任职或受雇取得的工资、薪金所得的个人；（4）远洋运输船员。华侨和香港、澳门、台湾同胞的费用扣除，参照这些规定执行。

2. 个体工商户的生产、经营所得，凡实行查账征收的，以每一纳税年度的收入总额，扣除成本、费用、损失以及准予扣除的税金后的余额，为应纳税所得额。计算公式为：

应纳税所得额 = 收入总额 −（成本 + 费用 + 损失 + 准予扣除的税金）

收入总额是指个体户从事生产经营以及与生产经营有关的活动所取得的各项收入，包括商品（产品）销售收入、营运收入、劳务服务收入、工程价款收入、财产出租或转让收入、利息收入、其他业务收入和营业外收入。各项收入按权责发生制原则确定。

成本费用，是指纳税人从事生产、经营所发生的各项直接支出和分配计入成本的间接费用及销售费用、管理费用、财务费用。其中：

（1）个体工商户业主、个人独资企业和合伙企业投资者本人的费用扣除标准统一确定为 24 000 元/年（2 000 元/月），向其从业人员实际支付的合理的工资、薪金支出，允许在税前据实扣除；个体工商户、个人独资企业和合伙企业拨缴的工会经费、发生的职工福利费、职工教育经费支出分别在工资薪金总额 2%、14%、2.5% 的标准内据实扣除。

（2）生产经营过程的借款利息，未超过按中国人民银行规定的同类、定期贷款利率计算的数额部分准予扣除。

（3）发生的与生产经营有关的财产保险、运输保险及从业人员的养老、医疗和其他保险费用支出，按国家有关规定的标准计算扣除。

（4）按规定缴纳的工商管理费、个体劳动者协会会费、摊位费，用实际发生数扣除；缴纳的其他规费，其扣除项目和标准，由有关省级地方税务局确定。

（5）个体工商户、个人独资企业和合伙企业每一纳税年度发生的与其生产经营业务直接相关的业务招待费支出，按照发生额的 60% 扣除，但最高不得超过当年销售（营业）收入的 5‰。

（6）个体工商户、个人独资企业和合伙企业每一纳税年度发生的广告费和业务宣传费用不超过当年销售（营业）收入 15% 的部分，可据实扣除；超过部分，准予在以后纳税年度结转扣除。

（7）发生的与生产经营有关的无法收回的账款（包括应债务人破产或死亡，以及其破产财产或遗产清缴后仍不能收回，或应在五日逾期未履行还债义务超过 3 年仍不能收回的应收账款），须提供有效证明，报主管税务机关审核后，用实际发生数扣除。已扣除的账款在以后年度收回时，直接作收入处理。

（8）发生的与生产经营有关的修理费用，可据实扣除。购入的低值易耗品支出，原则上一次推销；但一次购入价值较大的，须分期摊销。

（9）下列支出不得扣除：资本性支出，包括为购置和建造固定资产、无形资产及其他资产的支出，对外投资的支出；被没收的财物、支付的罚款；缴纳的个人所得税、固定资产投资方向调节税，以及各种税收的滞纳金、罚款和罚金；各种赞助支出；自然灾害或意外事故损失有赔偿的部分；分给投资者的股利；用于个人和家庭的支出，包括个体户业主的工资（个体户在生产经营过程中发生与家庭生活混用的费用，由主管税务机关核定分摊比例计算）；与生产经营无关的其他支出；国家税务总局规定标准扣除的其他支出。

（10）生产经营过程中使用的期限超过一年且单位价值在 1 000 元以上的房屋、建筑物、机器、设备、运输工具及其他与生产经营有关的设备、工器具等为固定资产。各项固定资产的税务处理与企业所得税相同。

（11）个体户研究开发新产品、新技术、新工艺所发生的开发费用，以及研究开发新产品、新技术而购置单台价值在 5 万元以下的测试仪器和试验性装置，准予扣除；单台价值在

5 万元以上的测试仪器和试验性装置，以及购置费达到固定资产标准的其他设备，按固定资产处理。

损失是指纳税人在生产、经营过程中发生的各项营业外支出，包括固定资产盘亏、报废、毁损和出售的净损失，自然灾害或意外事故损失，赔偿金、违约金、公益性救济性捐赠（计税时限定条件扣除）等。

税金是指纳税人按规定已缴纳的消费税、营业税、城市维护建设税、资源税、土地增值税、土地使用税、房产税、车船使用税、印花税、耕地占用税以及教育费附加。

个体户的年度经营亏损，经申报主管税务机关审核后，允许用下一年的经营所得弥补，延续弥补期限最长不得超过 5 年。

3. 对企事业单位的承包经营、承租经营所得，以每一纳税年度的收入总额扣除必要费用后的余额，为应纳税所得额。企业实行个人承包、承租经营后，如果工商登记仍为企业的，不管其分配方式如何，均应先按企业所得税的有关规定缴纳企业所得税，然后对承包、承租人所得征收个人所得税。按合同（协议）的规定只向发包、出租方交纳一定费用后，企业经营成果归其所有的，以每一纳税年度的收入总额，减除必要费用后的余额，为应纳税所得。其中，每一纳税年度的收入总额，是指纳税人按照承包、承租经营合同规定分得的经营利润和工资、薪金性质的收入；减除必要费用，是指按月减除 2 000 元。

承包、承租经营，不能提供完整、准确的纳税资料正确计算应纳税所得额的，由主管税务机关核定其应纳税所得额。

4. 劳务报酬所得、稿酬所得，每次收入不超过 4 000 元，定额扣除费用 800 元，每次收入在 4 000 元以上的，定率扣除 20% 的费用，其余额为应纳税所得额。

其中所说的每次收入是指：

（1）劳务报酬所得，只有一次性收入的，以取得该项收入为一次；属于同一事（物）连续性收入的，以一个月内取得的收入为一次。

（2）稿酬所得，以每次出版、发表取得的收入为一次。每次以图书、报刊方式出版、发表同一作品（文字作品、书画作品、摄影作品及其他作品），不论出版单位是预付还是分笔支付稿酬，或者加印该作品再付稿酬，均应合并其稿酬所得按一次计征；在两处或两处以上出版、发表或者再版同一作品而取得稿酬，则可分别各处取得的所得或再版所得分次计征；个人同一作品在报刊上连载，按合并其因连载而取得的所有稿酬为一次；在其连载之后又出书取得的稿酬，或先出书后连载取得的稿酬，则视同再版稿酬分次计征。

5. 特许权使用费所得，每次收入不超过 4 000 元，定额扣除费用 800 元，每次收入在 4 000元以上的，定率扣除 20% 的费用，其余额为应纳税所得额。对个人从事技术转让中所支付的中介费用，若能够提供有效合法凭证，允许从其所得中扣除。

特许权使用费所得，以实现使用权或所有权的转移所取得的收入为一次。

6. 财产租赁所得，每次收入不超过 4 000 元，定额扣除费用 800 元，每次收入在 4 000 元以上的，定率扣除 20% 的费用。在出租财产过程中缴纳的税金和教育费附加及修缮费用在规定标准内的准予扣除，其余额为应纳税所得额。

准予扣除的修缮费用是指纳税人能够提供有效、准确凭证，证明由纳税人负担的该出租财产实际开支的修缮费用。允许扣除的修缮费用，以每次 800 元为限，一次扣除不完的，准予下次继续扣除，直至扣完为止。

财产租赁所得，以一个月内取得的收入为一次。

取得转租收入的个人向房屋出租方支付的租金，凭房屋租赁合同和合法支付凭据允许在计算个人所得税时，从该项转租收入中扣除。

有关财产租赁所得个人所得税前扣除税费的扣除次序为：财产租赁过程中缴纳的税费；向出租方支付的租金；由纳税人负担的租赁财产实际开支的修缮费用；税法规定的费用扣除标准。

7. 财产转让所得，以转让财产的收入额扣除财产原值和合理费用后的余额，为应纳税所得额。财产原值是指：（1）有价证券，为买入价和买进过程中按规定缴纳的有关费用；（2）建筑物，为建造费用或购进价格以及其他有关费用；（3）土地使用权，为取得的土地使用权所支付的金额、开发土地的费用以及其他有关费用；（4）机器设备与车船，为购进价格、运输费、安装费以及其他有关费用；（5）其他财产原值，参照以上方法确定。纳税义务人未提供完整、准确的财产原值凭证，不能正确计算财产原值的，由税务机关核定其财产原值。

合理费用是指在卖出财产过程中按规定支付的有关费用。

自 2010 年 1 月 1 日起，个人转让限售股，以每次限售股转让收入，减除股票原值和合理税费后的余额，为应纳税所得额。即：

应纳税所得额 = 限售股转让收入 -（限售股原值 + 合理税费）

限售股转让收入，是指转让限售股股票实际取得的收入。限售股原值，是指限售股买入时的买入价及按照规定缴纳的有关费用。合理税费，是指转让限售股过程中发生的印花税、佣金、过户费等与交易相关的税费。如果纳税人未能提供完整、真实的限售股原值凭证的，不能准确计算限售股原值的，主管税务机关一律按限售股转让收入的 15% 核定限售股原值及合理税费。

8. 利息、股息、红利所得和其他所得，以每次收入额为应纳税所得额，不作任何扣除。利息、股息、红利所得、其他所得每次收入为一次。

（三）特殊收支的税务处理

1. 个人将其所得通过我国境内非营利性的社会团体和国家机关向教育、卫生事业和遭受自然灾害地区、贫困地区的捐赠，未超过应纳税所得额 30% 的部分，可以从其应纳税所得额中扣除。

2. 自 2001 年 7 月 1 日起个人通过非营利性的社会团体和国家机关向红十字会、农村义务教育和公益性青少年活动场所的捐赠，在计算缴纳个人所得税时准予全额扣除。

3. 个人的所得（不含偶然所得、经国务院财政部门确定征税的其他所得）用于对非关联的科研机构和高等学校研究开发新产品、新技术、新工艺所发生的研究开发经费的资助，可以全额在下月（工资、薪金所得）或下次（按次计征的所得）或当年（按年计征的所得）计征个人所得税时，从应纳税所得额中扣除，不足抵扣的，不得结转抵扣。

4. 纳税人兼有税法所列多项应税所得的，应按项分别计算纳税。但是，纳税人在中国境内两处以上取得的工资、薪金所得或个体工商户的生产、经营所得的，同项所得应合并计算纳税。

二、应纳税额的计算

（一）工资薪金所得应纳税额的计算

工资、薪金所得应纳税额的计算公式：

应纳税所得额 = 每月工资、薪金所得 − 2 000 元

或 = 每月工资、薪金所得 − 2 000 元 − 2 800 元

应纳税额 = 应纳税所得额 × 税率 − 速算扣除数

1. 按月取得工资薪金应纳税额的计算。

【例 8－1】 某纳税人在甲单位每月应发工资 2 400 元，奖金 800 元，其中包括已扣缴的养老基金、失业保险基金等 100 元，另在乙单位兼职领取工资 1 000 元，其应纳税额的计算如下：

应税所得额 = 2 400 + 800 − 100 + 1 000 − 2 000 = 2 100（元）

应交个人所得税 = 2 100 × 15% − 125 = 190（元）

2. 对个人取得全年一次奖金计算征收个人所得税的计算。全年一次性奖金是指行政机关、企事业单位等扣缴义务人根据其全年经济效益和对雇员全年工作业绩的综合考核情况，向雇员发放的一次性奖金。一次性奖金也包括年终加薪、实行年薪制和绩效工资办法的单位根据考核情况兑现的年薪和绩效工资。

纳税人取得全年一次性奖金，单独作为一个月工资、薪金所得计算纳税，由扣缴义务人发放时代扣代缴：

（1）先将雇员当月内取得的全年一次性奖金，除以 12 个月，按其商数确定适用税率和速算扣除数。

如果在发放年终一次性奖金的当月，雇员当月工资薪金所得低于税法规定的费用扣除额，应将全年一次性奖金减除"雇员当月工资薪金所得与费用扣除额的差额"后的余额，按上述办法确定全年一次性奖金的适用税率和速算扣除数。

（2）将雇员个人当月内取得的全年一次性奖金，按上述第（1）项确定的适用税率和速算扣除数计算征税，计算公式如下：

①如果雇员当月工资薪金所得高于（或等于）税法规定的费用扣除额的，适用公式为：

应纳税额 = 雇员当月取得全年一次性奖金 × 适用税率 − 速算扣除数

②如果雇员当月工资薪金所得低于税法规定的费用扣除额的，适用公式为：

应纳税额 =（雇员当月取得全年一次性奖金 − 雇员当月工资薪金所得与费用扣除额的差额）× 适用税率 − 速算扣除数

（3）在一个纳税年度内，对每一个纳税人，该计税办法只允许采用一次。

（4）雇员取得除全年一次性奖金以外的其他各种名目奖金，如半年奖、季度奖、加班奖、先进奖、考勤奖等，一律与当月工资、薪金收入合并，按税法规定缴纳个人所得税。

【例 8－2】 李某 12 月除领取本月工资收入 2 400 元外，还取得全年一次性奖金 12 000 元。

李某 12 月应纳税额的计算过程如下：

第一步：计算 12 月工薪所得应纳的税额。

本月工薪收入应纳税额 =（2 400 − 2 000）× 5% − 0 = 20（元）

第二步：全年一次性奖金应纳的税额的计算。

月平均奖金 = 12 000 ÷ 12 = 1 000（元）

则：适用税率是 10% 速算扣除数是 25。

全年一次性奖金应纳税额 = 12 000 × 10% − 25

= 1 200 − 25 = 1 175（元）

第三步：李某12月应纳税额合计＝20＋1 175＝1 195（元）

假如，上例每月工薪收入为1 000元，一次性奖金不变。

李某本月应纳税额的计算过程如下：

工薪收入应纳税额＝12 000－（2 000－1 000）＝11 000（元）

月平均奖金＝11 000÷12＝916.67（元）

则：适用税率是10%，速算扣除数是25。

12月的工资及全年一次性奖金的应纳税额＝［12 000－（2 000－1 000）］×10%－25
＝1 075（元）

3. 企业年金的个人所得税计算。企业年金是指企业及其职工按照《企业年金试行办法》的规定，在依法参加基本养老保险的基础上，自愿建立的补充养老保险。对个人取得年金之外的其他补充养老保险收入，也应全额并入当月工资、薪金所得依法征收个人所得税。

企业年金的个人缴费部分，不得在个人当月工资、薪金计算个人所得税时扣除。企业年金的企业缴费计入个人账户的部分（以下简称企业缴费）是个人因任职或受雇而取得的所得，属于个人所得税应税收入，在计入个人账户时，应视为个人一个月的工资、薪金（不与正常工资、薪金合并），不扣除任何费用，按照"工资、薪金所得"项目计算当期应纳个人所得税款，并由企业在缴费时代扣代缴。

对企业按季度、半年或年度缴纳企业缴费的，在计税时不得还原至所属月份，均作为一个月的工资、薪金，不扣除任何费用，按照适用税率计算扣缴个人所得税。

【例8－3】 王某当月工资4 000元，个人实际缴纳的基本养老保险、基本医疗保险费和失业保险费、公积金920元和个人实际缴纳企业年金160元。王某所在企业为其缴纳年金160元。其应纳税额为：

应纳税额＝［（4 000－920－2 000）×10%－25］＋160×5%＝83＋8＝91（元）

4. 特定行业职工工薪所得应纳税额的计算。特定行业是指采掘业、远洋运输业、远洋捕捞业以及国务院财政、税务主管部门确定的其他行业。为了照顾采掘业、远洋运输业、远洋捕捞业因季节、产量等因素的影响，职工的工资、工薪收入呈现较大幅度波动的实际情况，对这三个特定行业的职工取得的工资、薪金所得，可按月预缴，年度终了后30日内，合计其全年工资、薪金所得，再按12个月平均并计算应纳的税款，多退少补。

【例8－4】 某煤矿采掘工人，某一纳税年度各月工资和税款预缴情况如表8－4所示。

表8－4　单位：元

月份	1	2	3	4	5	6	7	8	9	10	11	12	合计
工资收入	2 400	2 000	1 800	2 400	2 400	1 900	1 800	1 800	2 200	2 200	1 800	2 200	24 900
预缴税款	20	0	0	20	20	0	0	0	10	10	0	10	90

全年应纳税额＝［（24 900÷12－2 000）×5%－0］×12＝45（元）

年终应补（退）的税额＝45－90＝－45（元）

即应向纳税人退回税款45元。

5. 在外商投资企业、外国企业和外国驻华机构工作的中方人员工薪所得应纳税额的计算。在外商投资企业、外国企业和外国驻华机构工作的中方人员取得的工资、薪金收入，凡是由雇佣单位和派遣单位分别支付的，支付单位应按税法规定代扣代缴个人所得税。为了有利于征管，对雇佣单位和派遣单位分别支付工资、薪金的，采取由支付者中的一方减除费用的方法，即只由雇佣单位在支付工资、薪金时，按税法规定减除费用，计算扣缴个人所得税；派遣单位支付的工资、薪金不再减除费用，以支付金额直接确定适用税率，计算扣缴个人所得税。

上述纳税人，应持两处支付单位提供的原始明细工资、薪金单（书）和完税凭证原件，选择并固定到一地税务机关申报每月工资、薪金收入，汇算清缴其工资、薪金收入的个人所得税，多退少补。

【例8-5】 甲企业派其雇员张某到外商投资企业工作，甲企业每月发给其工资1 000元，外商投资企业支付给其薪金为5 000元。张某的工薪所得各支付单位应扣缴税额及汇算清缴税额计算过程如下：

甲企业每月应扣缴的税额 = 1 000 × 10% − 25 = 75（元）

外商投资企业应扣缴的税额 = (5 000 − 2 000) × 15% − 125 = 325（元）

张某应在次月7日前汇算清缴应补（退）税额 = [(5 000 + 1 000 − 2 000) × 15% − 125] − 75 − 325 = 75（元）

对在外商投资企业、外国企业和外国驻华机构工作的中方人员取得的工资、薪金收入，可以提供有效合同或有关证明，证明其工资、薪金所得的一部分按有关规定上交派遣单位的，实际上交的部分可以从其收入中扣除，按其余额计税。

6. 单位或个人为雇员负担工薪所得应纳税额的计算。

（1）单位或个人为纳税人全额负担税款的，要将雇员取得的不含税收入换算为含税的应纳税所得额，据以计征个人所得税。换算公式为：

$$\text{应纳税所得额} = \frac{\text{不含税收入额} - \text{费用扣除标准} - \text{速算扣除数}}{1 - \text{税率}}$$

式中的税率、速算扣除数是指不含税所得按不含税级距对应的税率和速算扣除数。

应纳税额 = 应纳税所得额 × 适用税率 − 速算扣除数

式中的税率、速算扣除数是指含税的应纳税所得按含税级距对应的税率和速算扣除数。

【例8-6】 某公司总经理由其任职的公司代为缴纳个人所得税，上月从公司取得税后工薪收入7 600元，则该公司本月7日之前应代为缴纳的个人所得税的计算过程如下：

应纳税所得额 = (7 600 − 2 000 − 375) ÷ (1 − 20%) = 6 531.25（元）

应纳税额 = 6 531.25 × 20% − 375 = 931.25（元）

（2）雇主为其雇员负担部分税款的计税，分两种情况：

第一种，雇主为其雇员定额负担税额，则

应纳税所得额 = 雇员取得的工资 + 雇主代雇员负担的税款 − 费用扣除标准

第二种，雇主为雇员负担一定比例的工资应纳的税款或者负担一定比例的实际应纳税款（简称雇主为雇员定率负担部分税款），则

应纳税所得额 = (不含雇主负担的税款的收入 − 费用扣除标准 − 速算扣除数 × 负担比例) ÷ (1 − 税率 × 负担比例)

【例8-7】 在外商投资企业工作的某外籍人员月工薪收入12 000元，雇主负担其工薪所得30%部分的应纳税款，其当月应纳税款为：

应纳税所得额 =（12 000 - 4 800 - 375 × 30%）÷（1 - 20% × 30%）= 7 539.89（元）

应纳税额 = 7 539.89 × 20% - 375 = 1 132.98（元）

7. 企业经营者试行年薪制，即企业经营者平时按规定领取基本收入，年度结束后根据其经营业绩的考核结果再确定其效益收入，对其工资、薪金所得可按年计算、分月预缴的方式计征。即平时按月领取的基本收入，减除2 000元后，按适用税率计算预缴；年终后领取效益收入后，合并其全年基本收入和效益收入，再按12个月平均计算实际应纳税款。用公式表示为：

应纳税额 =［（全年基本收入和效益收入之和 ÷ 12 - 费用扣除标准）× 适用税率 - 速算扣除数］× 12

8. 不满一个月的工资、薪金所得应纳税额的计算。在中国境内无住所的个人，凡在中国境内居住不满一个月并仅就一个月期间的工资、薪金所得申报纳税的，均应按全月工资、薪金所得为依据计算实际应纳税额。具体计算公式为：

应纳税额 =（当月工资、薪金应纳税所得额 × 适用税率 - 速算扣除数）× 当月实际在中国境内的天数 ÷ 当月天数

如果属于上述情况的个人取得的是日工资、薪金，应以日工资、薪金乘以当月天数换算为月工资、薪金后，再按上述公式计算应纳税额。

【例8-8】 A国某公司派其一雇员（A国公民）于20××年1月1日来我国工作，该雇员的工资由A国的公司支付，每月人民币20 000元，同年7月仅在我国居住10天，该雇员应纳税所得额和应纳税额计算如下：

应纳税所得额 = 20 000 - 2 000 - 2 800 = 15 200（元）

应纳税额 =（15 200 × 20% - 375）× 10 ÷ 31 = 859.67（元）

（二）生产、经营所得应纳税额的计算

生产、经营所得应纳税额的计算公式：

应纳税所得额 = 收入总额 -（成本 + 费用 + 损失 + 准予扣除的税金）

应纳税额 = 应纳税所得额 × 税率 - 速算扣除数

个体工商户的生产、经营所得的计算，分为分月预缴计算和年终汇算清缴计算两部分。

1. 个体工商户的生产、经营所得实行按年计税、分月预缴。由于个体工商户生产、经营所得实行的五级超额累进税率是按年应纳税所得额设计的，因此，在预缴所得税款时，须将本期应纳税所得额换算为全年应纳税所得额，再按适用的税率进行计算，然后再换算为本期应纳所得税额。计算公式为：

全年应纳税所得额 = 当月累计应纳税所得额 ÷ 当月月份 × 全年月份

全年应纳所得税额 = 全年应纳税所得额 × 适用税率 - 速算扣除数

当月累计应纳税额 = 全年应纳所得税额 ÷ 全年月份 × 当月月份

本月应纳税额 = 当月累计应纳税额 - 上月累计已缴税额

【例8-9】 某个体工商户1—3月应纳税所得额累计为5 000元，1—2月累计已预缴所得税400元。该户3月份应预缴个人所得税为：

全年应纳税所得额 = 5 000 ÷ 3 × 12 = 20 000（元）

全年应纳所得税额 = 20 000 × 20% - 1 250 = 2 750（元）

当月累计应纳税额 = 2 750 ÷ 12 × 3 = 687.50（元）

本月应纳税额 = 687.50 - 400 = 287.50（元）

2. 年终汇算清缴时多退少补税额的计算。

【例 8-10】 某个体运输户本年度经营的有关资料如下：（1）耗用燃料 26 万元；（2）耗用轮胎 12 000 元；（3）计提折旧 4 万元；（4）车辆修理费 26 000 元；（5）支付司机工资福利 22 800 元；（6）支付管理费用 9 000 元；（7）行车事故损失 37 500 元，获保险公司赔款 22 500 元；（8）按规定缴纳税金及附加 18 684 元；（9）全年运输收入 54 万元；（10）上年度亏损 12 116 元；（11）本年度每月已预缴个人所得税 2 000 元。其全年应纳税额和年终补缴额为：

营运成本 = 260 000 + 12 000 + 40 000 + 26 000 + 22 800 + 24 000（准予扣除业主的工资）+（37 500 - 22 500）

= 399 800 （元）

营运利润 = 540 000 - 399 800 - 18 684 = 121 516（元）

利润总额 = 121 516 - 9 000 = 112 516（元）

应纳税所得额 = 112 516 - 12 116 = 100 400（元）

应纳税额 = 100 400 × 35% - 6 750 = 28 390（元）

应补税款 = 28 390 - （2 000 × 12） = 4 390（元）

（三）承包承租经营所得应纳税额的计算

对事业单位的承包经营、承租经营所得应纳税额的计算公式：

应纳税所得额 = 每月收入总额 - 2 000 元

或 = 年收入总额 - 24 000 元

应纳税额 = 应纳税所得额 × 税率 - 速算扣除数

1. 承包、承租人按合同（协议）的规定只向出包、出租方缴纳一定费用后，企业经营成果归其所有的，承包、承租人取得的所得的计算公式为：

应纳税所得额 = 承包、承租经营利润 - 应缴企业所得税 - 上缴费用 - 每月费用扣减额合计

【例 8-11】 王某承包经营一单位的招待所，合同规定，每年定额向发包单位上缴承包费 5 万元，其余经营成果归其所有。年终承包经营利润 15 万元，王某按月领取工资 1 000 元（未扣税）。当年王某应纳个人所得税为：

应纳企业所得税 = 150 000 × 25% = 37 500 （元）

个人所得税应纳税所得额 = 150 000 - 37 500 - 50 000 + 1 000 × 12 - 2 000 × 12

= 50 500 （元）

应纳个人所得税 = 50 500 × 35% - 6 750 = 10 925 （元）

2. 一个纳税年度内，承包、承租经营不足 12 个月的，以其实际承包、承租经营的月份数为一个纳税年度计算纳税。计算公式为：

应纳税所得额 = 该年度承包、承租经营收入额 -（2 000 × 该年度实际承包、承租经营的月份数）

【例 8-12】 陈某 3 月开始承租一商店，合同规定定额上缴承租费 6 万元。当年承租经营利润 13 万元，按规定缴纳企业所得税 32 500 元。其应纳个人所得税为：

应纳税所得额 =（130 000 - 32 500 - 60 000）- 2 000 × 10 = 17 500 （元）

应纳税额 = 17 500 × 20% − 1 250 = 2 250 （元）

3. 承包、承租人对企业经营成果不拥有所有权，仅按合同（协议）规定取得一定所得的，其所得按工资、薪金所得项目计税。

【例 8 − 13】 李某承包一印刷厂，承包期两年。合同规定，承包期内李某按月领取工资 1 600 元，若年终完成承包指标，可再兑现 15 000 元。假设本年李某全面完成承包指标，承包合同兑现。

李某应纳税额的计算过程如下：

李某全年的所得额 = 15 000 + 1 600 × 12 = 34 200 （元）

平均每月应纳税所得额 = 34 200 ÷ 12 − 2 000 = 850 （元）

全年应纳税额 = (850 × 10% − 25) × 12 = 720 （元）

（四）劳务报酬所得应纳税额的计算

劳务报酬所得应纳税所得额的计算公式：

每次收入在 4 000 元以下的：

应纳税所得额 = 每次收入额 − 800 元

每次收入在 4 000 元以上的：

应纳税所得额 = 每次收入额 × (1 − 20%)

1. 劳务报酬所得应纳税额的一般计算方法为其应纳税所得额乘以 20% 比例税率，计算公式为：

应纳税额 = 应纳税所得额 × 20%

【例 8 − 14】 某职业歌手与某歌舞厅签约，双休日每晚到歌舞厅演唱一场，每场酬金 800 元，本月共演出 8 场，总收入为 6 400 元。

按照税法规定该歌手应以一个月为一次计算缴纳个人所得税：

应纳个人所得税 = 6 400 × (1 − 20%) × 20% = 1 024 （元）

2. 劳务报酬所得一次畸高的加成征收，计算公式为：

应纳税所得额不超过 2 万元部分的应纳税额 = 应纳税所得额不超过 2 万元的部分 × 20%

应纳税所得额 2 万元以上不超过 5 万元部分的应纳税额 = (应纳税所得额不超过 5 万元的部分 − 2 万元) × 20% × (1 + 50%)

应纳税所得额超过 5 万元以上部分的应纳税额 = (全部应纳税所得额 − 5 万元) × 20% × (1 + 100%)

应纳个人所得税合计 = 应纳税所得额不超过 2 万元部分的应纳税额 + 应纳税所得额 2 万元以上不超过 5 万元部分的应纳税额 + 应纳税所得额超过 5 万元以上部分的应纳税额

或按速算扣除法计算，公式为：

应纳税额 = 应纳税所得额 × 税率 − 速算扣除数

【例 8 − 15】 某人一次获得劳务报酬收入 10 万元，其应纳税额计算如下：

应纳税所得额 = 100 000 × (1 − 20%) = 80 000 （元）

应纳税额 = 20 000 × 20% + (50 000 − 20 000) × 20% × (1 + 50%) + (80 000 − 50 000) × 20% × (1 + 100%)
= 25 000 （元）

或 = 80 000 × 40% − 7 000 = 25 000 （元）

3. 单位或个人为纳税人的劳务报酬所得代付税款的，应将纳税人的不含税收入额换算为应纳税所得额计征个人所得税。计算公式为：

（1）不含税收入 3 360 元（即含税收入 40 00 元）以下的：

应纳税所得额 = (不含税收入额 − 800) ÷ (1 − 税率)

应纳税额 = 应纳税所得额 × 适用税率

（2）不含税收入 3 360 元（即含税收入 4 000 元）以上的：

$$应纳税所得额=\frac{(不含税收入额-速算扣除数)\times(1-20\%)}{1-税率\times(1-20\%)}$$

应纳税额 = 应纳税所得额 × 适用税率 − 速算扣除数

【例 8－16】 某歌星参加一次演出，一次取得不含税的出场费收入 10 万元。演出单位应代付个人所得税为：

应纳税所得额 = (100 000 − 7 000) × (1 − 20%) ÷ [1 − 40% × (1 − 20%)]
= 74 400 ÷ 68% = 109 411.77 （元）

演出单位应代付个人所得税额 = 109 411.77 × 40% − 7 000 = 36 764.71 （元）

（五）稿酬所得应纳税额的计算

稿酬所得应纳税额的计算公式为：

每次收入在 4 000 元以下的：

应纳税所得额 = 每次收入额 − 800 元

每次收入在 4 000 元以上的：

应纳税所得额 = 每次收入额 × (1 − 20%)

应纳税额 = 应纳税所得额 × 20% × (1 − 30%)

【例 8－17】 某作者将一部作品交付出版，出版前出版社先预付稿酬 4 000 元；出版后又付给作者稿酬 31 000 元；半年后加印发行，再付给作者稿酬 2 500 元。出版社应扣缴个人所得税（即作者应纳个人所得税）为：

（1）预付稿酬时应扣缴税额 = (4 000 − 800) × 20% × (1 − 30%) = 448 （元）

（2）出书后支付的稿酬应与预付稿酬合并为一次计税，再从中减除预付稿酬已扣税款：

出书后支付的稿酬应扣税款 = (31 000 + 4 000) × (1 − 20%) × 20% × (1 − 30%) − 448 = 3 472 （元）

（3）重印稿酬应与前两次稿酬合并为一次计税，然后再减除前两次已扣税款：

重印稿酬应扣税款 = (2 500 + 31 000 + 4 000) × (1 − 20%) × 20% × (1 − 30%) − (448 + 3 472) = 4 200 − 3 920 = 280 （元）

（六）特许权使用费所得应纳税额的计算

特许权使用费所得应纳税额的计算公式为：

每次收入在 4 000 元以下的：

应纳税所得额 = 每次收入 − 800 元 − 允许扣除的中介费

每次收入在 4 000 元以上的：

应纳税所得额 = 每次收入 × (1 – 20%) – 允许扣除的中介费

应纳税额 = 应纳税所得额 × 20%

【例 8 – 18】 某作家出售自己的一部小说手稿，获得 50 万元的收入。支付中介费 10 000元，能够提供有效合法凭证。其应纳个人所得税计算如下：

应纳税所得额 = 500 000 × (1 – 20%) – 10 000 = 390 000 （元）

应纳税额 = 390 000 × 20% = 78 000 （元）

（七）财产租赁所得应纳税额的计算

财产租赁所得应纳税额计算公式为：

每次收入在 4 000 元以下的：

应纳税所得额 = 每次收入 – 缴纳的税费 – 支付的租金 – 修缮费 – 800 元

每次收入在 4 000 元以上的：

应纳税所得额 = (每次收入 – 缴纳的税费 – 支付的租金 – 修缮费) × (1 – 20%)[①]

应纳税额 = 财产租赁所得应纳税所得额 × 20%

允许扣除的修缮费用，以每次 800 元为限，一次扣除不完的，准予下次继续扣除，直至扣完为止。支付的租金是指转租者向出租方支付的租金。

【例 8 – 19】 李先生 1 月份将自有的 3 间房屋对外出租，租期为 1 年，月租金收入为 3 000元，每月缴纳的有关税费为 200 元。个人所得税减按 10% 征收。在出租的 7 月份发生修缮费用 1 000 元，由李先生承担。计算李先生本年度应纳的个人所得税。

7 月份应纳税额 = (3 000 – 200 – 800 – 800) × 10% = 120 （元）

8 月份应纳税额 = (3 000 – 200 – 200 – 800) × 10% = 180 （元）

其余月份应纳税额 = (3 000 – 200 – 800) × 10% = 200 （元）

本年全年应纳税额 = 120 + 180 + 200 × 10 = 2 300 （元）

（八）财产转让所得的计税

财产转让所得的计税公式为：

应纳税所得额 = 财产转让收入 – 财产原值 – 合理费用

应纳税额 = 应税所得额 × 20%

【例 8 – 20】 某人建房一栋，造价 36 万元，政府有关费用 2 万元，随后转让，取得收入 60 万元，在卖房过程中按规定支付的有关税费 2.5 万元，其应纳个人所得税为：

应纳税所得额 = 60 – (36 + 2 + 2.50) = 19.50 （万元）

应纳税额 = 19.50 × 20% = 3.90 （万元）

（九）利息、股息、红利所得、偶然所得和其他所得的计税

每次收入额即为应纳税所得额，直接乘以 20% 税率即为应纳税额。计算公式为：

应纳税额 = 收入总额 × 20%

【例 8 – 21】 某公民购买体育彩票中奖 500 万元，则体育彩票中心应代扣代缴该公民个

① 根据河北省冀地税函[2008]5 号《河北省地方税务局关于个人所得税有关业务问题的通知》解释，此公式应为："应纳税所得额 = 每次收入额 – 缴纳的税费 – 支付的租金 – 修缮费 – 每次收入额 × 20%"。

人所得税为：500×20% =100 万元。

假如该公民将其中的200 万元，通过有关部门捐赠给社会福利事业，则体育彩票中心应代扣代缴该公民个人所得税为：

允许扣除捐赠的限额 =500×30% =150 （万元）

应纳税额 =(500 -150)×20% =70 （万元）

再假如上例该公民捐赠的是 100 万元，未超过扣出限额 150 万元，应按实际捐赠额扣除，则应纳税额为：

应纳税额 =(500 -100)×20% =80 （万元）

（十）一人兼有多项所得应纳税额的计算

纳税人同时取得两项或者两项以上应税所得的，除按税法规定实行超额累进税率的工资、薪金所得，个体工商户生产、经营所得，对企事业单位承包、承租经营所得须同项合并计税外，其他应税项目就其所得分别计算纳税；纳税人兼有应税劳务报酬所得中所列举的不同劳务项目所得的，也要分别减除费用计算纳税。

【例 8 -22】 某教师本月从其单位领取工资 2 600 元；应邀讲学取得酬金 2 000 元；通过中介转让一项技术取得收入 50 000 元；出版一部专著取得稿酬 4 500 元；国家科委寄来科技发明奖金 5 000 元；取得银行存款利息 400 元；购买国库券到期取得利息 200 元。其本月应纳个人所得税为：

工薪所得应纳税额 =(2 600 -2 000)×10% -25 =35 （元）

讲学所得应纳税额 =(2 000 -800)×20% =240 （元）

技术转让所得应纳税额 =50 000×(1 -20%)×20% =8 000 （元）

稿酬所得应纳税额 =4 500×(1 -20%)×20% ×(1 -30%) =504 （元）

银行存款利息、国家科技奖金和国库券利息免税。

本月合计应纳税额 =35 +240 +8 000 +504 =8 779 （元）

（十一）多人共同取得同一所得应纳税额的计算

两个或两个以上的纳税义务人共同取得同一项所得的（如共同写作一部著作而取得稿酬所得），可以对每个人分得的收入分别减除费用，并计算各自应纳的税额。

【例 8 -23】 某大学 3 位教师共同编写出版一部教材，共取得稿酬收入 10 000 元，其中主编一人，主编分得其中的 50%，另外参编二人每人分得其中的 25%。

主编应纳税额 =10 000×50% ×(1 -20%)×20% ×(1 -30%) =560 （元）

参编每人应纳税额 =(10 000×25% -800)×20% ×(1 -30%) =238 （元）

（十二）境外已纳税额的扣除

纳税人从中国境外取得的所得，依照该所得来源国家或地区的法律应当缴纳并且已经缴纳的税额，允许在其应纳税额中予以扣除，但扣除额不得超过该纳税人境外所得依照我国个人所得税法计算的应纳税额。即以纳税人从中国境外取得的所得，区别国家（或地区）和不同应税项目，依照我国税法规定的费用减除标准和适用税率计算应纳税额；而同一国家（或地区）不同应税项目的应纳税额之和，即为该国（或地区）的扣除限额。

纳税人从中国境外一国（或地区）实际已缴纳的个人所得税税额，低于依照上述计算的该国（或地区）扣除限额的，须在我国缴纳差额部分的税款；超过该国（或地区）扣除限额的，其超过部分不能在本纳税年度的应纳税额中扣除，但可在以后纳税年度的该国

（或地区）扣除限额的余额中补扣，补扣期限最长不超过5年。计算公式为：

境外所得应纳税额＝[（境外所得净收入＋国外已纳税额）－费用扣除额]×国内适用税率

抵免境外税额后应纳税额＝境内外所得应纳税额－允许抵免的境外应纳税额

【例8－24】 某纳税人本年度在A国取得工薪收入8万元，转让一项专有技术使用权，取得特许权使用费收入3万元，两项所得在A国缴纳个人所得税5 200元；在B国出版专著，获得稿酬收入15 000元，在B国缴纳个人所得税1 720元。

该纳税人境外已纳税款扣除的计算过程如下：

（1）计算A国所缴纳个人所得税的抵减额。

依照我国税法规定计算应纳税额，即为抵减限额。

工薪所得应纳税额＝[（80 000÷12－4 800）×10%－25]×12＝1 940 （元）

特许权使用费所得应纳税额＝30 000×（1－20%）×20%＝4 800 （元）

在A国所得依我国税法计算的抵免限额＝1 940＋4 800＝6 740 （元）

因为，6 740＞5 200，所以，

应补缴税款＝6 740－5 200＝1 540 （元）

（2）计算B国所缴纳个人所得税的抵减额。

依照我国税法规定计算应纳税额，即为抵减限额。

稿酬所得应纳税额＝[15 000×（1－20%）×20%]×（1－30%）＝1 680 （元）

因为，1 680＜1 720，所以，超出抵扣限额40元，不能在本年度扣除，但可在以后5个纳税年度的该国扣除限额的余额中抵扣。

第三节　个人所得税的缴纳和会计处理

一、税款的缴纳

我国个人所得税采用由支付单位代扣代缴和纳税人自行申报两种缴纳方式。

（一）代扣代缴税款

1. 扣缴义务人。凡支付个人应纳税所得的企业（公司）、事业单位、机关、社会团体、军队、驻华机构（不包括外国驻华使领馆和联合国及其他依法拥有豁免权和豁免的国际组织驻华机构）、个体户等单位和个人。

2. 代扣代缴的范围。扣缴义务人向个人（不论是否本单位人员）支付下列所得（包括现金、实物和有价证券）应代扣代缴税款：（1）工资、薪金所得；（2）对企事业单位的承包、承租经营所得；（3）劳务报酬所得；（4）稿酬所得；（5）特许权使用费所得；（6）利息、股息、红利所得；（7）财产租赁所得；（8）财产转让所得；（9）偶然所得；（10）经国务院财政部门确定征税的其他所得。概括地说，除个体工商户生产、经营所得外，其他各项应税所得都属于代扣代缴的范围。

3. 扣缴义务人的义务及应承担责任。

(1) 扣缴义务人应指定办税人员具体负责办理个人所得税的代扣代缴工作。同一扣缴义务人的不同部门支付应纳税所得时，应报办税人员汇总。

在代扣代缴税款时，须向纳税人开具税务机关统一印制的代扣代缴税款凭证，并详细注明纳税人姓名、工作单位、家庭住址和居民身份证或护照号码，或其他能有效证明身份的证件等个人情况。对工薪所得和利息、股息、红利所得等，因纳税人数众多，经主管税务机关同意，可不一一开具代扣代缴税款凭证，但须通过一定形式告知纳税人已扣缴税款。非正式扣税凭证，纳税人可以拒收。

纳税人拒绝扣缴税款，扣缴义务人应及时报告税务机关处理，并暂停支付其应纳税所得。

(2) 扣缴义务人的法人代表（或单位主要负责人）、财会部门负责人及具体办理代扣代缴税款的具体人员，共同对依法履行代扣代缴义务负法律责任。

纳税人拒绝扣缴税款，扣缴义务人又不向税务机关报告的，其应缴纳的税款由扣缴义务人负担。

扣缴义务人应扣未扣、应收未收税款的，由扣缴义务人缴纳应扣、应收税款及相应的滞纳金或罚款。其应纳税款视同纳税人取得为不含税所得，扣缴义务人代为纳税的情形处理，并据以计税滞纳金和罚款。

扣缴义务人每月所扣的税款应在次月 7 日内缴入国库，并向税务机关报送《扣缴个人所得税报告表》、代扣代缴税款凭证、《支付个人收入明细表》（包括向个人支付的一切应税收入，但未达到纳税标准、没有扣缴税款的人员），以及税务机关要求报送的其他有关资料。因特殊困难不能按期报送的，经县级税务机关批准，可以延期申报。

扣缴义务人不按规定报送上述资料，或者报送虚假纳税资料的，一经查实，其向个人支付的未在《支付个人收入明细表》中反映的款项，在计算企业所得税时不得作为成本费用在税前扣除，并按规定予以处罚。

另外，对扣缴义务人按所扣缴的税款，支付 2% 的手续费，由税务机关按月填开收入退还书发给扣缴义务人；扣缴义务人持此向银行办理退库手续。

（二）自行申报纳税

自行申报纳税，是由纳税人在规定纳税期限内，向税务机关申报取得的应纳税所得项目、数额及计算的应纳税额，并据以缴纳税款的书面报告。

1. 自行申报纳税人的范围。包括年所得 12 万元以上的；在两处以上取得工资、薪金所得的；从中国境外取得所得的；取得应纳税所得，没有扣缴义务人的；分笔取得属于一次劳务报酬所得、稿酬所得、特许权使用费所得、财产租赁所得的；取得应纳税所得，扣缴义务人未按规定扣缴税款的；主管税务部门规定必须自行申报纳税的。

年所得 12 万元以上的纳税人，无论取得的各项所得是否已足额缴纳了个人所得税，均应当按照本办法的规定，于纳税年度终了后向主管税务机关办理纳税申报。

所得 12 万元以上，是指纳税人在一个纳税年度取得属于个人所得税 11 个征税项目的各项所得的合计数额达到 12 万元，不含税法规定的免税所得。

中国境外取得所得的纳税人，是指在中国境内有住所，或者无住所而在一个纳税年度中在中国境内居住满 1 年的个人。

2. 自行申报纳税地点。自行申报的纳税人，向取得所得的当地主管税务机关申报纳税。但纳税人在两处或两处以上取得所得的工资、薪金所得，可选择并固定在一地税务机关申报纳税；从中国境外取得所得的，应向境内户籍所在地或经常居住地税务机关申报纳税。

在外地工作或提供劳务的临时来华人员，以税法所规定的申报纳税的日期为准，在某一地达到申报纳税的日期，即在该地申报纳税。但也可以提出申请，经批准后固定在一地申报纳税。凡由在华企业或办事机构发放工资、薪金的外籍纳税人，由其在华企业或办事机构集中向当地税务机关申报纳税。

纳税人要求变更申报纳税地点的，须经原主管税务机关批准。

年所得 12 万元以上的纳税人，纳税申报地点分别为：

(1) 在中国境内有任职、受雇单位的，向任职、受雇单位所在地主管税务机关申报。

(2) 在中国境内有两处或者两处以上任职、受雇单位的，选择并固定向其中一处单位所在地主管税务机关申报。

(3) 在中国境内无任职、受雇单位，年所得项目中有个体工商户的生产、经营所得或者对企事业单位的承包经营、承租经营所得（以下统称生产、经营所得）的，向其中一处实际经营所在地主管税务机关申报。

(4) 在中国境内无任职、受雇单位，年所得项目中无生产、经营所得的，向户籍所在地主管税务机关申报。在中国境内有户籍，但户籍所在地与中国境内经常居住地不一致的，选择并固定向其中一地主管税务机关申报。在中国境内没有户籍的，向中国境内经常居住地主管税务机关申报。

(5) 从两处或者两处以上取得工资、薪金所得的，选择并固定向其中一处单位所在地主管税务机关申报。

(6) 从中国境外取得所得的，向中国境内户籍所在地主管税务机关申报。在中国境内有户籍，但户籍所在地与中国境内经常居住地不一致的，选择并固定向其中一地主管税务机关申报。在中国境内没有户籍的，向中国境内经常居住地主管税务机关申报。

(7) 个体工商户向实际经营所在地主管税务机关申报。

(8) 个人独资、合伙企业投资者兴办两个或两个以上企业的，区分不同情形确定纳税申报地点：兴办的企业全部是个人独资性质的，分别向各企业的实际经营管理所在地主管税务机关申报；兴办的企业中含有合伙性质的，向经常居住地主管税务机关申报；兴办的企业中含有合伙性质，个人投资者经常居住地与其兴办企业的经营管理所在地不一致的，选择并固定向其参与兴办的某一合伙企业的经营管理所在地主管税务机关申报。

(9) 除以上情形外，纳税人应当向取得所得所在地主管税务机关申报。

（三）个人所得税的纳税期限

除特殊情况外，纳税人应在取得应纳税所得的次月 7 日内向主管税务机关申报所得并缴纳税款。具体规定如下：

(1) 工资、薪金所得应缴纳的税款，按月计征，由扣缴义务人或者纳税人在次月 7 日内缴入国库，并向税务机关报送纳税申报表。但采掘业、远洋运输业、远洋捕捞业以及财政部确定的其他行业，由于个人每月取得的工资、薪金所得很不均衡，为此可实行按年计算，按月预缴，即先按月预缴，自年度终了 30 日内，合计其全年工资、薪金所得，再按 12 个月平均并计算其实际应纳的税款，多退少补。

(2) 年所得 12 万元以上的纳税人，在纳税年度终了后 3 个月内向主管税务机关办理纳税申报。

(3) 账册健全的个体工商户的生产、经营所得应纳的税款，按年计算，分月预缴，由纳税人在次月 7 日内预缴；年度终了后 3 个月内汇算清缴，多退少补。账册不健全的个体工商户的生产、经营所得的应纳税款，由税务机关依据《税收征管法》自行确定征收方式。

(4) 对企事业单位的承包经营、承租经营所得应纳的税款，按年计征，由纳税人自取得收入之日起 30 日内将已纳税款缴入国库，并向税务机关报送纳税申报表；在一年内分次取得承包经营、承租经营所得，在每次取得所得后的 7 日内预缴，年度终了后 3 个月内汇算清缴，多退少补。

(5) 从中国境外取得所得的纳税人，应在年度终了后 30 日内，将应纳的税款缴入国库，并向税务机关申报纳税。

（四）申报纳税的方式

自行申报纳税的方式主要有三种，即由本人直接申报纳税，委托他人代为申报纳税以及采用邮寄方式在规定的申报期内申报纳税。其中，采取邮寄申报纳税的，以寄出地的邮戳日期为实际申报日期。

二、个人所得税的会计处理

（一）代扣代缴单位的核算

1. 支付工资、薪金所得扣缴税款。在“应交税费”科目下设“应交个人所得税”明细科目，在提取应付工资的同时，计算应代扣代缴的个人所得税，记入“应付职工薪酬”的借方和“应交税费——应交个人所得税”的贷方。税款代缴入库时，借记“应交税费——应交个人所得税”，贷记“银行存款”。

2. 支付其他各项应税所得扣缴税款时，在支付所得的同时计算应代扣代缴的个人所得税额，借记有关对应科目，如：“管理费用”、“财务费用”、“其他应付款——职工教育费”等，贷记“应交税费——应交个人所得税”；扣缴税款入库时，借记“应交税费——应交个人所得税”，贷记“银行存款”。

（二）个体工商户建账与会计核算

从事生产经营并有固定经营场所的个体工商户（依法经县以上税务机关批准可以不设账簿或暂缓建账者除外），应向主管税务机关领购统一格式的账簿、凭证，并按会计制度和税务机关的规定建立、使用和保管。设立账户、启用账簿时须事先送主管税务机关审验盖章。建账户经税务机关批准并按照要求使用税控收款机，其机内收款视为经营收入账。

建账户对各种账簿、凭证、表格必须保存 10 年以上。销毁时须经主管税务机关审验，县级以上税务机关批准。

个体工商户经主管税务机关批准，可委托经税务机关认可的税务代理等社会中介机构及其财会人员代办建账和代办有关建账事宜。

个体工商户应设置但未设置账簿的，或虽设置账簿，但账簿混乱，成本、费用凭证残缺不全，难以查账征收的，税务机关有权根据当地同行业同等规模其他纳税人的纳税水平按月从高核定应纳税额，并可依法处以罚款。

个体工商户的建账可分别采用以下两种方式：

1. 设置复式账。符合下列情形之一的个体工商户应设置复式账：（1）2 人（含 2 人）以上合伙经营且注册资金达到 10 万元以上的；（2）请帮工 5 人（含 5 人）以上的；（3）从事应税劳务月营业额在 15 000 元以上或者月销售收入在 30 000 元以上的；（4）省级税务机关确定应设置复式账的其他情形。

建立复式账的个体工商户应按《个体工商户会计制度（试行）》的规定设置总分类账、明细分类账、日记账等进行财务会计核算。其中，现金日记账、银行存款日记账和总分类账必须使用订本式；其他账可根据业务的实际发生情况选用活页账簿。成本、费用列支及其他财务核算规定按照《个体工商户个人所得税办法（试行）》执行。

建立复式账的个体工商户在办理纳税申报时，应按规定向当地主管税务机关报送财务会计报表和有关纳税资料、月度会计报表和有关资料。月度会计报表于月终后 6 日内报出；年度会计报表于年终后 30 日内报出。

按复式记账的，要通过“所得税”和“应交税费”等账户正确计算和核算应纳个人所得税额。计算应纳税时，借记“所得税”，贷记“应交税费——应交所得税”；实际缴纳入库时，借记“应交税费——应交所得税”，贷记“银行存款”。

2. 设置简易账。符合下列情况之一的个体工商户应设置简易账：（1）请帮工在 2 人以上 5 人以下的；（2）从事应税劳务月营业额在 5 000 ~ 15 000 元或者月销售收入在 10 000 ~ 30 000 元的；（3）省级税务机关确定应建简易账的其他情形。

建立简易账的个体工商户应建立经营收入账、经营费用账、商品（材料）购进账、库存商品（材料）盘点表、利润表，以收支方式记录、反映生产经营情况并进行简易会计核算。简易账簿均须采用订本式。

实行简易记账方法的个体工商户，以营业利润额（应纳税所得额）计算缴纳所得税。

此外，经省级以上税务机关批准可以不设置账簿或暂缓建账的个体工商户，也要按照税务机关的规定，建立收支凭证粘贴簿、进销货登记簿等，完整保存有关纳税资料。

第9章 资源税、耕地占用税、城镇土地使用税和土地增值税

资源税、耕地占用税、城镇土地使用税和土地增值税都是对开发或占有自然资源并取得级差收入征收的税收。所谓自然资源是指人类可以直接从自然界获得并用于生产和生活的物质与能量。主要有地面资源、地下蕴藏资源和海洋资源，如：土地、阳光、空气、森林、矿藏、水源等。我国目前只对土地、矿藏等少数品种的资源开征了资源类税收。

第一节 资 源 税

一、资源税的含义与特点

资源税是对在我国境内从事国有资源开采的单位和个人，就其资源产品的销售和使用征收的一种税。我国资源税于 1984 年 10 月 1 日开征，并于 1994 年进行了重大改革。征收资源税有利于促进国有资源的合理开采，调节因资源差异而形成的级差收入，增加国家的财政收入。

资源税与商品劳务税、所得税相比较，具有以下特点：（1）兼有有偿性和强制性的特征。资源税实质上是国家凭借其资源所有权和政治权力征收的一种税，它一方面体现出对国有资源的有偿开采，另一方面体现了以税收手段收取应归资源所有者的收益，具有受益税的特点。（2）只对特定资源实行单一环节征收。资源是自然界存在的天然物质财富，包括的范围很广。但是目前作为资源税征税对象的只是一部分特定自然资源，即只限于矿产品和盐两大类，并且仅在矿产品的开采和盐的生产环节征收。（3）实行差别税额，从量征收。为

了达到调节资源级差收入的目的，根据开采的资源条件优劣及其收入的高低，划分若干资源等级分档核定单位税额，从量征收。

二、资源税的主要内容

（一）征税范围

目前我国资源税的征收范围只有矿产品和盐两大类，共七个税目：

1. 原油。是指开采的天然原油，不包括人造石油。

2. 天然气。是指专门开采和与原油同时开采的天然气。煤矿生产的天然气暂不征税。

3. 煤炭。是指原煤。洗煤、选煤和其他煤炭制品不征税。

4. 其他非金属矿原矿。是指原油、天然气、煤炭和井矿盐以外的非金属矿原矿。包括宝石、金刚石、玉石、膨润土、石墨、石英砂、萤石、重晶石、毒重石、蛭石、长石、氟石、滑石、白云石、硅灰石、凹凸棒石黏土、高岭土石、耐火黏土、云母、大理石、花岗石、石灰石、菱镁矿、天然碱、石膏、硅线石、工业用金刚石、石棉、硫铁矿、自然硫、磷铁矿等。

5. 黑色金属矿原矿。是指纳税人开采后自用、销售的，用于直接入炉冶炼或作为主产品先入选精矿，制造人工矿，最终入炉冶炼的黑色金属矿石原矿。包括铁矿石、锰矿石和铬矿石。

6. 有色金属矿原矿。包括铜矿石、铅锌矿石、铝土矿石、钨矿石、锡矿石、锑矿石、钼矿石、镍矿石、黄金矿石、钒矿石等。

7. 盐。是指固体盐和液体盐。固体盐包括海盐原盐、湖盐原盐和井矿盐；液体盐，俗称卤水，是指氯化钠含量达到一定浓度的溶液，是用于生产碱和其他产品的原料。

（二）纳税人和扣缴义务人

1. 纳税人。凡在我国境内开采应税矿产品和生产盐的单位和个人，为资源税的纳税人。

单位是指国有企业、集体企业、私营企业、股份制企业、其他企业和行政单位、事业单位、军事单位、社会团体及其他单位；个人是指个体经营者及其他个人。

2. 扣缴义务人。为了加强对资源税零散税源的源泉控管，规定以收购未税矿产品的单位为资源税的扣缴义务人。规定资源税的扣缴义务人，主要是针对零星、分散、不定期开采的情况，为了加强管理，避免漏税，由扣缴义务人在收购矿产品时代扣代缴资源税。具体有以下两种：

（1）收购未税矿产品的独立矿山、联合企业。独立矿山是指只有采矿或只有采矿和选矿，独立核算、自负盈亏的单位，其生产的原矿和精矿主要用于对外销售。联合企业指采矿、选矿、冶炼或（加工）连续生产的企业，或采矿、冶炼（或加工）连续生产的企业，其采矿单位一般是该企业的二级或二级以下核算单位。

（2）其他收购未税矿产品的单位。包括收购未税矿产品的个体户在内。

（三）税额

资源税实行从量定额征收。本着资源条件好的，税额高些；资源条件差的，税额低些的精神，实行差别定额税率（见表9-1）。

表 9－1　　资源税税目税额幅度表

税　　目	税　额　幅　度
一、原油	8～30 元/吨
二、天然气	2～15 元/千立方米
三、煤炭	0.3～8 元/吨
四、其他非金属矿原矿	0.5～20 元/吨或立方米
五、黑色金属矿原矿	2～30 元/吨
六、有色金属矿原矿	0.4～30 元/吨
七、盐	
固体盐	10～60 元/吨
液体盐	2～10 元/吨

在资源税法中除规定了上述《资源税税目税额明细表》外，还规定有《几个主要品种的矿山资源等级表》（略），对各品种各等级矿山的税额作了明确规定。对《资源税税目税额明细表》中未列举的纳税人适用的税额，由省、自治区、直辖市人民政府根据纳税人的资源状况，参照《资源税税目税额明细表》和《几个主要品种的矿山资源等级表》中规定的邻近矿的税额标准，在上下浮动 30% 的幅度内核定，并报财政部和国家税务总局备案。

提示：不同地区同种资源的税率不同。

（四）减免税规定

1. 开采原油过程中用于加热、修井的原油免税。

2. 纳税人开采或者生产应税产品过程中，因意外事故或者自然灾害等原因遭受重大损失的，由省、市、自治区人民政府酌情决定减税或者免税。

3. 国务院规定的其他减免税项目。具体包括：对独立矿山应纳的铁矿石资源税减征 60%，按规定税额标准的 40% 征税；对应纳的有色金属矿资源税减征 30%，按规定税额标准的 70% 征税。

纳税人的减免税项目，应当单独核算课税数量；未单独核算或者不能准确提供课税数量的，不予减税或者免税。

三、资源税的计算

（一）应纳税额的计算公式

资源税的应纳税额，按照应税资源的课税数量和规定的单位税额计算，其公式为：

应纳税额＝课税数量×单位税额

（二）资源税应纳税额的计算

上述公式中的纳税数量是指：

1. 纳税人开采或生产应税产品销售的，以销售数量为课税数量。

2. 纳税人开采或生产应税产品自用的，包括用于生产和非生产两部分，以自用数量为课税数量。

【例 9－1】 某煤矿某月份销售原煤 50 万吨（单位税额为每吨 2 元），另自用生产的原煤 20 万吨加工成洗煤 14 万吨；以自产原煤 100 吨移作本矿生活用煤。该矿本月应纳资源税为：

课税数量 = 50 + 20 + 0.01 = 70.01（万吨）

应纳税额 = 700 100 × 2 = 1 400 200（元）

3. 纳税人不能准确提供应税产品销售数量或移送使用数量的，以应税产品的产量或主管税务机关确定的折算比换算成的数量为课税数量：

（1）纳税人不能准确提供原油、天然气销售数量或移送数量的，以生产数量为课税数量。

原油中的稠油、高凝油与稀油划分不清或不易划分的，一律按原油的数量课税。

（2）煤炭，对于连续加工前无法正确计算原煤移送使用量的，可按加工产品的综合回收率，将加工产品实际销量和自用量折算成原煤数量作为课税数量。综合回收率的计算公式为：

综合回收率 = 基期原煤加工成选煤、煤泥等的数量或价值 ÷ 基期耗用的原煤量或价值 × 100%

【例9－2】 某煤矿某月份入洗炼焦等用煤，耗用原煤数量为100万吨，入洗后的冶炼用焦煤20万吨、其他用焦煤30万吨、非炼焦用洗精煤20万吨，则该月原煤加工产品综合回收率为：

综合回收率 =（20 + 30 + 20）÷ 100 = 70%

【例9－3】 某煤矿某一纳税期生产销售原煤500万吨，另以生产的原煤加工成洗煤70万吨，但无法正确计算原煤移送使用量。已知该矿加工产品的综合回收率为70%，查“税额明细表”其单位税额为2.4元/吨。则该矿在该纳税期的应纳资源税为：

课税数量 = 500 + 70 ÷ 70% = 600（万吨）

应纳税额 = 600 × 2.4 = 1 440（万元）

（3）金属和非金属矿产品原矿，因无法准确掌握移送使用数量的，可将其精矿按选矿比折算成原矿数量作为课税数量。

【例9－4】 大茅山铜矿将一批铜矿石原矿入选铜精矿销售，因特殊原因税务部门无法准确掌握入选精矿时移送使用的原矿量，但入选后精矿量为3 125吨，选矿比为1∶32。查“矿山资源等级表”，该矿为一等矿区，再查“税额明细表”，其适用的单位税额为1.60元/吨。该批铜精矿的应纳税额为：

课税数量 = 3 125 × 32 = 100 000（吨）

应纳税额 = 100 000 × 1.6 = 160 000（元）

4. 纳税人以自产的液体盐加工成固体盐的，以加工的固体盐数量为课税数量，按固体盐税额纳税。纳税人以外购的液体盐加工成固体盐的，其加工固体盐所耗用液体盐的已纳税额准予抵扣。

【例9－5】 某盐场以自产的液体盐350万吨加工成固体盐100万吨，另以外购已税的液体盐175万吨全部用于加工成固体盐50万吨，固体盐适用的单位税额为12元，液体盐适用的单位税额为3元。则

课税数量 = 100 + 50 = 150（万吨）

应纳税额 = 150 × 12 － 175 × 3 = 1 275（万元）

5. 纳税人开采或生产不同税目应税产品（包括伴采矿）的，应分别核算不同税目应税

产品的课税数量；未分别核算或不能准确提供不同应税产品课税数量的，从高适用税额。

【例9-6】 某人选地下矿（重点矿山）六等，某月份生产铁矿石30 000吨，当月销售60 000吨，同时销售伴采的锰矿石原矿15 000吨，查“税额明细表”，其适用的单位税额为13元/吨，锰矿石适用的单位税额为2元/吨。该月应纳资源税为：

铁矿石的应纳税额＝60 000×13＝780 000（元）

锰矿石的应纳税额＝15 000×2＝30 000（元）

该矿山当月应纳税额＝780 000＋30 000＝810 000（元）

如果当月销售的铁矿石和伴采的锰矿石未能分开核算其数量，则当月应纳税额：

应纳税额＝（60 000＋15 000）×13＝975 000（元）

四、资源税的缴纳和会计处理

（一）纳税义务发生时间

1. 纳税人销售应税产品，其纳税义务发生时间为：（1）采取分期收款结算方式，为销售合同规定的收款日期的当天；（2）采取预收货款结算方式的，为发出应税产品的当天；（3）采取其他结算方式的，为收讫销售款或取得索取销售款凭据的当天。

2. 纳税人自产自用应税产品的纳税义务发生时间，为移送使用应税产品的当天。

3. 扣缴义务人代扣代缴税款的纳税义务发生时间，为支付货款的当天。

（二）纳税期限

纳税人的纳税期限为1日、3日、5日、10日、15日或者一个月，由主管税务机关根据实际情况具体核定。不能按固定期限计算纳税的，可以按次计算纳税。

纳税人以一个月为一期纳税的，自期满之日起10日内申报纳税；以1日、3日、5日、10日或者15日为一期纳税的，自期满之日起5日内预缴税款，于次月1日起10日内申报纳税并结清上月税款。

扣缴义务人的解缴税款期限，比照上述规定执行。

（三）纳税地点

纳税人应纳的资源税，向应税产品的开采或生产所在地主管税务机关缴纳。纳税人在本省、自治区、直辖市范围内开采或生产应税产品，其纳税地点需要调整的，由省、自治区、直辖市税务机关决定。

跨省、自治区、直辖市开采资源税应税产品的单位，其下属生产单位与核算单位不在同一省、自治区、直辖市的，对其开采的矿产品一律在开采地纳税，其应纳税款由独立核算、自负盈亏的单位按开采地的实际销售量（或自用量）及适用的单位税额计算划拨。

（四）会计核算

1. 企业缴纳资源税，通过“应交税费——应交资源税”账户核算。

2. 企业销售应税产品缴纳资源税的核算与销售其他货物的核算相同。

3. 企业自产自用应税产品的应交资源税，借记“生产成本”、“制造费用”等账户，贷记“应交税费——应交资源税”账户。

4. 企业收购未税矿产品，按实际支付的收购款，借记“材料采购”等账户，贷记“银行存款”等账户；同时按代扣代缴的资源税，借记“材料采购”等账户，贷记“应交税费——应交资源税”账户。

5. 企业外购已税液体盐加工成固体盐的，在购入时按所允许抵扣的资源税，借记“应交税费——应交资源税”账户；按外购价款扣除允许抵扣资源税后的数额，借记“材料采购”等账户；按应支付的全部价款，贷记“银行存款”、“应付账款”等账户。企业加工成固体盐后，在销售时按固体盐的应交资源税，借记“营业税金及附加”，贷记“应交税费——应交资源税”账户。

6. 企业缴纳资源税时，借记“应交税费——应交资源税”账户，贷记“银行存款”账户。

第二节　耕地占用税

一、耕地占用税的含义

耕地占用税是对占用耕地建房或者从事非农业建设的单位和个人，按其实际占用的耕地面积征收的一种税。

长期以来，我国城乡非农业建设乱占滥用耕地的情况相当严重，严重影响了农业特别是粮食生产的发展，导致了人多地少，耕地资源严重不足。我国耕地面积大约有 18.27 亿亩，占陆地面积的 10.4%。2006 年，全国人均耕地面积只有 1.39 亩，全国有半数以上的省市人均耕地不足一亩，东部沿海各省市人均耕地只有 0.7 亩左右。

为了合理利用土地资源，加强土地管理，保护耕地，1987 年 4 月 1 日，国务院发布了《中华人民共和国耕地占用税暂行条例》，于发布之日起施行。2007 年 12 月 1 日进行了修订，于 2008 年 1 月 1 日起施行新的耕地占用税。

开征耕地占用税，有利于应用税收的经济杠杆作用，控制乱占滥用耕地，保护农用土地资源，保证农业特别是粮食生产持续稳定地增长；同时，也有利于为农业提供专用资金，促进农业综合开发，增强农业发展后劲，促进社会经济的稳定发展。

二、耕地占用税的主要内容

（一）征税范围

耕地占用税的征收范围是建房或从事其他非农业建设占用的耕地。衡量是否属于耕地占用税的范围，必须同时具备两个条件：一是限于占用耕地；二是限于建房和从事其他非农业建设用地。对于占用非耕地或占用耕地用于农业生产建设的，以及农业内部结构调整占用耕地，如退耕还林、退耕还牧等，均不属于耕地占用税的征税范围。

列入征税范围的耕地，是指用于种植农作物的土地（占用前三年内曾用于种植农作物的土地，亦视为耕地），包括国家所有和集体所有的耕地。列入征税范围的耕地具体包括：种植农作物的土地。园地、林地、牧草地、农田水利用地、养殖水面以及渔业水域滩涂等其他农用地视同耕地。

（二）纳税人

耕地占用税的纳税人是占用耕地建房或者从事非农业建设的单位和个人。单位具体包括国有企业、集体企业、私营企业、股份制企业、外商投资企业、外国企业以及其他企业和事业单位、社会团体、国家机关、部队以及其他单位；个人是指个体工商户以及其他个人。

经申请批准占用耕地的，纳税人为农用地转用审批文件中标明的建设用地人；农用地转用审批文件中未标明建设用地人的，纳税人为用地申请人。未经批准占用耕地的，纳税人为实际用地人。

（三）税率

耕地占用税实行地区差别幅度定额税率，即根据人均耕地面积多少划分四类地区，分别按占用耕地的平方米规定有幅度的税额。人均耕地面积越少，单位税额越高。具体规定为：

1. 人均耕地不超过1亩的地区（以县级行政区域为单位，下同），每平方米为10元至50元；

2. 人均耕地超过1亩但不超过2亩的地区，每平方米为8元至40元；

3. 人均耕地超过2亩但不超过3亩的地区，每平方米为6元至30元；

4. 人均耕地超过3亩的地区，每平方米为5元至25元。

国务院财政、税务主管部门根据人均耕地面积和经济发展情况确定各省、自治区、直辖市的平均税额。具体规定如表9-2所示。

表9-2　　各省、自治区、直辖市耕地占用税平均税额表

地　　区	每平方米平均税额（元）
上海	45
北京	40
天津	35
江苏、浙江、福建、广东	30
辽宁、湖北、湖南	25
河北、安徽、江西、山东、河南、重庆、四川	22.5
广西、海南、贵州、云南、陕西	20
山西、吉林、黑龙江	17.5
内蒙古、西藏、甘肃、青海、宁夏、新疆	12.5

各地适用税额，由省、自治区、直辖市人民政府在上述规定的税额幅度内，根据本地区情况核定。各省、自治区、直辖市人民政府核定的适用税额的平均水平，不得低于国务院财政、税务主管部门确定的平均税额。

经济特区、经济技术开发区和经济发达且人均耕地特别少的地区，适用数额可适当提高，但是提高的部分最高不得超过上述规定中当地适用税额的50%。

占用基本农田的，适用税额应当在当地适用税额的基础上提高50%。

提示：耕地占用税是一次性征收的税种，同一块耕地的占用一般只征收一次。

（四）税收优惠

1. 免税规定。

（1）军事设施占用耕地。军事设施是指地上、地下的军事指挥、作战工程；军用机场、港口、码头；营区、训练场、试验场；军用洞库、仓库；军用通信、侦察、导航、观测台站和测量、导航、助航标志；军用公路、铁路专用线，军用通讯、输电线路，军用输油、输水管道；其他直接用于军事用途的设施。

(2) 学校、幼儿园、养老院、医院占用耕地。学校是指县级以上人民政府教育行政部门批准成立的大学、中学、小学、学历性职业教育学校以及特殊教育学校。但学校内经营性场所和教职工住房占用耕地的，应按照当地适用税额缴纳耕地占用税。幼儿园，是指县级人民政府教育行政部门登记注册或者备案的幼儿园内专门用于幼儿保育、教育的场所。养老院，是指经批准设立的养老院内专门为老年人提供生活照顾的场所。医院是指县级以上人民政府卫生行政部门批准设立的医院内专门用于提供医护服务的场所及其配套设施。但医院内职工住房占用耕地的，按照当地适用税额缴纳耕地占用税。

2. 减税规定。

(1) 铁路线路、公路线路、飞机场跑道、停机坪、港口、航道占用耕地，减按每平方米2元的税额征收。根据实际需要，国务院财政、税务主管部门商国务院有关部门并报国务院批准后，可以对此规定的情形免征或者减征。

(2) 农村居民占用耕地新建住宅，按照当地适用税额减半征收。

(3) 农村烈士家属、残疾军人、鳏寡孤独以及革命老根据地、少数民族聚居区和边远贫困山区生活困难的农村居民，在规定用地标准以内新建住宅缴纳耕地占用税确有困难的，经所在地乡（镇）人民政府审核，报经县级人民政府批准后，可以免征或者减征。

依照上述规定免征或者减征耕地占用税后，纳税人改变原占地用途，不再属于免征或者减征耕地占用税情形的，应当按照当地适用税额补缴耕地占用税。

三、应纳税额的计算

（一）计税依据

耕地占用税的计税依据为纳税人实际占用的耕地面积（平方米）。

（二）应纳税额的计算

耕地占用税以纳税人实际占用的耕地面积为计税依据，按照规定的适用税额一次性征收。其计算公式为：

应纳税额＝实际占用的耕地面积（平方米）×适用的单位税额

【例9－7】 某企业占用耕地8 000平方米建设厂房，当地政府规定的耕地占用税适用税额标准为每平方米40元。该企业应纳耕地占用税税额的计算方法为：

应纳税额＝8 000平方米×40元/平方米＝320 000（元）

四、税款的缴纳和会计处理

（一）征收机关

耕地占用税原来由财政机关负责征收，从2008年1月1日起改由地方税务机关负责征收。

土地管理部门在通知单位或者个人办理占用耕地手续时，应当同时通知耕地所在地同级地方税务机关。

（二）纳税期限

获准占用耕地的单位或者个人应当在收到土地管理部门的通知之日起 30 日内缴纳耕地占用税。土地管理部门凭耕地占用税完税凭证或者免税凭证和其他有关文件发放建设用地批准书。

（三）会计核算

企业缴纳的耕地占用税不需要通过“应交税费”账户核算，缴纳税款时，借记“在建工程”账户，贷记“银行存款”账户。待工程完工后，再借记“固定资产”账户，贷记“在建工程”账户。

第三节　城镇土地使用税

一、城镇土地使用税的含义与特点

城镇土地使用税是以国有土地为征税对象，以实际占用的土地面积为计税标准，按规定税额向使用土地的单位和个人征收的一种税。

为了加强土地资源的管理，使土地资源得到合理配置和有效使用，国务院于 1988 年 9 月 27 日发布了《中华人民共和国城镇土地使用税暂行条例》，规定从 1988 年 11 月 1 日起实施。随着我国社会经济的发展，2006 年 12 月 31 日，国务院修订了《中华人民共和国城镇土地使用税暂行条例》，于 2007 年 1 月 1 日起施行。

城镇土地使用税与其他税种相比，具有以下特点：以城镇土地为征收对象；以实际占用的土地面积为计税依据；实行差别幅度定额税率；按年计算，分期缴纳；只在特定的区域（包括城市、县城、建制镇、工矿区范围内）开征。

二、城镇土地使用税的主要内容

（一）征税范围

城镇土地使用税的征税范围，包括在城市、县城、建制镇和工矿区内的国家所有和集体所有的土地。

上述城市、县城、建制镇和工矿区的确认标准为：城市是指国务院批准设立的市，其征税范围包括市区和郊区；县城是指县人民政府所在地，其征税范围为县人民政府所在地的城镇；建制镇是指经省级人民政府批准的建制镇，其征税范围为镇人民政府所在地的地区，但不包括镇政府所在地所辖行政村；工矿区是指商业比较发达，人口比较集中，符合国务院规定的建制镇标准，但尚未设立建制镇的大中型工矿企业所在地，工矿区须经省、自治区、直辖市人民政府批准。

（二）纳税人

城镇土地使用税的纳税人，是指在上述征税范围内使用土地的单位和个人。纳税单位，是指国有企业、集体企业、私营企业、股份制企业、外商投资企业、外国企业以及其他企业和事业单位、社会团体、国家机关、军队以及其他单位；而纳税个人，则是指个体工商户以及其他个人。

在现实经济生活中，使用土地的情况复杂多样，为确保将城镇土地使用税及时足额地征收入库，将纳税人确定为以下几类：

1. 拥有土地使用权的单位和个人；

2. 拥有土地使用权的单位和个人不在土地所在地的，其土地的实际使用人和代管人为纳税人；

3. 土地使用权未确定或权属纠纷未解决的，以实际使用人为纳税人；

4. 土地使用权共有的，共有各方都是纳税人，由共有各方分别纳税。

（三）税率

城镇土地使用税采用分类分级的幅度定额税率，按大、中、小城市和县城、建制镇、工矿区分别规定每平方米土地使用税的年税额。土地使用税每平方米年税额为：（1）大城市1.5元至30元；（2）中等城市1.2元至24元；（3）小城市0.9元至18元；（4）县城、建制镇、工矿区0.6元至12元。

具体标准如下：

大、中、小城市以公安部门登记在册的非农业户口人数为依据，按照国务院颁布的《城市规划条例》中规定的标准划分。人口在50万以上者为大城市；人口在20万至50万之间者为中等城市；人口在20万以下者为小城市。城镇土地使用税税率如表9－3所示。

表9－3 城镇土地使用税税率表

级　别	人口（人）	每平方米年税额（元）
大城市	50万以上	0.5～10
中等城市	20万～50万	0.4～8
小城市	20万以下	0.3～6
县城、建制镇、工矿区		0.2～4

各省、自治区、直辖市人民政府可根据市政建设情况和经济繁荣程度在规定税额幅度内，确定所辖地区的适用税额幅度，制定实施办法。经济落后地区，城镇土地使用税的适用税额标准可适当降低，但降低额不得超过上述规定最低税额的30%。经济发达地区的适用税额标准可以适当提高，但须报财政部批准。

注意：城镇土地使用税每年都要征收，不同于耕地占用税只在占用环节征收一次。

（四）税收优惠

1. 下列土地免缴城镇土地使用税：

（1）国家机关、人民团体、军队自用的土地。是指这些单位本身的办公用地和公务用地。如国家机关、人民团体的办公楼用地，军队的训练场用地等。

（2）由国家财政部门拨付事业经费的单位自用的土地。是指这些单位本身的业务用地。如学校的教学楼、操场、食堂等占用的土地。

（3）宗教寺庙、公园、名胜古迹自用的土地。宗教寺庙自用的土地，是指举行宗教仪式等的用地和寺庙内的宗教人员生活用地。公园、名胜古迹自用的土地，是指供公共参观游览的用地及其管理单位的办公用地。

以上单位的生产、经营用地和其他用地，不属于免税范围，应按规定缴纳土地使用税，如公园、名胜古迹中附设的营业单位，如影剧院、饮食部、茶社、照相馆等使用的土地。

（4）市政街道、广场、绿化地带等公共用地。

（5）直接用于农、林、牧、渔业的生产用地。是指直接从事于种植养殖、饲养的专业用地，不包括农副产品加工场地和生活办公用地。

（6）经批准开山填海整治的土地和改造的废弃土地，从使用的月份起免缴土地使用税5年至10年。具体免税期限由各省、自治区、直辖市地方税务局在《城镇土地使用税暂行条例》规定的期限内自行确定。

（7）对非营利性医疗机构、疾病控制机构和妇幼保健机构等卫生机构自用的土地，免征城镇土地使用税。

（8）企业办的学校、医院、托儿所、幼儿园，其用地能与企业其他用地明确区分的，免征城镇土地使用税。

（9）免税单位无偿使用纳税单位的土地（如公安、海关等单位使用铁路、民航等单位的土地），免征城镇土地使用税。纳税单位无偿使用免税单位的土地，纳税单位应照章缴纳城镇土地使用税。纳税单位与免税单位共同使用、共有使用权土地上的多层建筑，对纳税单位可按其占用的建筑面积占建筑总面积的比例计征城镇土地使用税。

（10）由财政部另行规定免税的能源、交通、水利用地和其他用地。

2. 下列土地由省、自治区、直辖市地方税务局确定减免土地使用税：

（1）个人所有的居住房屋及院落用地；

（2）房产管理部门在房租调整改革前经租的居民住房用地；

（3）免税单位职工家属的宿舍用地；

（4）民政部门举办的安置残疾人占一定比例的福利工厂用地；

（5）集体和个人办的各类学校、医院、托儿所、幼儿园用地；

（6）基建项目在建期间使用的土地；

（7）城镇内的集贸市场（农贸市场）用地；

（8）房地产开发公司建造商品房的用地；

（9）对各类危险品仓库、厂房所需的防火、防爆、防毒和安全防范用地；

（10）对企业范围内的荒山、林地、湖泊等占地，尚未利用的，经各省、自治区、直辖市地方税务局审批，可暂免征城镇土地使用税；

（11）其他由省、自治区、直辖市地方税务局确定减免城镇土地使用税的土地。

3. 对地下建筑用地暂按应征税款的50%征收城镇土地使用税。

三、应纳税额的计算

（一）计税依据

城镇土地使用税以纳税人实际占用的土地面积为计税依据，土地面积计量标准为每平方米。即税务机关根据纳税人实际占用的土地面积，按照规定的税额计算应纳税额，向纳税人征收城镇土地使用税。

纳税人实际占用的土地面积按下列办法确定：

1. 凡由省、自治区、直辖市人民政府确定的单位组织测定土地面积的，以测定的面积为准。

2. 尚未组织测量，但纳税人持有政府部门核发的土地使用证书的，以证书确认的土地面积为准。

3. 尚未核发土地使用证书的，应由纳税人据实申报土地面积，据以纳税，待核发土地使用证以后再作调整。

4. 对在城镇土地使用税征税范围内单独建造的地下建筑用地，按规定征收城镇土地使用税。其中，已取得地下土地使用权证的，按土地使用权证确认的土地面积计算应征税款；未取得地下土地使用权证或地下土地使用权证上未标明土地面积的，按地下建筑垂直投影面积计算应征税款。

（二）应纳税额的计算

城镇土地使用税依据纳税人实际占用的土地面积和规定的单位税额计算，其计算公式为：

全年应纳税额 = 实际占用应税土地面积（平方米）×适用税额

【例9-8】 某市食品厂坐落在该市繁华地段，企业土地使用证书记载占用土地的面积为3 600平方米，经确定属一等地段；该厂另设两个统一核算的分厂均坐落在市区三等地段，共占地7 800平方米；一座仓库位于市郊，属五等地段，占地面积为1 100平方米；另外，该企业自办幼儿园占地面积为2 600平方米，属三等地段。计算该厂全年应纳城镇土地使用税额（一等地段年税额4元/平方米，三等地段年税额1元/平方米，五等地段年税额为0.6元/平方米）。

（1）食品厂占地应纳税额 = 3 600 × 4 = 14 400（元）

（2）分厂占地应纳税额 = 7 800 × 1 = 7 800（元）

（3）仓库占地应纳税额 = 1 100 × 0.6 = 660（元）

（4）食品厂自办幼儿园按税法规定免税。

（5）全年应纳城镇土地使用税 = 14 400 + 7 800 + 660 = 22 860（元）

【例9-9】 某市甲、乙两公司共同拥有一块土地使用权，这块土地面积为6 000平方米，甲公司实际使用2/5，乙公司实际使用3/5。甲、乙两公司位于大城市，当地政府核定单位土地税额为10元/平方米。计算甲、乙两公司全年应纳的城镇土地使用税。

甲公司应纳税额 = 6 000 × 2/5 × 10 = 24 000（元）

乙公司应纳税额 = 6 000 × 3/5 × 10 = 36 000（元）

四、税款的缴纳和会计处理

（一）纳税期限

城镇土地使用税实行按年计算、分期缴纳的征收方法，具体纳税期限由省、自治区、直辖市人民政府确定。一般分别确定按月、季或半年等不同的期限缴纳。

（二）纳税义务发生时间

1. 纳税人购置新建商品房，自房屋交付使用之次月起，缴纳城镇土地使用税。

2. 纳税人购置存量房，自办理房屋权属转移、变更登记手续，房地产权属登记机关签发房屋权属证书之次月起，缴纳城镇土地使用税。

3. 纳税人出租、出借房产，自交付出租、出借房产之次月起，缴纳城镇土地使用税。

4. 房地产开发企业自用、出租、出借本企业建造的商品房，自房屋使用或交付之次月起，缴纳城镇土地使用税。

5. 纳税人新征用的耕地，自批准征用之日起满一年时开始缴纳土地使用税。

6. 纳税人新征用的非耕地，自批准征用次月起缴纳土地使用税。

（三）纳税地点

城镇土地使用税在土地所在地缴纳。纳税人使用的土地不属于同一省、自治区、直辖市管辖的，由纳税人分别向土地所在地的税务机关缴纳土地使用税；在同一省、自治区、直辖市管辖范围内，纳税人跨地区使用的土地，其纳税地点由各省、自治区、直辖市地方税务局确定。

（四）会计核算

城镇土地使用税税金通过“管理费用”和“应交税费——应交城镇土地使用税”账户核算。

第四节　土地增值税

一、土地增值税的含义

土地增值税是对转让国有土地使用权及地上建筑物和其他附着物（简称房地产）产权的单位和个人，就其转让房地产所取得的增值额征收的一种税。我国于 1994 年 1 月起开征此税。

土地增值税以转让房地产的增值额为计税依据，对房地产市场具有重要的调控作用；土地增值税按照超率累进税率进行分级课税，税率与房地产的增值率直接相关，因而，征收土地增值税有利于房地产市场的稳定健康发展。

二、土地增值税的主要内容

（一）征税范围

1. 转让国有土地使用权；

2. 转让地上建筑物及其附着物。

这里所说的“国有土地”，是指按国家法律规定属于国家所有的土地。“地上建筑物及其附着物”，是指建于土地上的一切建筑物、构筑物，地上、地下的各种附属设施以及附着于土地上的不能移动、一旦移动就会损坏的种植物、养殖物及其他物品，如房屋、仓库、锅炉房、水塔、排污、排洪、排水、供电、供气设施及花草、树木等。

（二）纳税人

土地增值税的纳税人是指在我国境内转让国有土地使用权、地上建筑物及其附着物并取得收入的一切单位和个人。具体包括：机关、团体、部队、企业、事业单位、个体工商户和国内其他单位和个人，以及外商投资企业、外国企业、外国驻华机构、华侨、台湾、香港、澳门同胞和外籍人员等。

（三）税率

土地增值税采用四级超率累进税率。对土地增值额未超过扣除项目金额 50% 的部分，税率为 30%；增值额超过扣除项目金额 50%、未超过 100% 部分，税率为 40%；增值额超过扣除项目金额 100%、未超过 200% 部分，税率为 50%；增值额超过扣除项目金额 200% 以上部分，税率为 60%（见表 9－4）。

表 9－4　　土地增值税税率表

级　数	增值额占扣除项目金额的比例	适用税率	速算扣除率
1	50% 以下（含 50%）	30%	0
2	50% ~100%（含 100%）	40%	5%
3	100% ~200%（含 200%）	50%	15%
4	200% 以上	60%	35%

请思考：超率累进税率与超额累进税率有哪些异同？

（四）税收优惠

1. 纳税人建造普通标准住宅出售，增值额未超过扣除项目金额 20% 的免税。普通标准住宅是指按所在地一般民用住宅标准建造的居住用住宅。不包括高级别墅、高级公寓、小洋楼、度假村及超面积、超标准豪华装修的住宅。纳税人建造标准住宅出售，增值额超过扣除项目金额 20% 的，应就其全部增值额按规定计税。

2. 因城市规划、国家建设的需要依法征用、收回的房地产免税。因城市规划、国家建设的需要而搬迁，纳税人自行转让原房地产的，比照本规定免税。

3. 个人因工作调动或改善居住条件而转让原自用住房（不包括出租住房和营业性非住房），经向税务机关申报批准，凡居住已满 5 年的免税，居住已满 3 年未满 5 年的减半征税。

三、土地增值税的计算

（一）计税依据

土地增值税是以纳税人转让房地产所取得的增值额为计税依据，增值额是指纳税人转让房地产的收入减除按税法规定的扣除项目金额后的余额。用公式表示为：

增值额＝转让房地产取得的收入总额－扣除项目金额

因此，要确定土地增值税的计税依据，关键在于正确确定转让房地产取得的收入额和扣除项目金额。

1. 转让房地产收入的确定。纳税人转让房地产的收入，是指纳税人转让房地产的全部价款及有关的经济利益，包括货币收入、实物收入和其他收入。

转让房地产收入如为外国货币的，以取得收入当天或当月 1 日国家公布的外汇牌价折合成人民币计税（后者适用于经常发生房地产转让的纳税人，如房地产开发公司）。

2. 扣除项目金额的确定。允许扣除的具体项目包括以下六项：

（1）取得土地使用权所支付的金额。这是指纳税人为取得土地使用权所支付的地价款

（以协议、招标、拍卖等出让方式取得土地使用权的，地价款为纳税人所支付的土地出让金；以行政划拨方式取得土地使用权的，地价款为按照国家有关规定补交的土地出让金；以转让方式取得土地使用权的，地价款为向原土地使用权人实际支付的地价），以及按国家统一规定缴纳的有关费用（是纳税人在取得土地使用权过程中为办理有关手续，按国家统一规定缴纳的有关登记、过户手续费）。

（2）开发土地和新建房及配套设施（以下简称房地产开发）的成本。它是指纳税人房地产开发项目实际发生的成本，包括土地征用及拆迁补偿费、前期工程费、建筑安装工程费、基础设施费、公共配套设施费、开发间接费用。

（3）房地产开发费用。它是指与房地产开发项目有关的销售费用、管理费用和财务费用。这三项费用作为期间费用，直接计入当期损益，不按成本核算对象进行分摊，故不能按纳税人实际发生的开发费用扣除，而应区分以下两种情况分别计算扣除：

①财务费用中的利息支出，凡能够按转让房地产项目计算分摊并提供金融机构证明的，允许据实扣除，但最高不得超过按商业银行同类同期贷款利率计算的金额；其他房地产开发费用，按取得土地使用权所支付的金额和房地产开发成本的金额之和的5%以内计算扣除，即：

允许扣除的房地产开发费用＝利息＋（取得土地使用权所支付的金额＋房地产开发成本）×5%以内

②凡不能按转让房地产项目计算分摊利息支出或不能提供金融机构证明的，房地产开发费用按取得土地使用权所支付的金额和房地产开发成本的金额之和的10%以内计算扣除，即：

允许扣除的房地产开发费用＝（取得土地使用权所支付的金额＋房地产开发成本）×10%以内

上述计算扣除的具体比例，由各省、自治区、直辖市人民政府规定。

（4）旧房及建筑物的评估价格。它是指转让已使用房屋及建筑物时，由政府批准设立的房地产评估机构评定的重置成本价乘以成新度折扣率后的价格。评估价格需经当地税务机关确认。

上述重置成本价，指对旧房及建筑物，按转让时的价格和人工费用计算，建造同样面积、同样层次、同样结构、同样建设标准的新房及建筑物所需花费的成本费用。成新度折扣率，是指按旧房的新旧程度作一定比例的折扣。如一幢楼房已使用5年，建造时造价为500万元，该房现有八成新，如按转让时的重置成本需要1 000万元，则该房的评估价格为1 000×80%＝800万元。

（5）与转让房地产有关的税金。它是指转让房地产时缴纳的营业税、城市维护建设税、印花税（房地产开发企业的印花税列入管理费用中，不予单独计算扣除）。而转让房地产缴纳的教育费附加，也可视同税金予以扣除。

（6）对从事房地产开发的纳税人可按取得土地使用权所支付金额和房地产开发成本的金额之和，加计20%的扣除，以保护正当开发投资者的积极性。但对于取得土地使用权或房屋产权后未进行开发即转让的，不允许加计20%扣除。

这里还需注意两点：

第一，并不是任何纳税人，转让房地产的任何情况，都可以扣除上述六项。相反，要注意区分不同纳税人（专营或兼营房地产开发的房地产开发公司，或其他纳税人），以及转让的是新建房还是旧房，是单独转让土地使用权还是连同地上建筑物一同转让，是房地产的转手买卖还是经投资开发后转让，财务费用中的利息支出是否能按项目分摊并有金融机构证明等不同情况，分别确定扣除项目并正确计算其金额。试比较以下两例：

【例 9-10】 某市房地产开发公司转让一幢楼房，取得收入 1 800 万元，随即依法缴纳了营业税、城市维护建设税、教育费附加和印花税（产权转移书据，规定按所载金额的 0.5‰缴纳印花税）。该公司建造这幢楼房为取得土地使用权而支付的地价款和有关费用 150 万元；投入的房地产开发成本 300 万元；发生的开发费用 50 万元，其中利息支出 27 万元，能按转让房地产项目计算分摊，并有金融机构证明，房产所在省规定房地产开发费用的扣除比例为 4%，则其扣除项目的金额为：

（1）取得土地使用权所支付的金额 150 万元。

（2）房地产开发成本 300 万元。

（3）房地产开发费用 = 27 + (150 + 300) × 4% = 45 （万元）

（4）转让房地产缴纳的营业税、城市维护建设税、教育费附加 = 1 800 × 5% × (1 + 7% + 3%) = 99 （万元）

（5）加计 20% 的扣除额 = (150 + 300) × 20% = 90 （万元）

扣除项目的金额合计 = 150 + 300 + 45 + 99 + 90 = 684 （万元）

【例 9-11】 某单位转让市区一幢 20 世纪 80 年代末建造的房屋，取得收入 1 400 万元，依法缴纳了有关税金。据资料记载这幢房屋当时的造价为 400 万元，经有关房地产评估机构评定，其重置成本价格为 1 600 万元，房屋现有六成新；据有关规定转让原以行政划拨方式取得的土地使用权需补交出让金 60 万元。则其扣除项目的金额为：

（1）补缴土地出让金 60 万元。

（2）房屋的评估价格 = 1 600 × 60% = 960 （万元）

（3）缴纳的营业税、城市维护建设税、教育费附加 = 1 400 × 5% × (1 + 7% + 3%)
= 77 （万元）

（4）缴纳的印花税 = 1 400 × 0.5‰ = 0.7 （万元）

扣除项目的金额合计 = 60 + 960 + 77 + 0.7 = 1 097.7 （万元）

第二，在实际经济生活中，很多房地产开发项目的规模较大，往往有成片受让土地使用权后，分期分批开发、转让房地产的情况。这样，在计算土地增值税时就需要对扣除项目金额按一定的标准进行计算或分摊。分摊的方法：一是按转让土地使用权面积占总面积的比例计算分摊；二是按照转让的建筑面积占总建筑面积的比例计算分摊；三是按照税务机关确定的其他方法计算分摊。

【例 9-12】 某房地产开发公司取得一块 10 000 平方米土地的使用权，为此支付的出让金为 1 000 万元。该公司在这块土地上建造两幢楼房：一幢为写字楼，占地面积（包括周围的道路及绿地等，下同）4 000 平方米，建筑面积 15 000 平方米；另一幢为公寓，占地面积 6 000 平方米，建筑面积 10 000 平方米。公寓已全部出售，写字楼尚未转让。则公寓应分摊的土地出让金为：

（1）按转让土地使用权面积分摊：

应分摊的土地出让金 = 1 000 × (6 000 ÷ 10 000) = 600 （万元）

（2）按照转让建筑面积分摊：

应分摊的土地出让金 = 1 000 × [10 000 ÷ (15 000 + 10 000)] = 400 （万元）

由此可见，按不同的分摊办法，其计算的结果不同。对建造的商品房，如层次、建筑面积大体相同，则按土地面积分摊较为简单，否则，按建筑面积分摊较为合理。

3. 由税务机关核定转让收入和扣除项目金额的规定。为了准确计算转让房地产的取得收入总额和扣除项目金额，税法规定，纳税人有下列情况之一的，按照房地产评估价格计算征税：（1）隐瞒、虚报房地产成交价格的；（2）提供扣除项目金额不实的；（3）转让房地产成交价格低于房地产评估价格，又无正当理由的。具体的方法是：

对隐瞒、虚报房地产成交价格的，由评估机构参照同类房地产成交的市场交易价格进行评估，税务机关根据评估价格确定转让收入。

提供扣除项目金额不实的，由评估机构按照房屋重置成本乘以成新度折扣率计算的房屋成本和取得土地使用权时的基准地价进行评估，税务机关据此确定扣除项目金额。

转让房地产成交价格低于房地产评估价格，又无正当理由的，由税务机关参照评估价格确定转让收入。

（二）应纳税额的计算

1. 计算公式。土地增值税按纳税人转让房地产取得的增值额（即计税依据）和相应的税率计算应纳税额，在房地产的转让环节纳税。用公式表示为：

应纳税额 = 转让房地产的增值额 × 适用税率

由于土地增值税的税率是按照转让房地产的增值额占扣除项目金额的比例分档设计的，因此，在计算应纳税额时，先要计算出其增值额和增值比例（增值率），以确定适用哪一档或哪几档税率。增值率的计算公式为：

转让房地产的增值率 = （转让房地产的增值额 ÷ 扣除项目金额） × 100%

2. 计算方法。土地增值税有以下两种方法计算其应纳税额：

（1）分步计算法。即分步计算出每一级的增值额及其应纳税额，然后相加得出纳税人转让该项房地产的应纳税额，用公式表示为：

$$应纳税额 = \sum (各级距的增值额 \times 相应的税率)$$

在具体计算时，分两个步骤进行：

第一步，计算出各级距的增值额，依次为：

第一级增值额 = 扣除项目金额 × 50%

第二级增值额 = 扣除项目金额 × (100% − 50%)

第三级增值额 = 扣除项目金额 × (200% − 100%)

第四级增值额 = 全部应税增值额 − 以上各级增值额之和

上述各级距的增值额计算方法也可以用公式概括为：

前几级各级增值额 = 扣除项目金额 × （该级增值率上限 − 该级增值率下限）

最后一级的增值额 = 全部应税增值额 − 扣除项目金额 × 本级增值率下限

或 = 全部应税增值额 − 前几级增值额之和

第二步，以每一级的增值额乘以该级的税率，得出该级的税额，然后相加即为纳税人的应纳税额。计算公式为：

应纳税额 = ∑（各级距的增值额 × 相应的税率）

（2）速算法。即事先计算出各级的速算扣除率，然后按下列公式计算出应纳税额：

应纳税额 = 增值额 × 该级税率 − 扣除项目金额 × 该级的速算扣除率

式中各级速算扣除率依次为：0、5%、15%、35%（见“土地增值税税率表”）。

【例 9−13】 承例 9−10 的资料，分别用分步法和速算法计算其应纳税额为：

（1）转让楼房取得的增值额 = 1 800 − 684 = 1 116 （万元）

（2）增值率 = (1 116 ÷ 684) × 100% ≈ 163%

（3）用分步法计算出每一级的增值额和税额并相加：

第一级税额 = 684 × 50% × 30% = 342 × 30% = 102.60 （万元）

第二级税额 = 684 × (100% − 50%) × 40% = 342 × 40% = 136.80 （万元）

第三级税额 = [1 116 − (342 + 342)] × 50% = 432 × 50% = 216 （万元）

或 = (1 116 − 684 × 100%) × 50% = 216 （万元）

各级的税额相加得出应纳税额 = 102.60 + 136.80 + 216 = 455.40 （万元）

（4）用速算法计算应纳税额：

应纳税额 = 1 116 × 50% − 684 × 15% = 558 − 102.60 = 455.40 （万元）

可见，两种方法计算出的结果完全相同。实际操作时，采用速算法计算更为简便。

四、土地增值税的缴纳和会计处理

（一）纳税期限和纳税地点

1. 纳税期限。纳税人应在转让房地产合同签订之日起 7 日内向所在地税务机关办理纳税申报，并在税务机关核定的期限内缴纳土地增值税。纳税人因经常发生房地产转让而难以在每次转让后申报的，经税务机关同意，可以定期纳税，具体期限由税务机关分两种情况确定：

（1）对于转让房地产是一次性交割、付清价款的，在办理纳税申报后，并在办理过户、登记手续前，一次性缴纳全部土地增值税。

（2）对于以分期收款方式转让房地产的，可根据合同规定的收款日期确定纳税期限。

根据房地产经营的特点，还规定可以预征。即纳税人在项目全部竣工结算前，转让房地产取得的收入，由于涉及成本确定或其他原因而无法计算土地增值税的，可采用先预缴，待该项目全部竣工、办理结算后再进行清算，多退少补。具体办法由各省、自治区、直辖市地方税务局根据当地情况制定。一般也有两种情况：

①对先转让房地产项目，后又进行小区配套设施的，可以按转让项目实际发生的成本确定扣除项目金额，再加上配套设施预计成本核定该项目应分摊的扣除项目金额，据以计算预缴土地增值税。

②对预售房地产的，可按交易双方签订预售合同中确定的转让收入作为计税收入，按房地产开发项目的预算成本核定一个扣除项目金额，并以核定的扣除项目金额和转让收入为基数，计算出预征率，在每次预收款时，按此预征率计算预缴土地增值税。

2. 纳税地点。土地增值税由房地产所在地的地方税务机关负责征收。房地产所在地指房地产坐落地。纳税人转让的房地产坐落在两个或两个以上地区的，按房地产所在地分别申报纳税。

（二）会计核算

企业缴纳的土地增值税应通过“应交税费——应交土地增值税”账户核算，反映税款的计提与解缴。

按规定计算出应缴纳的土地增值税时，分别如下情况进行处理：

1. 主营房地产的企业，计算出当期应纳的土地增值税时，借记“主营业务税金及附加”账户，贷记“应交税费——应交土地增值税”账户。

2. 兼营房地产业务的企业，当期应纳的土地增值税，借记“其他业务支出”账户，贷记“应交税费——应交土地增值税”账户。

3. 企业转让的国有土地使用权连同地上建筑物及其附着物一并在“固定资产”或“在建工程”等账户核算的，转让时应缴纳的土地增值税，借记“固定资产清理”、“在建工程”等账户，贷记“应交税费——应交土地增值税”账户。

4. 企业缴纳增值税时，借记“应交税费——应交土地增值税”账户，贷记“银行存款”账户。

第10章 房产税、契税、车辆购置税和车船税

财产税是一种古老的税收，我国契税早在东晋时期就出现了。在唐德宗时期又开征了以房屋为征税对象的“间架税”。因财产税独特的财政收入功能和调节财富分配的作用，一直在各国税制体系中占有一席之地。现代财产税一般分为不动产税、财产转移税和财产净值税。征税范围涉及土地、房屋、企业设备、机动车船、宝石、证券等方面。我国现行税制中，具有财产税性质的税种主要包括：对拥有财产征收的房产税和车船税以及对财产转移征收的契税和车辆购置税。

第一节 房 产 税

一、房产税的含义

房产税是以城市、县城、建制镇和工矿区的房产为征税对象，按房产的计税余值或租金收入，向房屋产权所有人或经营人征收的一种税。

我国于1951年8月8日开始征收城市房地产税。1973年简化税制时，企业缴纳的城市房地产税并入工商税，只对个人、外资企业和房地产管理部门继续征收。1984年国务院在决定对国内企业单位房产恢复征税时，考虑到由于我国土地属于国家和集体所有，土地使用者一般没有土地产权，房地产税名不符实，因而将对内资企业和个人征收的城市房地产税分为房产税和土地使用税。城市房地产税只对涉外企业和涉外个人继续适用。1986年9月15日，国务院发布了《中华人民共和国房产税暂行条例》，从当年10月1日开始施行。2008

年12月31日，国务院宣布自2009年1月1日起废止城市房地产税，外商投资企业、外国企业和组织以及外籍个人，依照《中华人民共和国房产税暂行条例》和内资企业一样缴纳房产税。

征收房产税有利于配合有关部门贯彻房产政策，加强房产管理，促进合理建房、用房，建立正常的租赁关系，同时，可以积累一定的财政资金。

二、房产税的主要内容

（一）征税对象和征税范围

房产税的征税对象是房产。所谓“房产”是以房屋形态表现的财产。房屋是指有屋面和围护结构（有墙或两边有柱），能够遮风避雨，可供人们在其中生产、工作、学习、娱乐、居住或储藏物资的场所。包括附属设备，但不包括独立于房屋之外的建筑物，如围墙、水塔等。

房产税的征税范围是位于城市、县城、建制镇和工矿区的房屋。对坐落在上述地区之外的房屋不征收房产税。其中，城市是指经国务院批准设立的市，包括市区、郊区和市辖县城，不包括农村；县城是指县人民政府所在地；建制镇是指经省、自治区、直辖市人民政府批准设立的建制镇，征税范围为镇人民政府所在地，不包括农村；工矿区是指工商业比较发达，人口比较集中，符合国务院规定的建制镇标准，但尚未设立建制镇的大中型工矿企业所在地。具体征税范围，由各省、自治区、直辖市人民政府确定。

（二）纳税人

房产税由产权所有人缴纳，即由在我国境内拥有房屋产权的单位和个人缴纳。产权属于国家所有的，由经营管理单位缴纳；产权出典的，由承典人缴纳；产权所有人、承典人不在房产所在地的，或者产权未确定及租典纠纷未解决的，由房产代管人或使用人缴纳。

（三）计税依据

房产税的计税依据为房产的计税价值或房屋的租金收入，通常简称从价计征和从租计征。

从价计征的以房产余值为计税依据。房产余值是指房产原值一次扣除10% ~30%后的余额，具体减除幅度由省、自治区、直辖市人民政府确定。

房产原值是指纳税人按照会计制度的规定，在“固定资产”账户中记载的房屋原价。房屋原值还包括与房屋不可分割的各种附属设备或一般不单独计算价值的配套设施，主要有暖气、卫生、通风、照明、煤气等设备，给水排水等管道，电力、电讯导线、电梯、晒台、过道等。纳税人没有记载房屋原价或原价记载不实的，由房产所在地税务机关参照同类房产确定原值。

提示：房产余值不同于会计核算的固定资产原值、净值等概念。

从租计征房产税的，以出租房产的租金收入作为房产税的计税依据。租金包括货币收入和实物收入。对以劳务或其他形式为报酬抵付房租的，则根据当地房地产的租金水平，确定一个标准租金额计征。

无租使用其他单位房产的应税单位和个人，依照房产余值代缴纳房产税。

产权出典的房产，由承典人依照房产余值缴纳房产税。

融资租赁的房产，由承租人自融资租赁合同约定开始日的次月起依照房产余值缴纳房产税。合同未约定开始日的，由承租人自合同签订的次月起依照房产余值缴纳房产税。

（四）税率

房产税采用比例税率，分别按从价计征和从租计征设置了两种税率。

1. 从价计征的税率为1.2%；

2. 从租计征的税率为12%。

对个人出租住房和企事业单位、社会团体以及其他组织按市场价格向个人出租用于居住的住房，减按4%的税率征收。

（五）税收优惠

下列房产免税：

1. 国家机关、人民团体、军队自用的房产。但这些单位的出租房产以及非本身业务使用的生产、营业用房，应按规定征税。

2. 由国家财政部门拨付事业经费的单位自用的房产。

3. 宗教寺庙、公园、名胜古迹自用的房产。但于寺庙、公园、名胜古迹中附设的营业单位，如茶社、饮食部、照相馆、影剧院等所使用的房产及出租的房产，不属免税范围。

4. 个人所有非营业用的房产。

5. 经财政部批准免税的其他房产，主要有：

（1）经有关部门鉴定，损坏不堪不能使用的房屋和危险房屋；

（2）企业停产、撤销后，闲置不用的房产，经省级税务局批准，可暂不征收房产税。但这些房产转给其他单位使用或企业恢复生产时，应照章纳税；

（3）经税务机关审核，房屋大修停用半年以上的，大修期间可免税；

（4）在基建工地为基建工地服务的各种工棚、材料棚、休息棚和办公室、食堂、茶炉房、汽车房等临时房屋，在施工期间一律免税。但工程结束后，施工企业将这些临时性房屋交还或估价转让给基建单位的，从基建单位接收的次月起，照章纳税；

（5）企业办的各类学校、医院、托儿所、幼儿园自用的房产；

（6）中、小学校及高等学校用于教学及科研等本身业务的房产免税。但校办工厂、校办企业、商店、招待所等应按规定征税。

对上述规定同时明确：

（1）纳税单位与免税单位共有的房产，原则上以产权所有划分，即凡产权属纳税单位所有的，照章纳税；产权属免税单位所有的，原则上免税；

（2）免税单位出借的房产给免税单位的，免税；给纳税单位的，照章纳税；

（3）纳税单位出借的房产，以及免税单位出租的或作营业性用的房产，均征税。

三、房产税应纳税额的计算

从价计征的房产税的计算公式为：

应纳税额 = 房产原值 ×（1 - 扣除比例）×1.2%

从租计征的房产税的计算公式为：

应纳税额 = 房产租金收入 ×12%

【例10-1】 某工厂按会计制度核算的房产原值总计为1 000万元，其中生产用厂房的原值为660万元（假定该地区规定房产余值按房产原值一次扣除30%计算）。

由于房产税的计税依据不考虑生产用房或非生产用房，因此：

该厂应纳税额 = 10 000 000 ×（1 - 30%）×1.2% = 84 000 （元）

【例 10 - 2】 某城镇居民自有房屋 20 间，其中 5 间自住，10 间出租给集体商店，每月租金 1.5 万元。其余 5 间作自办饭店使用，房屋价值每间 5 万元。该地区规定，房产余值按房产原值一次扣除 30% 计算。该居民每年应纳的房产税为：

出租房年应纳税额 =（15 000 ×12）×12% = 21 600 （元）

营业房年应纳税额 =（50 000 ×5）×（1 - 30%）×1.2% = 2 100 （元）

该居民每年应纳税额 = 21 600 + 2 100 = 23 700 （元）

四、房产税的缴纳和会计处理

房产税按年征收、分期缴纳，具体纳税期限由省、自治区、直辖市人民政府确定。可分季缴纳，也可分上下半年两次缴纳。应税自建房屋于建成次月起纳税；委托施工企业建房，从办理验收手续次月起纳税；纳税人在办理验收手续前已使用或出租、出借的新建房屋则应照章纳税。

房产税在房产所在地缴纳。房产不在同一地区的纳税人，按房产的坐落地分别缴纳。

企业计算出应缴纳的房产税时，借记“管理费用”账户，贷记“应交税费——应交房产税”账户；上缴税金时借记“应交税费——应交房产税”账户，贷记“银行存款”账户。

第二节 契 税

一、契税的含义

契税是对在我国境内转移的土地、房屋权属，由承受单位或个人缴纳的一种税。

契税是一个古老税种。新中国成立后，1950 年 4 月政务院颁布了《中华人民共和国契税暂行条例》，对旧中国的契税制度进行了改革。施行四十多年来，对于加强土地房屋的权属转移管理，增加财政收入、调节收入分配等发挥了积极作用。我国实行改革开放以后，国家重新调整了土地、房屋管理的有关政策，房地产市场逐步得到恢复和发展。为更好地适应建立和发展社会主义市场经济的需要，发挥契税筹集财政收入、规范和调控房地产市场的功能，国务院于 1997 年本着“公平税负，合理负担；规范税制，严格控制减免范围，增加财政收入；适当下放税收管理权限，调动地方管理的积极性”的原则对原有条例进行修订，重新发布了《中华人民共和国契税暂行条例》，于 1997 年 10 月 1 日起施行。

二、契税的主要内容

（一）征税对象和征税范围

契税的征税对象为发生土地使用权和房屋所有权权属转移的土地和房屋。其征收范围包括单位和个人所有在我国境内的转移土地、房屋权属的行为。具体指下列行为：

1. 国有土地使用权出让。是指土地使用者向国家交付土地使用权出让费，国家将国有土地使用权在一定年限内让予土地使用者的行为。

2. 土地使用权转让。包括土地使用权出售、赠与和交换，但不包括农村集体土地承包经营权的转移。

土地使用权转让，是指土地使用者以出售、赠与、交换或者其他方式将土地使用权转移给其他单位和个人的行为。

土地使用权出售，是指土地使用者以土地使用权作为交换条件，取得货币、实物或者其他经济利益的行为。

土地使用权赠与，是指土地使用者将土地使用权无偿转让给受赠者的行为。

土地使用权交换，是指土地使用者之间相互交换土地使用权的行为。

3. 房屋买卖。是指房屋所有者将其房屋出售，由承受者交付货币、实物或者其他经济利益的行为。

4. 房屋赠与。是指房屋所有者将其房屋无偿转让给受赠者的行为。

5. 房屋交换。是指房屋所有者之间相互交换房屋所有权的行为。

6. 土地、房屋权属以下列方式转移的，视同土地使用权转让、房屋买卖或房屋赠与：

（1）以土地、房屋权属作价投资入股；

（2）以土地房屋权属抵债；

（3）以获奖方式承受土地、房屋权属；

（4）以预购方式或者预付集资建房款方式承受土地房屋权属。

（二）纳税人

契税的纳税人是指在我国境内转移土地、房屋权属过程中承受土地、房屋权属的所有单位和个人。承受是指以受让、购买、受赠、交换等方式取得土地、房屋权属的行为。

单位，是指企业单位、事业单位、国家机关、军事单位和社会团体以及其他组织。个人，是指个体经营者及其他个人，包括中国公民和外籍人员。

特别提示：契税的纳税人不是卖方，而是买方。

（三）计税依据

契税的计税依据为不动产的价格。由于土地、房屋权属转移方式不同，定价方法不同，具体计税依据视不同情况而定。

1. 对国有土地使用权出让、土地使用权出售、房屋买卖的，以成交价格为计税依据。成交价格是指土地、房屋权属转移合同确定的价格。包括承受者应交付的货币、实物、无形资产或者其他经济利益。

2. 对土地使用权赠与、房屋赠与的，由征收机构参照土地使用权出售、房屋买卖的市场价格核定其计税依据。

3. 对土地使用权交换、房屋交换的以交换的土地使用权价格的差额为计税依据。即双方价格不相等的，由多支付货币、实物、无形资产或者其他经济利益的一方按价格的差额计算纳税；交换价格相等的，免征契税。土地使用权与房屋所有权之间相互交换，也照此办理。

4. 以划拨方式取得土地使用权的，经批准转让房地产时，由房地产转让者补缴契税。其计税依据为补缴的土地使用权出让费用或者土地收益。

此外，对成交价格明显低于市场价格而无正当理由的，或者交换土地使用权、房屋的价格的差额明显不合理且无正当理由的，由征收机关参照市场价格核定。

（四）税率

契税的税率，为3% ~5%的幅度比例税率。具体执行税率，由各省、自治区、直辖市人民政府在规定的幅度内根据本地区实际情况确定，并报财政部和国家税务总局备案。目前，天津、内蒙古、上海、浙江、福建、山东、广东、广西、海南、重庆、云南、贵州、陕西、青海、宁夏、新疆实行3%的税率；北京、河北、山西、江苏、安徽、江西、河南、湖北、湖南、四川实行4%的税率；甘肃实行3.5%的税率；辽宁实行5%的税率；黑龙江、吉林等对于居民个人购买自用住房实行3%的税率，对于其他项目均实行5%的税率；西藏目前没有开征此税。

（五）减税、免税

1. 国家机关、事业单位、社会团体、军事单位承受土地、房屋用于办公、教学、医疗、科研和军事设施的，免税。

2. 城镇职工经县以上人民政府批准，在国家规定标准面积以内，第一次购买公有住房的，免税；但超过国家规定标准面积的部分，仍应照章纳税。

3. 因自然灾害、战争等不能预见、不能避免和不能克服的客观情况丧失住房而重新购买住房的，酌情给予减征或免征。

4. 财政部规定的其他减征、免征契税的项目。主要有：

（1）纳税人承受荒山、荒沟、荒丘、荒滩土地使用权，用于农、林、牧、渔生产的，免税；

（2）依照我国有关法律规定以及我国缔结或参加的双边或多边条约或协定的规定应予免税的外国驻华使馆、领事馆、联合国驻华机构及其外交代表、领事官员和其他外交人员承受土地、房屋权属的，经外交部确认，免征；

（3）土地、房屋被县级以上人民政府征用、占用后，重新承受土地、房屋权属的单位或个人，是否减征或免征契税，由省、自治区、直辖市人民政府确定。

三、契税应纳税额的计算

契税应纳税额的计算公式为：

应纳税额 = 计税依据 × 税率

应纳税额以人民币计算，转移土地、房屋权属以外汇结算的，按照纳税义务发生之日中国人民银行公布的人民币市场汇率中间价折合成人民币计算。

【例10-3】 居民甲将一栋私有房屋出售给居民乙，房屋成交价格为6万元。甲另将一处两室住房与居民丙交换成两处一室住房，并支付换房差价款1.1万元。计算甲、乙、丙相关行为应缴纳的契税（假定税率为5%）。

乙应纳税额 = 60 000 × 5% = 3 000 （元）

甲应纳税额 = 11 000 × 5% = 550 （元）

四、契税税款的缴纳和会计处理

契税的纳税义务发生时间，为纳税人签订土地、房屋权属转移合同的当天，或者纳税人取得其他具有土地、房屋权属转移合同性质凭证的当天。纳税人因改变土地、房屋用途应补缴已减免契税的，以改变土地、房屋用途的当天为纳税义务的发生时间。

纳税人应自纳税义务发生之日起10日内，向土地、房屋所在地的契税征收机关办理纳税申报，并在征收机关核定的期限内缴纳税款。纳税人缴纳税款后，持契税完税证和其他规定的文件材料，向土地管理部门、房产管理部门办理有关土地、房屋的权属变更、登记手续；如未出具契税完税凭证，则不予办理。

企业计算出应缴纳的契税时，借记“固定资产”、“无形资产”等账户，贷记“应交税费——应交契税”账户；缴纳税金时借记“应交税费——应交契税”账户，贷记“银行存款”账户。

第三节　车辆购置税

一、车辆购置税的含义

车辆购置税是对在我国境内购置应税车辆的单位和个人，就其购置的应税车辆在购置环节一次性征收的一种税。

2000年10月22日国务院发布了《中华人民共和国车辆购置税暂行条例》，决定从2001年1月1日起，开征车辆购置税。车辆购置税是由1985年开征的车辆购置附加费转化而来的。车辆购置附加费是国家专门筹集用于公路建设资金的重要渠道，作为在全国范围内普遍强制征收的专项政府基金，由于管理规范、操作简便，已经具有明显的税收特性。将车辆购置附加费改为车辆购置税，有利于理顺政府分配关系，规范财政收入，增强政府宏观调控能力。实行规范化财政管理，接受社会各界监督，有利于交通基础设施建设资金的依法足额筹集，确保资金专款专用，从而促进交通基础设施建设事业的健康发展。

二、车辆购置税的主要内容

（一）征税范围

车辆购置税的征税范围是：汽车、摩托车、电车、挂车、农用运输车。车辆购置税实行一次征收制度。购置已征车辆购置税的车辆，不再征收车辆购置税。

提示：*一次性征收的税种还有耕地占用税。*

（二）纳税人

在我国境内购买、进口、自产、受赠、获奖或者以其他方式取得并自用应税车辆的单位和个人，为车辆购置税的纳税人。其中，单位包括国有企业、集体企业、私营企业、股份制企业、外商投资企业、外国企业以及其他企业和事业单位、社会团体、国家机关、部队以及其他单位；个人，包括个体工商户以及其他个人。

（三）计税依据

车辆购置税的计税价格根据不同情况，按照下列规定确定：

1. 纳税人购买自用的应税车辆的计税价格，为纳税人购买应税车辆而支付给销售者的全部价款和价外费用，不包括增值税税款。

2. 纳税人进口自用的应税车辆的计税价格，为关税完税价格、关税和消费税的合计数。计算公式为：计税价格 = 关税完税价格 + 关税 + 消费税。

3. 纳税人自产、受赠、获奖或者以其他方式取得并自用的应税车辆的计税价格，由主管税务机关参照最低计税价格核定。

国家税务总局参照应税车辆市场平均交易价格，规定不同类型应税车辆的最低计税价格。

4. 纳税人购买自用或者进口自用应税车辆，申报的计税价格低于同类型应税车辆的最低计税价格，又无正当理由的，按照最低计税价格征收车辆购置税。

（四）税率

车辆购置税的税率为10%。

为缓解国际金融危机对汽车产业的冲击，对2009年1月20日至12月31日购置1.6升及以下排量乘用车，暂减按5%的税率征收车辆购置税。对2010年1月1日至12月31日购置1.6升及以下排量乘用车，暂减按7.5%的税率征收车辆购置税。

（五）减免税

1. 外国驻华使馆、领事馆和国际组织驻华机构及其外交人员自用的车辆，免税；
2. 中国人民解放军和中国人民武装警察部队列入军队武器装备订货计划的车辆，免税；
3. 设有固定装置的非运输车辆，免税；
4. 有国务院规定予以免税或者减税的其他情形的，按照规定免税或者减税。

三、车辆购置税应纳税额的计算

车辆购置税实行从价定率的办法计算应纳税额。应纳税额的计算公式为：

应纳税额 = 计税价格 × 税率

【例10-4】 某纳税人购买一辆国产车，含增值税的价格为11.7万元，计算其应纳税额。

应纳税额 = 117 000 ÷ (1 + 17%) × 10% = 10 000 （元）

注意： 车辆购置税的计税价格是不含增值税的价格，与媒体报价、商场标价的含增值税的价格是不同的。

四、车辆购置税税款的缴纳和会计处理

纳税人购买、进口、自产、受赠、获奖或者以其他方式取得并自用应税车辆的，应当自购买、进口、自产、受赠、获奖或者以其他方式取得之日起60日内申报纳税；购置应税车辆，应当向车辆登记注册地的主管国税机关申报纳税；购置不需要办理车辆登记注册手续的应税车辆，应当向纳税人所在地的主管国税机关申报纳税。纳税人应当在向公安机关车辆管理机构办理车辆登记注册前，一次缴清车辆购置税。没有完税证明或者免税证明的，公安机关车辆管理机构不得办理车辆登记注册手续。免税、减税车辆因转让、改变用途等原因不再

属于免税、减税范围的，应当在办理车辆过户手续前或者办理变更车辆登记注册手续前缴纳车辆购置税。

企业按规定缴纳的车辆购置税，借记“固定资产”账户，贷记“银行存款”账户。

第四节 车 船 税

一、车船税的含义

车船税是对在我国境内拥有或管理车船的单位和个人，按其车船的种类、数量和吨位实行定额征收的一种税。

我国于1951年9月开征车船使用牌照税。1973年简化税制时，把对企业征收的部分并入工商税。1984年恢复征收，并改为车船使用税。1986年颁布《车船使用税暂行条例》，于同年10月起在内资企业和个人中施行。对涉外企业和外籍人员仍施行车船使用牌照税。2006年12月29日国务院发布《中华人民共和国车船税暂行条例》，将车船使用税和车船使用牌照税合并为车船税，自2007年1月1日起施行。

征收车船税，在配合加强对车船的管理、取得地方财政收入、改善和建设城乡公共道路、保养航道设施等方面有一定积极作用。

二、车船税的主要内容

（一）征税对象和征税范围

车船税的征税对象是在中华人民共和国境内依法应当在车船管理部门登记的车辆和船舶（以下简称车船）。

所谓车船管理部门，是指公安、交通、农业、渔业、军事等依法具有车船管理职能的部门。

在机场、港口以及其他企业内部场所行驶或者作业，并在车船管理部门登记的车船，也应是车船税的征税范围。

（二）纳税人

车船税的纳税人是在我国境内依法登记的车辆和船舶的所有人或管理人。车船的所有人或者管理人未缴纳车船税的，应由使用人代为缴纳。所谓车船的管理人是指对车船具有管理使用权，但不具有所有权的单位。

从事机动车交通事故责任强制保险业务的保险机构为机动车车船税的扣缴义务人，应当依法代收代缴车船税。

（三）计税依据

车船税根据车船的种类，按辆、自重（吨）、净吨位从量定额计征。具体为：

1. 载客汽车和摩托车，以“辆”为计税依据。

2. 载货汽车和三轮汽车低速货车，以“自重”为计税依据。

3. 船舶，以“净吨位”为计税依据。净吨位是指额定（或称预定）装运货物的船舱所占用的空间容积。

（四）税率

车船税采用幅度定额税率。分为载客汽车、载货汽车、三轮汽车低速货车、摩托车和船舶五大类。具体适用税额按照表10－1的规定执行。

表10－1　　车船税税目税额表

<table>
<tr><th colspan="2">税　目</th><th>计税单位</th><th>每年税额</th><th>说　明</th></tr>
<tr><td rowspan="4">载客汽车</td><td>大型客车</td><td rowspan="4">每辆</td><td>480～660元</td><td rowspan="4">包括电车</td></tr>
<tr><td>中型客车</td><td>420～660元</td></tr>
<tr><td>小型客车</td><td>360～660元</td></tr>
<tr><td>微型客车</td><td>60～480元</td></tr>
<tr><td colspan="2">载货汽车</td><td>按自重每吨</td><td>16～120元</td><td>包括半挂牵引车、挂车</td></tr>
<tr><td colspan="2">三轮汽车低速货车</td><td>按自重每吨</td><td>24～120元</td><td></td></tr>
<tr><td colspan="2">摩托车</td><td>每辆</td><td>36～180元</td><td></td></tr>
<tr><td rowspan="4">船舶</td><td>净吨位小于或者等于200吨的</td><td rowspan="4">按净吨位每吨</td><td>3元</td><td rowspan="4">拖船和非机动驳船分别按船舶税额的50%计算</td></tr>
<tr><td>净吨位201吨至2 000吨的</td><td>4元</td></tr>
<tr><td>净吨位2 001吨至10 000吨的</td><td>5元</td></tr>
<tr><td>净吨位10 001吨及其以上的</td><td>6元</td></tr>
</table>

注：专项作业车、轮式专用机械车的计税单位及每年税额由国务院财政部门、税务主管部门参照本表确定。

车辆的具体适用税额由省、自治区、直辖市人民政府在规定的子税目、税额幅度内确定。

大型客车是指核定载客人数大于或者等于20人的载客汽车；中型客车是指核定载客人数大于9人且小于20人的载客汽车；小型客车是指核定载客人数小于或者等于9人的载客汽车；微型客车是指发动机气缸总排气量小于或者等于1升的载客汽车。

三轮汽车，是指在车辆管理部门登记为三轮汽车或者三轮农用运输车的机动车。低速货车，是指在车辆管理部门登记为低速货车或者四轮农用运输车的机动车。

专项作业车，是指装置有专用设备或者器具，用于专项作业的机动车；轮式专用机械车是指具有装卸、挖掘、平整等设备的轮式自行机械。

专项作业车和轮式专用机械车的计税单位为自重每吨，每年税额为16～120元。具体适用税额由省、自治区、直辖市人民政府参照载货汽车的税额标准在规定的幅度内确定。

客货两用汽车按照载货汽车的计税单位和税额标准计税。

拖船，是指专门用于拖（推）动运输船舶的专业作业船舶。拖船按照发动机功率每2马力折合净吨位1吨计税。

车辆自重尾数在0.5吨以下（含0.5吨）的，按照0.5吨计算；超过0.5吨的，按照1吨计算。船舶净吨位尾数在0.5吨以下（含0.5吨）的不予计算，超过0.5吨的按照1吨计算。1吨以下的小型车船，一律按照1吨计算。

所涉及的核定载客人数、自重、净吨位、马力等计税标准，以车船管理部门核发的车船登记证书或者行驶证书相应项目所载数额为准。纳税人未按照规定到车船管理部门办理登记手续的，以车船出厂合格证明或者进口凭证相应项目所载数额为准；不能提供车船出厂合格证明或者进口凭证的，由主管地方税务机关根据车船自身状况并参照同类车船核定。

（五）减免税

下列车船免纳车船税：

1. 非机动车船（不包括非机动驳船）。非机动车，是指以人力或者畜力驱动的车辆，以及符合国家有关标准的残疾人机动轮椅车、电动自行车等车辆；非机动船是指自身没有动力装置，依靠外力驱动的船舶；非机动驳船是指在船舶管理部门登记为驳船的非机动船。

2. 拖拉机。是指在农业（农业机械）部门登记为拖拉机的车辆。

3. 捕捞、养殖渔船。是指在渔业船舶管理部门登记为捕捞船或者养殖船的渔业船舶。不包括在渔业船舶管理部门登记为捕捞船或者养殖船以外类型的渔业船舶。

4. 军队、武警专用的车船。是指按照规定在军队、武警车船管理部门登记，并领取军用牌照、武警牌照的车船。

5. 警用车船。是指公安机关、国家安全机关、监狱、劳动教养管理机关和人民法院、人民检察院领取警用牌照的车辆和执行警务的专用船舶。

6. 按照有关规定已经缴纳船舶吨税的船舶。

7. 依照我国有关法律和我国缔结或者参加的国际条约的规定应当予以免税的外国驻华使馆、领事馆和国际组织驻华机构及其有关人员的车船。

外国驻华使馆、领事馆和国际组织驻华机构及其有关人员在办理免税事项时，应当向主管地方税务机关出具本机构或个人身份的证明文件和车船所有权证明文件，并申明免税的依据和理由。

各省、自治区、直辖市人民政府可以根据当地实际情况，对城市、农村公共交通车船给予定期减税、免税。

三、车船税应纳税额的计算

车船税应纳税额的计算公式为：

应纳税额＝计税依据数量×单位税额

【例10－5】 某运输公司在本年有载客汽车40辆，其中大型客车25辆，小型客车15辆（当地规定：大型客车每辆年税额为600元，小型客车每辆年税额为400元）；另有载货汽车12辆，其中自重为10吨的有9辆，自重为8吨的有3辆（当地规定：载货汽车按自重每吨年税额为80元）。计算该公司本年应纳的车船税。

载客汽车应纳税额＝25×600＋15×400＝21 000（元）

载货汽车应纳税额＝(10×9＋8×3)×80＝9 120（元）

本年应纳车船税额合计＝21 000＋9 120＝30 120（元）

四、车船税税款的缴纳和会计处理

车船税的纳税地点，由各省、自治区、直辖市人民政府根据当地实际情况确定。跨省、自治区、直辖市使用的车船，纳税地点为车船的登记地。

车船税的纳税义务发生时间，为车船管理部门核发的车船登记证书或者行驶证书所记载日期的当月，车船税按年申报缴纳。具体申报纳税期限由省、自治区、直辖市人民政府确定。

企业缴纳的车船税，通过“管理费用”和“应交税费——应交车船税”账户核算。

第11章

印花税、烟叶税、城市维护建设税和教育费附加

行为和目的税是以纳税人的某些特定行为或为了特定的目的开征的税收。行为和目的税的课征既可能是为了以特定的方式取得财政收入，也可能只是为了体现国家的特定意图限制某种行为，实行“寓禁于征”。我国现行税制中，具有行为或目的税性质的税种主要有印花税、烟叶税、城市维护建设税和具有税收性质的教育费附加。

第一节 印 花 税

一、印花税的含义

印花税是对从事商事活动、产权转移等行为所书立和领受的凭证征收的一种税。由于它是以在应税凭证上粘贴印花税票作为完税的标志，故称印花税。

印花税不论在性质上，还是在征税方面，都具有不同于其他税种的特点。主要表现在三个方面：一是征收面广，税源广泛。随着社会经济的发展，人们之间的经济交往日益频繁，书立、领受和使用各种凭证的现象越来越普遍，因而以凭证为计税依据的印花税税源会更加广泛。二是税负很轻，容易为纳税人所接受。与其他税种相比较，印花税的税率要低得多，因而其税负很轻，这样既有利于减少偷逃税行为，又具有广泛积聚财政资金的作用。三是征收方法简便。印花税采用自行计算、自行购花和自行贴花的纳税办法，易于征收管理，便于纳税人自行操作，还可以增强纳税人自觉依法纳税的观念。

提示： 其他税种都是按照各自的征税对象命名，只有印花税是按照征收方法命名。

二、印花税的主要内容

（一）征税范围

印花税的征税范围为税法所列举的应税凭证，包括在我国境内书立、领受和在我国境外书立、但在我国境内具有法律效力、受中国法律保护的凭证。税法没有列举的凭证不征税。具体征税范围包括以下五类：

1. 各类经济合同或具有合同性质的凭证。包括购销、加工承揽、建设工程、勘察设计、建筑安装工程承包、财产租赁、货物运输、仓储保管、借款、财产保险、技术合同或者具有合同性质的凭证。以上所说的合同，是根据《中华人民共和国合同法》和其他有关合同法规订立的各种合同；具有合同性质的凭证，是指具有合同效力的协议、契约、合约、单据、确认书及其他各种名称的凭证。

上述征税的各类经济合同及具有合同性质的凭证，是指具有独立民事主体资格的当事人之间所书立的凭证。企业法人的内部合同对外不承担民事责任，一般不作为应税凭证；但对于分别具有法人资格的母子公司之间、总公司与分公司之间经济往来所签订的合同，以及具有合同性质的凭证，则应按规定缴纳印花税。对合同、凭证的双方，如一方具有独立民事主体资格，另一方不具有独立民事主体资格的，也认定为应税凭证。

2. 产权转移书据。包括财产所有权和版权、商标专用权、专利权、专有技术使用权等转移书据。

3. 营业账簿。指单位和个人从事生产经营活动设立的各种财务会计账簿，包括记载资金的账簿和其他账簿。其中，记载资金的账簿，目前是指记载“实收资本”和“资本公积”的账簿；其他账簿，是指上述账簿以外的账簿，包括日记账和各类明细账。

4. 权利许可证照。指政府管理机关登记注册的动产和不动产的所有权转移所立的书据，包括政府部门发给的房屋产权证、工商营业执照、商标注册证、专利证、土地使用证等，以及企业股权转让所立的书据。

5. 经财政部确定征税的其他凭证。

（二）纳税人

凡在我国境内书立、领受应税凭证的单位和个人都是印花税的纳税人。

根据书立、领受凭证的不同，印花税的纳税人分别为立合同人、立账簿人、立据人、领受人和使用人。

1. 立合同人，是指对合同直接负有权利义务关系的当事人。当事人的代理人有代理纳税的义务。

2. 立账簿人，是指开立并使用营业账簿的单位和个人。

3. 立据人，是指书立产权转移书据的单位和个人。

4. 领受人，是指领取并持有权利许可证照的单位和个人。

在国外书立或领受、在国内使用的应税凭证，以使用人为纳税人。

对于两方或两方以上当事人共同书立的合同、书据等应税凭证，当事人各方均为纳税义务人。所谓当事人，是指对凭证负有直接权利义务的单位和个人，不包括保人、证人、鉴定人。

（三）税率

作为征收印花税的各类经济凭证，种类繁多，形式多样，性质不尽相同。如有些凭证记载有金额，有些则未记载金额；有些凭证供长期使用，有些则只是满足临时性需要。这样，就有必要根据不同凭证的性质和特点，按照合理负担、便于征纳的原则，分别采取不同的税率。

现行印花税采用比例税率和定额税率两种形式。

1. 比例税率。在印花税的13个税目中，各类合同以及具有合同性质的凭证、产权转移书据、营业账簿中记载资金的账簿，适用比例税率，共分为五个档次，即0.05‰，0.3‰、0.5‰、1‰、4‰。其中，借款合同和作为合同使用的借款单据适用0.05‰的税率。购销合同、建筑安装工程承包合同、技术合同适用0.3‰的税率。加工承揽合同、建筑工程勘察设计合同、货物运输合同和作为合同使用的货物运输单据、产权转移书据，以及营业账簿税目中记载资金的账簿适用0.5‰的税率。财产租赁合同、财产保险合同、仓储保管合同，以及作为合同使用的仓单、栈单、财产保险单据，适用1‰的税率。

2. 定额税率。在印花税的13个税目中，适用按件定额征税的，是权利、许可证照和营业账簿中的其他账簿，单位税额均为每件5元，即按件贴花5元。这是由于这类凭证没有金额记载，采用按件定额征税，可以方便征纳，简化手续。

印花税具体税目税率见表11－1。

表11－1 印花税税目税率表

税目	范围	税率	纳税人	说明
1. 购销合同	包括供应、预购、采购、购销结合及协作、调剂、补偿、易货等合同	按购销金额0.3‰贴花。	立合同人	
2. 加工承揽合同	包括加工、定做、修缮、修理、印刷、广告、测绘、测试等合同	按加工或承揽收入0.5‰贴花。	立合同人	
3. 建设工程勘察设计合同	包括勘察设计合同	按收取费用0.5‰贴花。	立合同人	
4. 建筑安装工程承包合同	包括建筑、安装工程承包合同	按承包金额0.3‰贴花。	立合同人	
5. 财产租赁合同	包括租赁房屋、船舶、飞机、机动车辆、机械、器具、设备等合同	按租赁金额1‰贴花。税额不足1元的，按1元贴花。	立合同人	
6. 货物运输合同	包括民用航空运输、铁路运输、海上运输、内河运输、公路运输和联运合同	按运输费用0.5‰贴花。	立合同人	单据作为合同使用的，按合同贴花。
7. 仓储保管合同	包括仓储、保管合同	按仓储保管费用1‰贴花。	立合同人	仓单或栈单作为合同使用的，按合同贴花。
8. 借款合同	银行及其他金融组织和借款人（不包括银行同业拆借）所签订的借款合同	按借款金额0.05‰贴花。	立合同人	单据作为合同使用的，按合同贴花。
9. 财产保险合同	包括财产、责任、保证、信用等保险合同	按保险费收入1‰贴花。	立合同人	单据作为合同使用的，按合同贴花。
10. 技术合同	包括技术开发、转让、咨询、服务等合同	按所载金额0.3‰贴花。	立合同人	

续表

税目	范围	税率	纳税人	说明
11. 产权转移书据	包括财产所有权和版权、商标专用权、专利权、专有技术使用权等转移书据	按所载金额0.5‰贴花。	立据人	
12. 营业账簿	生产经营用账册	记载资金的账簿，按实收资本和资本公积的合计金额0.5‰贴花。其他账簿按件贴花5元。	立账簿人	
13. 权利、许可证照	包括政府部门发给的房屋产权证、工商营业执照、商标注册证、专利证、土地使用证	按件贴花5元。	领受人	

（四）减免税

下列凭证可以免征印花税：

1. 对合同的免税有：

（1）国家指定的收购部门与村民委员会、农民个人书立的农副产品收购合同；

（2）农林作物、牧业畜类保险合同暂不贴花；

（3）企业与主管部门等签订的租赁承包经营合同；

（4）无息、贴息贷款合同；

（5）外国政府或国际金融组织向我国政府及国家金融机构提供优惠贷款所书立的合同；

（6）银行同业拆借所签订的借款合同。银行同业拆借合同是指按照《中国人民银行同业拆借管理试行办法》规定的同业拆借期限和利率签订的合同；

（7）一般的法律、法规、会计、审计、税务咨询等合同；

（8）房产部门与个人订立的租房合同，凡属于生活居住的，暂免贴花。

2. 对账簿的减税、免税有：

（1）企业发生分立、合并和联合等变更后，又依照有关规定办理法人登记的新企业所设立的资金账簿，于使用时按规定计税贴花；凡不需重新登记的企业原有资金账簿，已贴印花继续有效；

（2）车间、门市部、仓库设置的不属于会计核算范围或虽属会计核算范围，但不记载金额的登记簿、统计簿、台账等，免予贴花；

（3）凡属于国家财政拨付部分事业经费的事业单位，有经营收入的，其记载经营业务的账簿，按其他账簿定额贴花，不记载经营业务的账簿不贴花；

（4）银行、城乡信用社开展储蓄业务设置的储蓄分部卡账，暂免贴花；

（5）各级人民银行经理国库业务及委托各商业银行代理国库业务设置的账簿，不是核算银行本身业务的账簿，不贴印花。

3. 对其他各类凭证免税的有：

（1）商店、门市部的零星加工、修理业务开具的修理单；

（2）铁路、公路、航运、水运承运快件行李、包裹开具的托运单据；

(3) 各类发行单位之间，以及发行单位与订阅单位或个人之间书立的征订凭证，暂免征印花税；

(4) 财产所有人将财产赠给政府、社会福利单位、学校所书立的凭证；

(5) 已缴纳印花税的凭证的副本或抄本。

三、印花税的计算

(一) 计税依据的确定

印花税的计税依据是应税凭证所记载的金额或应税凭证的件数。对一些记载金额的凭证，包括经济合同和具有合同性质的凭证、记载资金的账簿，以凭证所载金额为计税依据；对一些无法计算金额的凭证，如各种权利许可证照，或虽记载金额，但作为计税依据明显不合理的凭证，如其他账簿，以凭证件数为计税依据，按件贴花。

(二) 应纳税额的计算

1. 印花税应纳税额的计算公式为：

(1) 经济合同、具有合同性质的凭证、产权转移书据：

应纳税额 = 凭证所载金额 × 适用税率

(2) 其他账簿、权利许可证照：

应纳税额 = 件数 × 单位税额

2. 印花税计算时应注意的问题。

(1) 购销合同。购销合同的计税金额为购销金额。购销合同中的易货合同，可视为同时发生购买和销售双重经济行为的合同，因此，易货双方均应按照易货总额计算纳税。

【例 11-1】 甲、乙两企业签订一项易货合同，甲企业向乙企业提供价值 30 万元的材料，乙企业向甲企业提供价值 35 万元的材料，差额由甲企业付款补足。则甲、乙两企业分别应缴纳的印花税额为：

应纳印花税额 = (300 000 + 350 000) × 0.3‰ = 195 （元）

(2) 加工承揽合同。加工承揽合同的计税金额为加工或承揽的收入金额。在加工承揽合同中，如确定由受托方提供原材料或辅助材料的，为加工（定做）合同，凡在合同中分别记载加工费金额和受托方提供的原材料金额的，应分别按加工承揽合同、购销合同计税，两项税额相加后贴花；合同中未划分加工费金额与原材料金额的，应就全部金额，依照加工承揽合同计税贴花。由受托方提供的辅助材料，则无论是否单独记载，均应与加工费一起按加工承揽合同计税。

【例 11-2】 某商店委托某服装厂加工一批服装，并按有关规定签订了合同。现分别假定有以下三种情况：

①合同中已明确由委托方提供价值 8 万元的布料，由受托方提供 2 000 元的辅助材料，并列明加工费为 3 万元。

②合同中明确 8 万元布料和 2 000 元辅助材料全部由受托方提供，并注明加工费为 3 万元。

③合同中明确布料和辅助材料全部由受托方提供，但未分别列明布料、辅助材料和加工费金额，只列明委托方应支付材料价款和加工费金额共 112 000 元。

则上述三种情况分别计税如下：

①双方应就辅助材料和加工费金额之和，按加工承揽合同计税贴花。

$$应纳税额 = (2\ 000 + 30\ 000) \times 0.5‰ = 16\ （元）$$

②双方应就布料价款部分按购销合同计税，辅助材料和加工费部分按加工承揽合同计税，然后合并贴花。

$$应纳税额 = 80\ 000 \times 0.3‰ + (2\ 000 + 30\ 000) \times 0.5‰ = 40\ （元）$$

③双方应就全部金额之和，按加工承揽合同计税贴花。

$$应纳税额 = 112\ 000 \times 0.5‰ = 56\ （元）$$

（3）建设工程勘察设计合同。建设工程勘察设计合同包括勘察、设计两种合同，其计税金额为勘察、设计所收取的费用。

（4）建筑、安装工程承包合同。建筑、安装工程承包合同的计税金额为建筑、安装工程的承包金额，不剔除任何费用。如施工单位将自己承包的建设项目再分包或转包给其他施工单位的，所签订的分包或转包合同，仍需按所载金额另行计税。

（5）财产租赁合同。财产租赁合同的计税金额为租赁金额。经计算应纳税额不足1元的，按1元贴花。

（6）货物运输合同。货物运输合同的计税金额为运输费用金额，不包括装卸费等。

对国内货物联运，凡在起运地统一结算全程运费的，以全程运费为计税依据，由起运地双方缴纳印花税；凡分程结算运费的，以分程运费为计税依据，分别由办理运费结算的双方纳税。

对国际货运，凡由我国运输企业运输的，运输企业所持的运费结算凭证，按本程运费计税；托运方所持的运费结算凭证，按全程运费计税。由外国运输企业运输进口的货物，其所持的运输结算凭证免纳印花税；但托运方所持的运费结算凭证，则需按规定计算缴纳印花税。

（7）仓储保管合同。仓储保管合同的计税金额为仓储保管费用。

（8）借款合同。借款合同的计税金额为借款金额。具体有以下情况：

①一项借款业务，签订借款合同的，就合同所载金额计税贴花；如果既签订借款合同又开借据的，只就借款合同所载金额计税贴花；只开借据并作为合同使用的，按借据所载金额计税，并在借据上贴花；双方口头达成借款协议，在借款时开借据作凭证的，按每次借据所载金额计税。

②银行或其他金融机构经营的固定资产融资租赁业务，实际上是分期偿还的固定资产借款。因此，对融资租赁合同，应视同借款合同，按合同所载租金总额计税贴花。

③借贷双方签订的限额借款合同，如流动资金周转借款，一般按年签订，规定最高限额，借款人在规定的期限和限额内随借随还。此类借款合同只就最高限额计税贴花，借款人在限额内随借随还未签订新合同的，不再另行计税。

④财产抵押贷款，指借款人以财产作为抵押取得借款。这种借贷方式仍属资金信贷业务，按借款合同计税。如果贷款期满，借款人无力偿还而将抵押财产转移给贷款方所有时，双方书立的产权转移书据，另按产权转移书据计税贴花。

⑤有些基本建设贷款，先按年度用款计划分年签订借款合同，在最后一年再按总概算签订借款总合同（包括各分合同的借款金额）。对此，先按分合同分别计税；对总合同只就其借款总额扣除分合同借款金额后的余额计税。

（9）财产保险合同。财产保险合同的计税金额为保险费金额。

(10) 技术合同。技术合同包括技术开发、转让、咨询、服务等合同，一般按合同所载的价款、报酬或使用费金额计税贴花。但为了鼓励技术开发，对技术开发合同，只就合同所载报酬额计税贴花。

【例 11-3】 某研究所与某公司签订一项技术开发合同，公司提供经费 100 万元，其中的 80 万元作为开发成本，20 万元作为给研究所的报酬。则该合同双方应纳印花税为：

应纳税额 = 200 000 × 0.3‰ = 60 （元）

(11) 记载资金的账簿。记载资金的账簿从 1994 年 1 月 1 日起，以“实收资本”与“资本公积”两项合计金额为计税金额。

(12) 若干特殊凭证的计税。

①同一凭证，载有两个或两个以上的经济事项，并适用不同税率的，应分别记载不同项目的金额，并分别按适用税率计算应纳税额，然后按合计税额计税贴花；如未分别记载金额的，按适用的最高税率计税。

【例 11-4】 某厂与某运输单位签订一项运输合同，合同载明运输费用为 2 万元，仓储保管费用为 0.3 万元。则双方应纳税额分别为：

应纳税额 = 20 000 × 0.5‰ + 3 000 × 1‰ = 13 （元）

如上述合同未分别列明两项费用的金额，只载明运费和保管费共 2.3 万元。则双方应纳税额分别为：

应纳税额 = 23 000 × 1‰ = 23 （元）

②按金额计税的应税凭证，只标明数量、未标明金额的，需按照凭证所载数量和国家牌价计算金额；没有国家牌价的，按市场价格计算金额，再按计算出的金额和规定税率计算应纳税额。

③有些合同在签订时无法确定计税金额，如只规定了月（天）租金，未明确租赁期限的财产租赁合同；确定了每天（月）收费标准，却没有存储期限的仓储合同等。对这类合同，可以在签订时先按 5 元定额贴花，待以后结算时，再按实际金额计税并按差额补贴印花。

④纳税凭证所载金额为外国货币的，应按凭证书立当日国家公布的外汇市场价（中间价）折合成人民币，计算应纳税额。

⑤由于种种原因，如有一部分已税合同不能兑现或不能完全兑现，或由于价格变化，兑现金额与合同所载金额有一定差距的，此时不论合同是否兑现或是否按期兑现，已贴印花不能揭下重用，已缴纳的印花税款不予退还；实际结算金额大于合同所载金额的，不再补税。

四、印花税的缴纳和会计处理

（一）纳税期限

印花税的纳税期限根据不同种类的凭证分别确定。经济合同和具有合同性质的凭证在合同正式签订时贴花；各种产权转移书据，在书据书立时贴花；各种营业账簿，在账簿正式启用时贴花；各种权利许可证照，在证照领受时贴花。

（二）税款的缴纳方式

印花税按照应纳税额大小、纳税次数多少及税源控管的需要，分别采用自行贴花、汇贴或汇缴、委托代征三种纳税方法。

1. 自行贴花。在书立、领受应税凭证，发生纳税义务时，由纳税人按照凭证的性质、计税依据和适用税率自行计算出应纳税额，向税务机关购买印花税票，并将印花税票粘贴在应税凭证上，在每枚税票的骑缝处盖戳注销或者画销；即采用自行计算、自行购花、自行贴花、自行注销的“四自”纳税方法。这种方法适用于应税凭证较少或同一凭证缴纳次数较少的纳税人。

印花税票面值以整数分九档设置，最小面值为一角，应税金额不足一角的，在币值的分位上“四舍五入”。

已经贴花的凭证，凡修改后所载金额有增加的，应补贴足印花税票。纳税人对已贴花的凭证，应按规定期限保管。

2. 汇贴或汇缴。对一份凭证应纳税数额较大（税额超过500元）时，纳税人可向税务机关申请，用填开完税凭证或缴款书的办法纳税，不再贴花。采用这种方法的纳税人，应将其中一联缴款书或完税证粘贴在凭证上，或者由税务机关在凭证上加注完税标记代替贴花。

同一类凭证需频繁贴花的，纳税人可以向税务机关提出申请，采取按期汇总纳税的办法。税务机关对核准汇总缴纳印花税的单位，发给汇总许可证，确定汇总期限。期限最长不得超过一个月。

3. 委托代征。凡通过国家有关部门发放、鉴证、公证或仲裁的应税凭证，可由税务机关委托这些部门代征。

（三）印花税的会计处理

按现行会计制度规定，企业缴纳的印花税不通过“应交税费”账户核算。印花税数额较小时，税款可直接作为管理费用处理，借记“管理费用”账户，贷记“库存现金”或“银行存款”账户。一次购买印花税票或一次缴纳印花税数额较大时，税款先通过“待摊费用”账户核算，借记“待摊费用”账户，贷记“银行存款”账户；以后再将“待摊费用”摊入“管理费用”账户。

第二节 烟 叶 税

一、烟叶税的含义和主要内容

烟叶税是指对在我国境内收购烟叶的单位就其收购金额和规定的税率计算征收的一种税。

烟叶税的主要内容如下：

1. 纳税人。烟叶税的纳税人为在我国境内从事烟叶收购的单位，具体包括依照《烟草专卖法》的规定有权收购烟叶的烟草公司或者受其委托收购烟叶的单位。

2. 征税对象。烟叶税的征税对象为烟叶，包括晾晒烟叶、烤烟叶。其中，晾晒烟叶包括列入各晾晒烟名录的晾晒烟叶和未列入各晾晒烟名录的其他晾晒烟叶。

3. 计税依据。烟叶税的计税依据为纳税人收购烟叶的收购金额，收购金额包括纳税人支付给烟叶销售者的烟叶收购价款和价外补贴。按照简化手续、方便征收的原则，对价外补贴统一暂按烟叶收购价款的10%计入收购金额征税。收购金额计算公式为：

收购金额 = 收购价款 ×（1 + 10%）

4. 税率。烟叶税实行比例税率，税率为20%，烟叶税的税率调整由国务院决定。

5. 应纳税额的计算。烟叶税的应纳税额按照纳税人收购烟叶的收购金额和规定的税率计算。应纳税额的计算公式为：

应纳税额 = 烟叶收购金额 × 税率

二、烟叶税的申报缴纳

1. 纳税义务发生时间。烟叶税的纳税义务发生时间为纳税人收购烟叶的当天，具体是指纳税人向烟叶销售者付讫收购烟叶款项或者开具收购烟叶凭据的当天。

2. 纳税期限。纳税人应当自纳税义务发生之日起30日内申报纳税。具体纳税期限由主管税务机关核定。

3. 纳税地点。纳税人收购烟叶，应当向烟叶收购地的主管税务机关申报纳税。

4. 征收机关。烟叶税由地方税务机关征收，具体是指烟叶收购地的县级地方税务局或其所指定的税务分局、所。

第三节　城市维护建设税和教育费附加

一、城市维护建设税

（一）城市维护建设税的含义

城市维护建设税（简称城建税）是对缴纳增值税、消费税、营业税等三种商品劳务税的单位和个人，以实缴的税额为依据征收的专门用于城市维护建设的一种税收，具有附加税的性质。开征城市维护建设税的主要目的是为城市的维护和建设筹集财政资金。

（二）城市维护建设税的主要内容

1. 凡缴纳增值税、消费税、营业税三种商品劳务税的单位和个人都是城市维护建设税的纳税人，但海关对进口产品代征的增值税等不征收城市维护建设税。对外商投资企业和外国企业也暂不征收城市维护建设税。

2. 城市维护建设税的税率按纳税人所在地分别规定：纳税人所在地在市区的，税率为7%；纳税人所在地在县城或镇的，税率为5%；纳税人所在地不在市区、县城或镇的，税率为1%。

3. 城市维护建设税以纳税人实缴的增值税、消费税、营业税三税税额为计税依据。“三税”查补税额也应计入城市维护建设税计税依据，但加收滞纳金、罚款则不计入。

【例 11-5】 某企业经当地税务稽查分局检查发现，欠缴增值税 3 万元，偷漏消费税 2 万元。随即作出如下处理：追缴增值税 3 万元，补缴消费税 2 万元，并处以滞纳金 500 元、罚款 1 万元。该企业位于市区，适用城市维护建设税税率为 7%。则

该企业还须补缴城市维护建设税 = (30 000 + 20 000) × 7% = 3 500(元)

对增值税、营业税、消费税实行先征后返、先征后退、即征即退办法的，除另有规定外，对随“三税”附征的城市维护建设税和教育费附加，一律不予退（返）还。

4. 城市维护建设税与增值税、消费税、营业税三税同时同地缴纳。其中：

(1) 委托加工产品，委托代销商品及企业收购工业、手工业品，以受托方或收购企业为代扣代缴增值税、消费税、营业税三税的单位和个人，同时按当地适用税率代扣代缴城市维护建设税。

(2) 交通运输管理部门对运输单位和个人代扣代缴营业税的，同时按当地适用税率代扣代缴城市维护建设税。

(3) 对流动经营等无固定纳税地点的单位和个人，随同增值税、消费税、营业税三税在经营地按适用税率计征城市维护建设税。

5. 城市维护建设税由地方人民政府使用，用于城市、县城的公用事业和公共设施的维护和建设。

6. 城市维护建设税的核算：企业按规定计算当期应纳城市维护建设税税额时，借记“营业税金及附加”账户，贷记“应交税费——应交城市维护建设税”账户。

二、教育费附加

(一) 教育费附加的含义

教育费附加是随增值税、消费税、营业税三税征收的一种专门用于教育事业的地方附加。征收教育费附加是为了加快发展地方教育事业，扩大地方教育经费的资金来源。

(二) 教育费附加的主要内容

凡缴纳增值税、消费税、营业税三税的单位和个人，除按照《国务院关于筹措农村学校办学经费的通知》的规定缴纳农村教育事业费附加的单位外，都是教育费附加的缴纳人，但海关对进口货物征收的增值税、消费税不附征教育费附加。

教育费附加以纳税人实缴的增值税、消费税、营业税三税为计征依据，附加率为 3%，分别与增值税、消费税、营业税三税同时缴纳。

教育费附加的会计处理与城市维护建设税相同。

地方征收的教育费附加按专项资金管理，用于改善学校教学设施和办学条件。

第12章 税务管理

广义的税务管理是指国家及其征税机关依据客观经济规律和税收分配活动的特点，对税收分配全过程进行决策、计划、组织、协调和监督，以保证税收职能得以实现的一种管理活动。狭义的税务管理就是指日常征收管理，是指国家征税机关为保证税收收入的及时足额入库，对具体的征纳过程实施的基础性管理行为，这也是税务机关直接实现税收收入的基本环节。

从纳税人的角度来看，纳税人从设立到消亡必须依次经过开业登记、认定、账簿凭证管理、纳税申报、税款缴纳、接受检查、注销登记这一连续的管理过程。这一过程构成了纳税人依法接受税务管理的主要内容。在这一过程中，如有违反税务管理规定的行为，还需经过依法承担法律责任的环节。

第一节 纳税登记

纳税登记又称税务登记，是税务机关根据纳税人的申报，对纳税人的开业、变动、歇业以及生产经营范围变化实行法定登记，并审核发给税务登记证的一项管理制度。办理纳税登记是税收法律关系成立的依据和证明，是纳税人取得合法地位的标志。因办理税务登记的目的不同，税务登记可分为开业税务登记、变更税务登记、歇业停业税务登记和注销税务登记等情况。

一、开业税务登记

（一）范围和时间

企业，企业在外地设立的分支机构和从事生产、经营的场所，个体工商户和从事生产、经营的事业单位（以下统称从事生产、经营的纳税人），向生产、经营所在地税务机关申报办理税务登记。

1. 从事生产、经营的纳税人领取工商营业执照（含临时工商营业执照）的，应当自领取工商营业执照之日起30日内申报办理税务登记，税务机关核发税务登记证及副本（纳税人领取临时工商营业执照的，税务机关核发临时税务登记证及副本）。

2. 从事生产、经营的纳税人未办理工商营业执照、但经有关部门批准设立的，应当自有关部门批准设立之日起30日内申报办理税务登记，税务机关核发税务登记证及副本。

3. 从事生产、经营的纳税人未办理工商营业执照、也未经有关部门批准设立的，应当自纳税义务发生之日起30日内申报办理税务登记，税务机关核发临时税务登记证及副本。

4. 有独立的生产经营权、在财务上独立核算，并定期向发包人或者出租人上交承包费或租金的承包承租人，应当自承包承租合同签订之日起30日内，向其承包承租业务发生地税务机关申报办理税务登记，税务机关核发临时税务登记证及副本。

5. 从事生产、经营的纳税人外出经营，自其在同一县（市）实际经营或提供劳务之日起，在连续的12个月内累计超过180天的，应当自期满之日起30日内，向生产、经营所在地税务机关申报办理税务登记，税务机关核发临时税务登记证及副本。

6. 境外企业在中国境内承包建筑、安装、装配、勘探工程和提供劳务的，应当自项目合同或协议签订之日起30日内，向项目所在地税务机关申报办理税务登记，税务机关核发临时税务登记证及副本。

7. 上述纳税人以外的其他纳税人，除国家机关、个人和无固定生产、经营场所的流动性农村小商贩外，均应当自纳税义务发生之日起30日内，向纳税义务发生地税务机关申报办理税务登记，税务机关核发税务登记证及副本。

8. 负有扣缴个人所得税义务的扣缴义务人应当自扣缴义务发生之日起30日内，向所在地主管税务机关申报办理扣缴税款登记，领取个人所得税扣缴税款登记证。对已办理税务登记的扣缴义务人，不发扣缴税款登记证，由税务机关在其税务登记证副本上登记扣缴税款事项。对临时发生扣缴义务的扣缴义务人，不发扣缴税款登记证。

（二）程序和内容

1. 纳税人在申报办理税务登记时，应当根据不同情况向税务机关如实提供以下证件和资料：（1）工商营业执照或其他核准执业证件；（2）有关合同、章程、协议书；（3）组织机构统一代码证书；（4）法定代表人或负责人或业主的居民身份证、护照或者其他合法证件。其他需要提供的有关证件、资料，由省、自治区、直辖市税务机关确定。

2. 纳税人在申报办理税务登记时，应当如实填写税务登记表。税务登记表的主要内容包括：（1）单位名称、法定代表人或者业主姓名及其居民身份证、护照或者其他合法证件的号码；（2）住所、经营地点；（3）登记类型；（4）核算方式；（5）生产经营方式；（6）生产经营范围；（7）注册资金（资本）、投资总额；（8）生产经营期限；（9）财务负责人、联系电话；（10）国家税务总局确定的其他有关事项。单位纳税人适用的税务登记表格式见表12-1。

表 12－1　　**税务登记表**

（适用单位纳税人）

填表日期：

<table>
<tr><td>纳税人名称</td><td colspan="3"></td><td colspan="2">纳税人识别号</td><td colspan="2"></td></tr>
<tr><td>登记注册类型</td><td colspan="3"></td><td colspan="2">批准设立机关</td><td colspan="2"></td></tr>
<tr><td>组织机构代码</td><td colspan="3"></td><td colspan="2">批准设立证明或文件号</td><td colspan="2"></td></tr>
<tr><td>开业（设立）日期</td><td></td><td>生产经营期限</td><td></td><td>证照名称</td><td></td><td>证照号码</td><td></td></tr>
<tr><td>注册地址</td><td colspan="3"></td><td>邮政编码</td><td></td><td>联系电话</td><td></td></tr>
<tr><td>生产经营地址</td><td colspan="3"></td><td>邮政编码</td><td></td><td>联系电话</td><td></td></tr>
<tr><td>核算方式</td><td colspan="4">请选择对应项目打“√”□ 独立核算 □ 非独立核算</td><td>从业人数</td><td colspan="2">____其中外籍人数____</td></tr>
<tr><td>单位性质</td><td colspan="7">请选择对应项目打“√”□ 企业 □ 事业单位 □ 社会团体 □ 民办非企业单位 □ 其他</td></tr>
<tr><td>网站网址</td><td colspan="3"></td><td>国标行业</td><td colspan="3">□□□□□□□□□</td></tr>
<tr><td>适用会计制度</td><td colspan="7">请选择对应项目打“√”
□ 企业会计制度 □ 小企业会计制度 □ 金融企业会计制度 □ 行政事业单位会计制度</td></tr>
<tr><td colspan="2">经营范围</td><td colspan="6">请将法定代表人（负责人）身份证件复印件粘贴在此处。</td></tr>
</table>

<table>
<tr><td rowspan="2">项目
内容
联系人</td><td rowspan="2">姓　名</td><td colspan="2">身份证件</td><td rowspan="2">固定电话</td><td rowspan="2">移动电话</td><td rowspan="2">电子邮箱</td></tr>
<tr><td>种类</td><td>号码</td></tr>
<tr><td>法定代表人（负责人）</td><td></td><td></td><td></td><td></td><td></td><td></td></tr>
<tr><td>财务负责人</td><td></td><td></td><td></td><td></td><td></td><td></td></tr>
<tr><td>办税人</td><td></td><td></td><td></td><td></td><td></td><td></td></tr>
</table>

税务代理人名称	纳税人识别号	联系电话	电子邮箱

注册资本或投资总额	币种	金额	币种	金额	币种	金额

投资方名称	投资方经济性质	投资比例	证件种类	证件号码	国籍或地址

自然人投资比例		外资投资比例		国有投资比例	

分支机构名称	注册地址	纳税人识别号

续表

<table>
<tr><td>总机构名称</td><td colspan="3"></td><td>纳税人识别号</td><td colspan="2"></td></tr>
<tr><td>注册地址</td><td colspan="3"></td><td>经营范围</td><td colspan="2"></td></tr>
<tr><td>法定代表人姓名</td><td></td><td>联系电话</td><td></td><td>注册地址邮政编码</td><td colspan="2"></td></tr>
<tr><td rowspan="4">代扣代缴、代收代缴税款业务情况</td><td colspan="3">代扣代缴、代收代缴税款业务内容</td><td colspan="3">代扣代缴、代收代缴税种</td></tr>
<tr><td colspan="3"></td><td colspan="3"></td></tr>
<tr><td colspan="3"></td><td colspan="3"></td></tr>
<tr><td colspan="3"></td><td colspan="3"></td></tr>
<tr><td colspan="7">附报资料：</td></tr>
<tr><td colspan="2">经办人签章：

____年____月____日</td><td colspan="2">法定代表人（负责人）签章：

____年____月____日</td><td colspan="3">纳税人公章：

____年____月____日</td></tr>
</table>

以下由税务机关填写：

<table>
<tr><td>纳税人所处街乡</td><td colspan="3"></td><td>隶属关系</td><td></td></tr>
<tr><td>国税主管税务局</td><td></td><td>国税主管税务所（科）</td><td></td><td rowspan="2">是否属于国税、地税共管户</td><td></td></tr>
<tr><td>地税主管税务局</td><td></td><td>地税主管税务所（科）</td><td></td><td></td></tr>
<tr><td colspan="2">经办人（签章）：
国税经办人：________
地税经办人：________

受理日期：
____年____月____日</td><td colspan="2">国家税务登记机关
（税务登记专用章）：

核准日期：
____年____月____日
国税主管税务机关：</td><td colspan="2">地方税务登记机关
（税务登记专用章）：

核准日期：
____年____月____日
地税主管税务机关：</td></tr>
<tr><td colspan="6">国税核发《税务登记证副本》数量：　　本　发证日期：________年____月____日</td></tr>
<tr><td colspan="6">地税核发《税务登记证副本》数量：　　本　发证日期：________年____月____日</td></tr>
</table>

国家税务总局监制

纳税人提交的证件和资料齐全，且税务登记表的填写内容符合规定的，税务机关应及时发放税务登记证件。纳税人提交的证件和资料不齐全或税务登记表的填写内容不符合规定的，税务机关应当场通知其补正或重新填报。纳税人提交的证件和资料明显有疑点的，税务机关应进行实地调查，核实后发放税务登记证件。

国家税务局（分局）、地方税务局（分局）按照国务院规定的税收征收管理范围，实施属地管理，采取联合登记或分别登记的方式办理税务登记。有条件的城市，国家税务局（分局）、地方税务局（分局）可以按照“各区分散受理、全市集中处理”的原则办理税务登记。国家税务局（分局）、地方税务局（分局）联合办理税务登记的，应当对同一纳税人核发同一份加盖国家税务局（分局）、地方税务局（分局）印章的税务登记证。

3. 税务登记证件包括税务登记证及其副本、临时税务登记证及其副本。扣缴税款登记证件包括扣缴税款登记证及其副本。

(1) 下列纳税人核发税务登记证及副本：①从事生产、经营并领取工商营业执照的纳税人；②从事生产、经营，虽未办理工商营业执照但经有关部门批准设立的纳税人。

(2) 下列纳税人核发临时税务登记证及副本：①从事生产、经营的纳税人领取临时工商营业执照的；②有独立的生产经营权、在财务上独立核算并定期向发包人或者出租人上交承包费或租金的承包承租人；③境外企业在中国境内承包建筑、安装、装配、勘探工程和提供劳务的。

(3) 对未领取工商营业执照的纳税人及其分支机构，不得发放临时税务登记证件，但要按规定征税，并责成其先办理营业执照和组织机构代码，再办理税务登记。

(4) 临时登记户领取营业执照的，应当自领取营业执照之日起30日内向税务机关申报转办为正式税务登记。对临时税务登记证件到期的纳税户，税务机关经审核后，应当继续办理临时税务登记证件。

二、变更税务登记

纳税人税务登记内容发生变化的，应当向原税务登记机关申报办理变更税务登记。

1. 纳税人已在工商行政管理机关办理变更登记的，应当自工商行政管理机关变更登记之日起30日内，向原税务登记机关如实提供下列证件、资料，申报办理变更税务登记：(1) 工商登记变更表及工商营业执照；(2) 纳税人变更登记内容的有关证明文件；(3) 税务机关发放的原税务登记证件（登记证正、副本和登记表等）；(4) 其他有关资料。

2. 纳税人按照规定不需要在工商行政管理机关办理变更登记，或者其变更登记的内容与工商登记内容无关的，应当自税务登记内容实际发生变化之日起30日内，或者自有关机关批准或者宣布变更之日起30日内，持下列证件到原税务登记机关申报办理变更税务登记：(1) 纳税人变更登记内容的有关证明文件；(2) 税务机关发放的原税务登记证件（登记证正、副本和税务登记表等）；(3) 其他有关资料。

3. 纳税人提交的有关变更登记的证件、资料齐全的，应如实填写税务登记变更表，经税务机关审核，符合规定的，税务机关应予以受理；不符合规定的，税务机关应通知其补正。

4. 税务机关应当自受理之日起30日内，审核办理变更税务登记。纳税人税务登记表和税务登记证中的内容都发生变更的，税务机关按变更后的内容重新核发税务登记证件；纳税人税务登记表的内容发生变更而税务登记证中的内容未发生变更的，税务机关不重新核发税务登记证件。

三、停业、复业登记

1. 实行定期定额征收方式的个体工商户需要停业的，应当在停业前向税务机关申报办理停业登记。纳税人的停业期限不得超过一年。

2. 纳税人在申报办理停业登记时，应如实填写停业申请登记表，说明停业理由、停业期限、停业前的纳税情况和发票的领、用、存情况，并结清应纳税款、滞纳金、罚款。税务机关应收存其税务登记证件及副本、发票领购簿、未使用完的发票和其他税务证件。

3. 纳税人在停业期间发生纳税义务的，应当按照税收法律、行政法规的规定申报缴纳税款。

4. 纳税人应当于恢复生产经营之前，向税务机关申报办理复业登记，如实填写“停、复业报告书”，领回并启用税务登记证件、发票领购簿及其停业前领购的发票。纳税人停业期满不能及时恢复生产经营的，应当在停业期满前向税务机关提出延长停业登记申请，并如实填写“停、复业报告书”。

四、注销税务登记

1. 纳税人发生解散、破产、撤销以及其他情形，依法终止纳税义务的，应当在向工商行政管理机关或者其他机关办理注销登记前，持有关证件和资料向原税务登记机关申报办理注销税务登记；按规定不需要在工商行政管理机关或者其他机关办理注册登记的，应当自有关机关批准或者宣告终止之日起15日内，持有关证件和资料向原税务登记机关申报办理注销税务登记。纳税人被工商行政管理机关吊销营业执照或者被其他机关予以撤销登记的，应当自营业执照被吊销或者被撤销登记之日起15日内，向原税务登记机关申报办理注销税务登记。

2. 纳税人因住所、经营地点变动，涉及改变税务登记机关的，应当在向工商行政管理机关或者其他机关申请办理变更、注销登记前，或者住所、经营地点变动前，持有关证件和资料，向原税务登记机关申报办理注销税务登记，并自注销税务登记之日起30日内向迁达地税务机关申报办理税务登记。

3. 境外企业在中国境内承包建筑、安装、装配、勘探工程和提供劳务的，应当在项目完工、离开中国前15日内，持有关证件和资料，向原税务登记机关申报办理注销税务登记。

4. 纳税人办理注销税务登记前，应当向税务机关提交相关证明文件和资料，结清应纳税款、多退（免）税款、滞纳金和罚款，缴销发票、税务登记证件和其他税务证件，经税务机关核准后，办理注销税务登记手续。

五、外出经营报验登记

1. 纳税人到外县（市）临时从事生产经营活动的，应当在外出生产经营以前，持税务登记证向主管税务机关申请开具“外出经营活动税收管理证明”（以下简称“外管证”）。

2. 税务机关按照一地一证的原则，核发“外管证”，“外管证”的有效期限一般为30日，最长不得超过180天。

3. 纳税人应当在“外管证”注明地进行生产经营前向当地税务机关报验登记，并提交下列证件、资料：（1）税务登记证件副本；（2）“外管证”。纳税人在“外管证”注明地销售货物的，除提交以上证件、资料外，应如实填写“外出经营货物报验单”，申报查验货物。

4. 纳税人外出经营活动结束，应当向经营地税务机关填报“外出经营活动情况申报表”，并结清税款、缴销发票。

5. 纳税人应当在“外管证”有效期届满后10日内，持“外管证”回原税务登记地税务机关办理“外管证”缴销手续。

六、税务登记证的作用和使用

1. **税务登记证是表明纳税人依法具有纳税义务，并已向税务机关办理纳税登记手续，接受税务管理的书面证明。**除按照规定不需要发给税务登记证件的外，纳税人办理下列事项时，必须持税务登记证件：(1) 开立银行账户；(2) 申请减税、免税、退税；(3) 申请办理延期申报、延期缴纳税款；(4) 领购发票；(5) 申请开具外出经营活动税收管理证明；(6) 办理停业、歇业；(7) 其他有关税务事项。

2. 税务机关应当加强税务登记证件的管理，采取实地调查、上门验证等方法，或者结合税务部门和工商部门之间，以及国家税务局（分局）、地方税务局（分局）之间的信息交换，对税务登记证件进行管理。

3. 纳税人、扣缴义务人遗失税务登记证件的，应当自遗失税务登记证件之日起 15 日内，书面报告主管税务机关，如实填写“税务登记证件遗失报告表”，并将纳税人的名称、税务登记证件名称、税务登记证件号码、税务登记证件有效期、发证机关名称在税务机关认可的报刊上作遗失声明，凭报刊上刊登的遗失声明向主管税务机关申请补办税务登记证件。

4. 已办理税务登记的纳税人未按照规定的期限申报纳税，在税务机关责令其限期改正后，逾期不改正的，税务机关应当派员实地检查，查无下落并且无法强制其履行纳税义务的，由检查人员制作非正常户认定书，存入纳税人档案，税务机关暂停其税务登记证件、发票领购簿和发票的使用。

提示：*税务登记证正本应公开悬挂在生产、经营场所或者办公场所。*

5. 纳税人被列入非正常户超过 3 个月的，税务机关可以宣布其税务登记证件失效，其应纳税款的追征仍按《税收征管法》及其《实施细则》的规定执行。

第二节　账簿、凭证和发票管理

一、账簿、凭证管理

账簿、凭证是纳税人进行生产经营管理和核算财务收支必不可少的工具，也是税务机关对纳税人依法征税、管理、检查的重要依据。

（一）设置账簿、凭证的要求

1. 从事生产、经营的纳税人应当自领取营业执照或者发生纳税义务之日起 15 日内，按照国家有关规定设置账簿。账簿，是指总账、明细账、日记账以及其他辅助性账簿。总账、日记账应当采用订本式。生产、经营规模小又确无建账能力的纳税人，可以聘请经批准从事会计代理记账业务的专业机构或者经税务机关认可的财会人员代为建账和办理账务；聘请上述机构或者人员有实际困难的，经县以上税务机关批准，可以按照税务机关的规定，建立收支凭证粘贴簿、进货销货登记簿或者使用税控装置。扣缴义务人应当自税收法律、行政法规规定的扣缴义务发生之日起10日内，按照所代扣、代收的税种，分别设置代扣代缴、代收代缴税款账簿。

2. 从事生产、经营的纳税人应当自领取税务登记证件之日起15日内，将其财务、会计制度或者财务、会计处理办法报送主管税务机关备案。纳税人使用计算机记账的，应当在使用前将会计电算化系统的会计核算软件、使用说明书及有关资料报送主管税务机关备案。纳税人建立的会计电算化系统应当符合国家有关规定，并能正确、完整核算其收入或者所得。

3. 纳税人、扣缴义务人会计制度健全，能够通过计算机正确、完整计算其收入和所得或者代扣代缴、代收代缴税款情况的，其计算机输出的完整的书面会计记录可视同会计账簿。纳税人、扣缴义务人会计制度不健全，不能通过计算机正确、完整计算其收入和所得或者代扣代缴、代收代缴税款情况的，应当建立总账及与纳税或者代扣代缴、代收代缴税款有关的其他账簿。

4. 账簿、会计凭证和报表应当使用中文。民族自治地方可以同时使用当地通用的一种民族文字。外商投资企业和外国企业可以同时使用一种外国文字。

5. 纳税人应当按照税务机关的要求安装、使用税控装置，并按照税务机关的规定报送有关数据和资料。

（二）会计档案的保管

账簿、记账凭证、报表、完税凭证、发票、出口凭证以及其他有关涉税资料应当合法、真实、完整。账簿、记账凭证、报表、完税凭证、发票、出口凭证以及其他有关涉税资料应当保存10年，但是，法律、行政法规另有规定的除外。

二、发票的管理

发票是在购销商品、提供或接受劳务以及从事其他经营活动中，开具、收取的付款凭证。它既是会计核算的原始凭据，也是正确计算应纳税额和进行税务稽查的重要依据。财政部和国家税务总局于1993年12月制定并发布了《中华人民共和国发票管理办法》及其实施细则，这是纳税人领购、使用和保管发票所应遵守的法律法规。增值税专用发票还应按《增值税专用发票使用规定（试行)》及有关规定执行。

税务机关是发票的主管机关，负责发票的印制、领购、开具、取得、保管、缴销的管理和监督，发票的管理办法由国务院规定。

（一）发票的领购和保管

1. 发票领购的对象和手续。

（1）依法办理税务登记证的单位和个人领取税务登记证件后，可向主管税务机关提出购票申请，提供经办人身份证明、税务登记证件和其他证明，以及财务印章或发票专用章的印模，经主管税务机关审核后，发给发票领购簿，然后凭发票领购簿核准的种类、数量以及购票方式向主管税务机关领购发票。购票方式通常包括限量供应（一般以一个季度的用量为限）、交旧购新或验旧购新等。

（2）依法不需要办理税务登记的单位需要购领发票的以及需要临时使用发票的单位和个人，可直接向税务机关申请办理。

（3）临时到本省、自治区、直辖市行政区域以外从事经营活动的单位或者个人，应当凭所在地税务机关的证明，向经营地税务机关申请领购经营地的发票。临时到本省、自治区、直辖市以内跨县、市从事经营活动领购发票的办法，由省、自治区、直辖市税务机关规定。

税务机关对外省、自治区、直辖市来本辖区从事临时经营活动的单位和个人申请领购发票的，可以要求其提供在我国境内具有担保能力的公民、法人或其他经济组织做保证人（国家机关不得做保证人），也可以根据所领购发票的票面限额及数量缴纳不超过1万元的保证金，并限期缴销发票。按期缴销发票的，解除保证人的担保义务或者退还保证金；未按期缴销发票的，由保证人或者以保证金承担法律责任。税务机关收取保证金应当开具收据。

2. 发票的保管。

（1）纳税人领购的空白发票，应设置专柜由专人负责保管，确保发票的安全，做到防盗、防失、防潮。

（2）开错的作废发票，必须将全部联次粘贴在原发票存根上，套写“作废”字样或“误填作废”字样，一起妥善保管，以备查核。

（3）已开具的发票存根联和发票登记簿，应当保存5年。在保管期内，不得私自销毁，保存期满，报经税务机关查验后，由主管税务机关予以销毁。

（4）使用发票的单位和个人应当妥善保管发票，不得丢失。发票如有丢失，应于丢失当日书面报告主管税务机关，并在报刊和电视等传播媒介上公告声明作废。

（二）发票的开具

1. 发票限于领购单位和个人在本省、自治区、直辖市内开具。任何单位和个人不得转借、转让、代开发票；未经税务机关批准，不得拆本使用发票；不得自行扩大专业发票使用范围。禁止倒买倒卖发票、发票监制章和发票防伪专用品。任何单位和个人未经批准，不得跨规定的使用区域携带、邮寄、运输空白发票。禁止携带、邮寄或者运输空白发票出入境。

2. 销售商品、提供服务以及从事其他经营活动的单位和个人，对外发生经营业务收取款项，收款方应向付款方开具发票；收购单位和扣缴义务人支付个人款项时，则由付款方向收款方开具发票。未发生经营业务一律不准开具发票。向消费者个人零售小额商品或者提供零星服务的，是否可免予逐笔开具发票，由省级税务机关确定。

单位、个人在购销商品、提供或者接受经营服务以及从事其他经营活动中，应当按照规定开具、使用、取得发票。在取得发票时，不得要求变更品名和金额。

3. 单位和个人在开具发票时，必须按照规定的时限（必须在发生经营业务，确认营业收入时开具发票），做到按号码顺序填开，填写项目齐全，内容真实，字迹清楚，全部联次一次复写、打印，内容完全一致，并在发票联和抵扣联加盖单位财务印章或者发票专用章。未经税务机关批准，不得拆本使用发票。

开具发票应当使用中文。民族自治地方可以同时使用当地通用的一种民族文字，外商投资企业和外国企业可以同时使用一种外国文字。

使用电子计算机开具发票，须经主管税务机关批准，并使用税务机关统一监制的机外发票，开具后的存根联应当按照顺序号装订成册。

开错的发票作废，应在原发票各联次套写“作废”字样或“误填作废”字样或戳记，一起妥善保管，以备查核，然后重新开具发票，不得在开错的发票上涂改。

开具发票后，如发生销货退回需开红字发票的，必须收回原发票并注明“作废”字样或取得对方有效证明，如有对方主管税务机关“进货退出及索取折让证明”等；发生销售折让的，在收回原发票并注明“作废”字样后，重新开具销售发票。

对不符合规定的发票，包括开具或者取得的发票是应经而未经税务机关监制，或填写项目不齐全、内容不真实、字迹不清楚，没有加盖财务印章或发票专用章，伪造、作废以及其他不符合税务机关规定的发票，均不得作为财务报销凭证，任何单位和个人有权拒收。

4. 凡需要直接向税务机关申请开具发票的单位和个人，即未取得营业执照的临时经营者；不符合印制、领购发票条件的企业、单位和个体经营者；使用限额发票的个体户业务成交额超过限额需要开具超限额发票的；外省（或外市、县）持有关税收证明到本地区经营的业户（如施工队），以及需代开增值税专用发票的小规模纳税人，均应提供发生购销业务、接受服务或其他经营活动的书面证明。对税法规定应当缴纳税款的，税务机关在开具发票时应同时征税。

5. 国家根据税收征收管理的需要，积极推广使用税控装置。纳税人应当按照规定安装、使用税控装置，不得损毁或者擅自改动税控装置。

（三）发票的缴销

发票缴销是指用票单位和个人按照规定向税务机关上缴已使用或未使用的发票。一般包括下列几种情况：

1. 用票单位和个人已使用的发票保管期满后，应向主管税务机关缴销。

2. 用票单位和个人发生合并、联营、分设、迁移、停业、歇业等事项时，应在申报办理变更税务登记、注销税务登记的同时，将原来印制、购买的发票向税务机关申请缴销。

3. 税务机关在实行发票换版、更换发票监制章时，原来的发票使用期满后，用票单位和个人应将其登记造册，集中向税务机关缴销。

4. 用票单位和个人有严重违反税务管理或发票管理制度行为的，由税务机关将其发票予以缴销。

在办理发票缴销手续时，由用票单位和个人根据发票管理规定，编制发票缴销清册，说明发票种类、号码及使用情况，说明缴销的依据和理由，经负责人签字，加盖单位公章后，连同发票一并报送税务机关。

第三节　纳税申报、税款缴纳和纳税检查

一、纳税申报

纳税申报是纳税人为正确履行纳税义务，就计算缴纳税款等有关纳税事项向税务机关提出书面申报的一个重要法定程序。

（一）申报对象

纳税人、扣缴义务人在纳税期限内或扣缴税款期内，无论有无应税收入、所得以及其他应税项目，或有无代扣、代收税款，都应按规定的申报期限，向主管税务机关报送纳税申报

表、财务会计报表或报送代扣代缴、代收代缴税款报告表，以及税务机关要求纳税人、扣缴义务人报送的其他纳税资料。临时取得应税收入或发生应税行为的纳税人，在发生纳税义务之后，应当立即向经营地税务机关办理纳税申报和缴纳税款。纳税人享受减税、免税待遇的，在减、免税期间也要按规定办理纳税申报。

（二）申报的内容

纳税人办理纳税申报时，应当如实填写纳税申报表。纳税申报表是纳税人根据税收法律、行政法规的规定，计算应纳税额、缴纳税款的重要凭证，也是税务机关填开完税凭证、征收税款的重要依据。申报是否及时、真实，直接影响税款征收的及时和准确。纳税申报或者代扣代缴、代收代缴税款报告表的主要内容包括税种、税目、应纳税项目或者应代扣代缴、代收代缴税款项目，计税依据，扣除项目及标准，适用税率或者单位税额，应退税项目及税额，应减免税项目及税额，应纳税额或者应代扣代缴、代收代缴税额，税款所属期限，延期缴纳税款，欠税，滞纳金等。

纳税申报只反映与计算税额直接联系的重要项目，不能反映纳税人在一定时期内生产经营的全貌。为了便于税务机关对纳税人的纳税申报表的正确性进行审核，要求纳税人根据不同情况同时报送：

1. 财务、会计报表及其说明材料。

2. 与纳税有关的合同、协议书及凭证。

3. 税控装置的电子报税资料。

4. 外出经营活动税收管理证明和异地完税凭证。

5. 境内或者境外公证机构出具的有关证明文件。

6. 税务机关规定应报送的其他有关证件、资料。

7. 扣缴义务人办理代扣或代收代缴税款报告时，要如实填写“代扣代缴、代收代缴报告表”，并报送代扣或代收代缴税款的合法凭证及税务机关规定的其他证件资料。

一般来说，针对不同的税种主管税务机关都规定有适应其不同特点的纳税申报表，全国统一的增值税纳税申报表见表 12－2。

（三）纳税申报的方式

1. 直接申报。即纳税人、扣缴义务人直接到税务机关呈报纳税申报表或者报送代扣代缴、代收代缴税款报告表，办理纳税申报手续。

2. 邮寄申报。即将纳税申报表或者代扣代缴、代收代缴税款报告表等纳税资料通过邮局寄送主管税务机关，纳税人实际申报日期以寄出地的邮戳日期为准。纳税人采取邮寄方式办理纳税申报的，应当使用统一的纳税申报专用信封，并以邮政部门收据作为申报凭据。

3. 数据电文申报。是指通过税务机关确定的电话语音、电子数据交换和网络传输等电子手段办理纳税申报的方式。纳税人采取电子方式办理纳税申报的，应当按照税务机关规定的期限和要求保存有关资料，并定期书面报送主管税务机关。由于互联网的普遍应用，网上申报已经成为最重要的申报方式。

4. 实行定期定额缴纳税款的纳税人，可以实行简易申报、简并征期等申报纳税方式。

（四）纳税申报期限

纳税人、扣缴义务人必须按照规定的期限办理纳税申报或者报送代扣代缴、代收代缴税款报告表，确有困难需要延期的，应当在规定的期限内向税务机关提出书面延期申请，经税

表 12－2　**增值税纳税申报表**

（适用于增值税一般纳税人）

根据《中华人民共和国增值税暂行条例》第二十二条和第二十三条的规定制定本表。纳税人不论有无销售额，均应按主管税务机关核定的纳税期限按期填报本表，并于次月 1 日起 15 日内，向当地税务机关申报。

税款所属时间：自　年　月　日至　年　月　日　填表日期：　年　月　日　金额单位：元至角分

纳税人识别号				所属行业：		
纳税人名称	（公章）	法定代表人姓名		注册地址		营业地址
开户银行及账号		企业登记注册类型		电话号码		

项目		栏次	一般货物及劳务		即征即退货物及劳务	
			本月数	本年累计	本月数	本年累计
销售额	（一）按适用税率征税货物及劳务销售额	1				
	其中：应税货物销售额	2				
	应税劳务销售额	3				
	纳税检查调整的销售额	4				
	（二）按简易征收办法征税货物销售额	5				
	其中：纳税检查调整的销售额	6				
	（三）免、抵、退办法出口货物销售额	7			—	—
	（四）免税货物及劳务销售额	8			—	—
	其中：免税货物销售额	9			—	—
	免税劳务销售额	10			—	—
税款计算	销项税额	11				
	进项税额	12				
	上期留抵税额	13		—		—
	进项税额转出	14				
	免抵退货物应退税额	15			—	—
	按适用税率计算的纳税检查应补缴税额	16			—	—
	应抵扣税额合计	17＝12＋13－14－15＋16		—		—
	实际抵扣税额	18（如 17＜11，则为 17，否则为 11）				
	应纳税额	19＝11－18				
	期末留抵税额	20＝17－18		—		—
	简易征收办法计算的应纳税额	21				
	按简易征收办法计算的纳税检查应补缴税额	22			—	—
	应纳税额减征额	23				
	应纳税额合计	24＝19＋21－23				

续表

项目		栏次	一般货物及劳务		即征即退货物及劳务	
			本月数	本年累计	本月数	本年累计
税款缴纳	期初未缴税额（多缴为负数）	25				
	实收出口开具专用缴款书退税额	26			—	—
	本期已缴税额	27 = 28 + 29 + 30 + 31				
	(1) 分次预缴税额	28		—		—
	(2) 出口开具专用缴款书预缴税额	29		—	—	—
	(3) 本期缴纳上期应纳税额	30				
	(4) 本期缴纳欠缴税额	31				
	期末未缴税额（多缴为负数）	32 = 24 + 25 + 26 − 27				
	其中：欠缴税额（≥0）	33 = 25 + 26 − 27		—		
	本期应补（退）税额	34 = 24 − 28 − 29		—		—
	即征即退实际退税额	35	—	—		
	期初未缴查补税额	36			—	—
	本期入库查补税额	37			—	—
	期末未缴查补税额	38 = 16 + 22 + 36 − 37			—	—
授权声明	如果你已委托代理人申报，请填写以下资料： 为代理一切税务事宜，现授权 （地址）　　　为本纳税人的代理 申报人，任何与本申报表有关的往来文件，都可寄予此人。 授权人签字：		申报人声明	此纳税申报表是根据《中华人民共和国增值税暂行条例》的规定填报的，我相信它是真实的、可靠的、完整的。 声明人签字：		

以下由税务机关填写：

收到日期：　　　　接收人：　　　　主管税务机关盖章：

务机关核准，在核准的期限内办理。

纳税人、扣缴义务人因不可抗力，不能按期办理纳税申报或者报送代扣代缴、代收代缴税款报告表的，可以延期办理；但是，应当在不可抗力情形消除后立即向税务机关报告。税务机关应当查明事实，予以核准。

二、税款缴纳

（一）税款缴纳的方式和程序

1. 自核自缴。生产经营规模较大，财务制度健全，会计核算准确，一贯依法纳税的企业，经主管国家税务机关批准，企业依照税法规定，自行计算应纳税款，自行填写、审核纳税申报表，自行填写税收缴款书，到开户银行解缴应纳税款，并按规定向主管税务机关办理纳税申报，并报送纳税资料和财务会计报表。

2. 申报核实缴纳。生产经营正常，财务制度基本健全，账册、凭证完整，会计核算较准确的企业依照税法规定计算应纳税款，自行填写纳税申报表，按照规定向主管税务机关办理纳税申报，并报送纳税资料和财务会计报表。经主管税务机关审核并填开税收缴款书，纳税人按规定期限到开户银行缴纳税款。

3. 申报查定缴纳。即财务制度不够健全、账簿凭证不完备的固定业户，应当如实向主管国家税务机关办理纳税申报，并提供其生产能力、原材料、能源消耗情况及生产经营情况等，经主管国家税务机关审查测定或实地查验后，填开税收缴款书或者完税凭证，纳税人按规定期限到开户银行或者税务机关缴纳税款。

4. 定额申报缴纳。生产经营规模较小、确无建账能力或者账证不健全、不能提供准确纳税资料的固定业户，按照税务机关核定的营业（销售）额和征收率，按规定期限向主管税务机关申报缴纳税款。

纳税人实际营业（销售）额与核定额相比，上下幅度在20%以内的，仍按核定营业（销售）额计算申报缴纳税款；对当期实际营业（销售）额上升幅度超过20%的，按当期实际营业（销售）额计算申报缴纳税款；当期实际营业（销售）额下降幅度超过20%的，当期仍按核定营业（销售）额计算申报缴纳税款。需要调整定额的，向主管税务机关申请调升或调降定额。

【例12－1】 位于市区的某个体干洗店，经核定月营业额6 000元，定期1年，核定所得税附征率为1.45%，其每月应纳税额为：

营业税＝6 000×5%＝300（元）

城建税和教育费附加＝300×(7%＋3%)＝30（元）

所得税额＝6 000×1.45%＝87（元）

月应纳税额合计＝300＋30＋87＝417（元）

假定该个体户某月营业额为8 000元，上升超过20%，应该按照8 000元计算纳税。假定某月营业额为4 000元，下降超过20%，当月依然按照核定营业额6 000元计算纳税。

（二）保证税款及时、足额征收的措施

1. 加收滞纳金。滞纳金是对纳税人超过规定的纳税期限欠缴的税款依法加征一定比例的具有惩罚性的资金。

纳税人、扣缴义务人未按照规定期限缴纳税款的或解缴税款的，税务机关除责令限期缴纳外，从滞纳税款之日起，按日加收滞纳税款0.5‰的滞纳金。滞纳金的计算从税务机关规定缴纳税款的期限届满次日起到税款缴纳入库当天止。其计算公式为：

应纳滞纳金＝滞纳税款×滞纳天数×0.5‰

【例12－2】 某增值税纳税人按月纳税，20××年10月应纳增值税为1万元，11月5日办理了纳税申报手续，并填发税收缴款书，但直到11月22日（11月15日、16日分别为星期六和星期日）才到开户银行办理缴款手续。其应纳滞纳金为：

应纳滞纳金＝10 000×(22－15－2)×0.5‰＝25（元）

纳税期限的最后一日，如果遇到国家规定的法定节假日，纳税期限向后顺延一天，本例中15日、16日分别为星期六和星期日，故顺延到17日。

2. 税收保全措施。税收保全是税务机关为保证税款及时足额入库，依照法定的程序，对有逃避纳税义务行为的纳税人事先采取限制其处理或转移商品、货物和其他财产的措施。

采取税收保全措施有两个基本前提：一是有根据认为纳税人有逃避纳税义务的行为，有根据不同于有证据，只要掌握了一定的线索，如群众举报、调查发现等即可视为有根据，有逃避纳税义务的行为是指有转移、隐匿其应纳税的商品、货物及其他财产或应纳税收入的迹象；二是纳税人有逃避纳税义务的行为是在规定的纳税期之前发生的。

采取税收保全措施的基本程序是：

（1）税务机关有根据认为从事生产、经营的纳税人有逃避纳税义务行为的，可以在规定的纳税期之前，责令限期缴纳应纳税款。

（2）在限期内发现纳税人有明显的转移、隐匿其应纳税的商品、货物以及其他财产或者应纳税的收入的迹象的，税务机关可以责成纳税人提供纳税担保。

（3）如果纳税人不能提供纳税担保，经县以上税务局（分局）局长批准，税务机关可以采取税收保全措施。需要注意的是，个人及其所抚养家属维持生活必需的住房和用品不在税收保全措施的范围之内。

对未按照规定办理税务登记的从事生产、经营的纳税人以及临时从事经营的纳税人，由税务机关核定其应纳税额，责令缴纳；不缴纳的，税务机关可以扣押其价值相当于应纳税款的商品、货物。

税收保全措施有两种：一是书面通知纳税人开户银行或者其他金融机构冻结纳税人的金额相当于应纳税款的存款；另一种是扣押、查封纳税人的价值相当于应纳税款的商品、货物或者其他财产。

采取税收保全措施后，纳税人在规定的限期内缴纳税款的，税务机关必须立即解除税收保全措施；限期期满仍未缴纳税款的，经县以上税务局（分局）局长批准，可采取强制措施。

纳税人在限期内已缴纳税款，税务机关未立即解除税收保全措施，使纳税人的合法利益遭受损失的，税务机关应当承担赔偿责任。

3. 纳税担保。纳税担保是纳税人向税务机关提供一定的财产作为抵押或由第三人作为纳税保证人，以担保其依法及时、足额缴纳应纳税款的制度。

纳税担保的方式有两种：一是税务机关认可的纳税担保人，即我国境内具有纳税担保能力的公民、法人或其他经济组织，但国家机关不得作为纳税担保人；二是纳税人所拥有的未设置抵押权的财产。

要求纳税人提供纳税担保有两种情况：一是税务机关有根据认为有逃避纳税义务行为的纳税人在规定的纳税期限内被发现有明显转移隐匿其应纳税的商品、货物及其财产或应纳税收入迹象的；二是纳税人员需要出境，而又未能结清税款的。

4. 税收强制执行措施。税收强制执行措施是指纳税人在税务机关责令限期内缴纳税款，逾期仍不缴纳税款的，税务机关可通知银行或其他金融机构扣缴当事人的存款，或扣押、查封、拍卖部分财产以抵缴税款的一项措施。

采取税收强制执行措施有两个基本前提条件：一是纳税人、扣缴义务人未按照规定的期限缴纳或者解缴税款，纳税担保人未按照规定的期限缴纳所担保的税款；二是在上一前提条件发生后，在税务机关责令的限期内仍未缴纳税款。这两个条件发生后，且须经县以上税务局（分局）局长批准，才可以采取税收强制执行措施。同样需要注意的是：个人及其所抚养家属维持生活必需的住房和用品不在强制执行措施的范围之内。

强制措施的内容：一是书面通知其开户银行或者其他金融机构从其存款中扣缴税款；二是扣押、查封、依法拍卖或者变卖其价值相当于应纳税款的商品、货物或者其他财产，以拍卖或者变卖所得抵缴税款。

税务机关采取强制执行措施时，对纳税人、扣缴义务人、纳税担保人未缴纳的滞纳金同时强制执行，但不包括罚款。

5. 阻止出境。阻止出境是指当欠缴税款的纳税人需要出境而未结清税款、又不能提供纳税担保的，税务机关可以通知出境管理机构阻止其出境。

阻止出境的条件和程序是：经税务机关调查核实，欠税人未按规定结清税款，又未能提供纳税担保且准备出境的，税务机关应首先依法向欠税人申明不准出境；对已取得出境证件执意出境的，税务机关可按规定函请公安机关阻止其出境。

阻止出境的对象：

（1）欠税为个人的，阻止出境的对象为当事人本人；

（2）欠税为法人的，对象为其法定代表人；法定代表人不在我国境内的，以其在华的主要负责人为对象；

（3）欠税人为其他经济组织的，对象为其负责人。

欠税人满足以下条件之一的，税务机关须按规定函请公安机关予以撤控放行：

（1）已结清阻止出境时欠缴的全部税款（包括滞纳金和罚款，下同）；

（2）已向税务机关提供相当全部欠缴税款的担保；

（3）欠税企业已依法宣告破产，并依《破产法》程序清偿终结的。

6. 未缴或少缴税款的追征。纳税人、扣缴义务人因计算错误等失误，未缴或者少缴税款的，税务机关在3年内可以追征税款、滞纳金；有特殊情况的，追征期可以延长到5年。对偷税、抗税、骗税的，税务机关追征其未缴或者少缴的税款、滞纳金或者所骗取的税款，不受规定期限的限制，可无限期追征。因税务机关的责任，致使纳税人、扣缴义务人未缴或者少缴税款的，税务机关在3年内可以要求纳税人、扣缴义务人补缴税款，但是不得加收滞纳金。

7. 核定应纳税额。纳税人有下列情形之一的，税务机关有权核定其应纳税额：

（1）依照法律、行政法规的规定可以不设置账簿的；

（2）依照法律、行政法规的规定应当设置账簿但未设置的；

（3）擅自销毁账簿或者拒不提供纳税资料的；

（4）虽设置账簿，但账目混乱或者成本资料、收入凭证、费用凭证残缺不全，难以查账的；

（5）发生纳税义务，未按照规定的期限办理纳税申报，经税务机关责令限期申报，逾期仍不申报的；

（6）纳税人申报的计税依据明显偏低，又无正当理由的。

8. 其他措施。

（1）税务机关征收税款，税收优先于无担保债权，法律另有规定的除外；纳税人欠缴的税款发生在纳税人以其财产设定抵押、质押或者纳税人的财产被留置之前的，税收应当先于抵押权、质权、留置权执行。纳税人欠缴税款，同时又被行政机关决定处以罚款、没收违法所得的，税收优先于罚款、没收违法所得。

（2）纳税人有合并、分立情形的，应当向税务机关报告，并依法缴清税款。纳税人合并时未缴清税款的，应当由合并后的纳税人继续履行未履行的纳税义务；纳税人分立时未缴清税款的，分立后的纳税人对未履行的纳税义务应当承担连带责任。

(3) 欠缴税款数额较大的纳税人在处分其不动产或者大额资产之前，应当向税务机关报告。

(4) 欠缴税款的纳税人因怠于行使到期债权，或者放弃到期债权，或者无偿转让财产，或者以明显不合理的低价转让财产而受让人知道该情形，对国家税收造成损害的，税务机关可以依照合同法的规定行使代位权、撤销权。税务机关按规定行使代位权、撤销权的，不免除欠缴税款的纳税人尚未履行的纳税义务和应承担的法律责任。

三、纳税检查

纳税检查又称税务检查，是税务机关以国家税收法律、行政法规为依据，对纳税人、扣缴义务人履行纳税义务的情况进行审查监督活动的总称，是税收征管工作的重要环节。

纳税检查的内容主要包括两方面：一方面检查纳税人遵守财务、会计制度，履行纳税义务的情况，这是主要方面；另一方面也检查税务人员执行税收法律、法规和征管制度的情况。

税务检查权是法律赋予税务机关的一项重要执法权，具体包括查账权、场地检查权、询问权、责成提供资料权、在交通要道查证权、银行存款核查权等六项权力，即有权进行下列税务检查：

1. 检查纳税人的账簿、记账凭证、报表和有关资料，检查扣缴义务人代扣代缴、代收代缴税款账簿、记账凭证和有关资料。

2. 到纳税人的生产、经营场所和货物存放地检查纳税人应纳税的商品、货物或者其他财产，检查扣缴义务人与代扣代缴、代收代缴税款有关的经营情况。

3. 责成纳税人、扣缴义务人提供与纳税或者代扣代缴、代收代缴税款有关的文件、证明材料和有关资料。

4. 询问纳税人、扣缴义务人与纳税或者代扣代缴、代收代缴税款有关的问题和情况。

5. 到车站、码头、机场、邮政企业及其分支机构检查纳税人托运、邮寄应纳税商品、货物或者其他财产的有关单据、凭证和有关资料。

6. 经县以上税务局（分局）局长批准，凭全国统一格式的检查存款账户许可证明，查询从事生产、经营的纳税人、扣缴义务人在银行或者其他金融机构的存款账户。税务机关在调查税收违法案件时，经设区的市、自治州以上税务局（分局）局长批准，可以查询案件涉嫌人员的储蓄存款。

此外，税务机关调查税务违法案件时，对与案件有关的情况和资料，可以记录、录音、录像、照相和复制。

税务机关派出的人员进行税务检查时，应当出示税务检查证和税务检查通知书，并有责任为被检查人保守秘密；未出示税务检查证和税务检查通知书的，被检查人有权拒绝检查。税务机关在进行税务检查时，可以在纳税人、扣缴义务人的业务场所进行；必要时，经县以上税务局（分局）局长批准，也可以将纳税人、扣缴义务人以前会计年度的账簿、记账凭证、报表和其他有关资料调回税务机关检查。但税务机关必须向纳税人、扣缴义务人开付清单，在3个月内完整退还。

纳税人、扣缴义务人必须接受税务机关依法进行的税务检查，如实反映情况，提供有关资料，不得拒绝、隐瞒。税务机关依法进行税务检查时，有权向有关单位和个人调查纳税人、扣缴义务人和其他当事人与纳税或者代扣代缴、代收代缴税款有关的情况，有关单位和个人有义务向税务机关如实提供有关资料及证明材料。

第四节 税务代理

税务代理是指注册税务师在国家法律规定的代理范围内，受纳税人、扣缴义务人的委托，代为办理税务相关事宜的各项行为的总称。

一、税务代理人和代理机构

税务代理人是取得注册税务师职业资格证书并注册，从事税务代理活动的专业技术人员。

税务代理机构是经批准设立的专门从事税务代理业务的社会中介服务组织，主要是取得税务代理资格的税务师事务所有限责任公司和合伙制税务师事务所等代理机构。

注册税务师只有加入税务代理机构后，才能从事税务代理业务。一个注册税务师不能同时在两个或两个以上税务代理机构执业。税务代理人及税务代理机构，按照纳税人、扣缴义务人自愿委托和自愿选择，依据国家税收法律和行政法规，独立、公正地执行业务，维护国家利益，保护委托人的合法权益；同时，实行有偿服务，独立核算，自负盈亏，依法纳税。

二、税务代理的业务范围

税务代理人可以接受纳税人、扣缴义务人的委托，从事下列范围的业务代理：

（1）办理税务登记、变更税务登记和注销税务登记；

（2）办理除增值税专用发票外的发票领购手续；

（3）办理纳税申报或扣缴税款报告；

（4）办理缴纳税款和申请退税手续；

（5）制作涉税文书；

（6）审查纳税情况；

（7）建账建制、办理账务；

（8）税务咨询、受聘税务顾问；

（9）税务行政复议；

（10）国家税务总局规定的其他业务。

税务代理人不能代理的税务事宜主要有下列几个方面：

（1）不能代理和行使应由税务机关行使的行政职权；

（2）不能代理税务机关规定和通知必须由纳税人、扣缴义务人自行办理的税务事宜；

（3）不能代理违反税收法律法规的事项。

税务代理人在接受税务代理业务时，应就代理业务范围、要求、收费与委托签订协议。代理的范围可分为单项代理、多项代理和综合代理。代理的时间可分为一次性代理、定期代理、常年代理。

三、税务代理人的权利、义务和责任

税务代理作为民事代理的一种，其代理人享有民法所规定的代理人的各项权利，并相应履行其义务，承担责任。

（一）代理人的权利

1. 有权在规定的业务范围内代理由纳税人、扣缴义务人委托的税务事宜；对其代理业务所出具的所有文书有签名盖章权。

2. 依法独立、公正执行税务代理业务，受国家法律保护，任何机关、团体、单位和个人不得非法干预。

3. 有权根据代理业务的需要，查阅被代理人的有关财务会计资料和文件，查看业务现场和设施；被代理人则应向代理人提供真实的经营情况和财务资料。

4. 对被代理人违反国家法律的委托，有权拒绝，并向有关部门报告。

5. 可向当地税务机关定购或查询税收政策、法律、法规和有关资料。

6. 对税务机关行政决定不服的，可依法向税务机关申请行政复议或向人民法院起诉。

（二）代理人的义务

1. 在办理税务代理时，向被代理人或有关税务机关出示注册税务师执业资格证书，按照主管税务机关的要求，如实提供有关资料，不得隐瞒、谎报。

2. 对被代理人偷税、骗税的行为应予以制止，并及时报告有关税务机关。

3. 在从事代理业务期间或停止代理业务以后，都不得泄漏因代理业务而得知的秘密。

4. 应建立税务代理档案，如实记载各项代理业务的始末和保存计税资料及涉税文书。税务代理档案至少保存5年。

（三）代理人的法律责任

1. 注册税务师未按照委托代理协议书的规定进行代理或违反税收法律、行政法规的规定进行代理的，由县及以上国家税务行政机关按有关规定处以罚款，并追究相应的责任。

2. 注册税务师在一个会计年度内违反《税务代理试行办法》和《注册税务师制度暂行规定》从事代理行为两次以上的，由省、自治区、直辖市及计划单列市注册税务师管理机关停止其从事税务代理业务1年以上。

3. 注册税务师知道被代理的事项违法仍进行代理活动，或自身代理行为违法的，除按第1点处理外，由省级注册税务师管理机构注销其注册税务师登记、收回执业资格证书，禁止从事税务代理业务，并向发证机关备案。

4. 注册税务师触犯刑律、构成犯罪的，由司法机关依法惩处。

5. 税务代理机构违反税收法律和有关行政规章的规定进行代理活动的，由县及以上税务行政机关视其情节轻重，给予警告，或根据有关法律、法规处以罚款，或提请有关部门给予停业整顿、责令解散等处理。

第五节　税务行政复议和税务行政诉讼

纳税人、扣缴义务人、纳税担保人因对税务机关的具体行政行为持不同看法或不服而产生的一种纠纷，称为税务行政争议。正确解决税务行政争议，对维护和监督税务机关依法行使税收执法权，防止和纠正违法或不当的税务具体行政行为，保护纳税人和其他税务当事人的合法权益，具有重要意义。

我国目前处理税务行政争议主要有两条途径，即税务行政复议和税务行政诉讼。

一、税务行政复议

税务行政复议是指纳税人、扣缴义务人、纳税担保人对主管税务机关的具体行政处理决定有异议，依法向上级税务机关提出申诉；上级税务机关对此进行审议，并依法作出维持、变更或撤销原处理决定的裁决的一种行政司法行为。它是解决税务纠纷的一种有效手段，既有利于维护纳税人的合法权益，又有利于保证和促进各级税务机关依法行政。

2004 年 1 月，国家税务总局根据《中华人民共和国行政复议法》、《中华人民共和国税收征收管理法》和其他有关规定，重新制定了《税务行政复议规则（暂行）》，于 2004 年 5 月 1 日起正式执行。

（一）复议的范围

受理复议的范围在于确定税务机关可以受理哪些税务争议案件。对纳税人、扣缴义务人、纳税担保人和其他税务争议当事人（以下简称“申请人”）来说，就是哪些税务行政争议可提请复议。税务行政复议的范围可分为以下两类：

1. 必经复议范围。必经复议是指发生行政纠纷后，必须先经过行政复议，对行政复议决定不服的，才能进入行政诉讼阶段。纳税人、扣缴义务人及纳税担保人对税务机关作出的下列行为不服的，应当先向复议机关申请行政复议，对复议决定不服的，再向人民法院起诉：

（1）税务机关作出的征税行为，包括确认纳税主体、征税对象、征税范围、减税、免税及退税、适用税率、计税依据、纳税环节、纳税期限、纳税地点以及税款征收方式等具体行政行为和征收税款、加收滞纳金及扣缴义务人、受税务机关委托征收的单位作出的代扣代缴、代收代缴行为。

（2）税务机关不予依法办理或答复的行为，如不予审批减免税或出口退税；不予抵扣税款；不予退还税款。

申请人按规定先申请行政复议的，必须先依照税务机关根据法律、行政法规确定的税额、期限缴纳或者解缴税款及滞纳金，或者提供相应的担保，然后可以在实际缴清税款和滞纳金后，或者所提供的担保得到作出具体行政行为的税务机关确认之日起 60 日内提出行政复议申请。

2. 选择复议范围。选择复议是指发生税务争议后，纳税人可先经过复议，对复议不服，再提出行政诉讼；也可以直接向人民法院起诉。税收征管法规定，当事人对税务机关的处罚决定、强制执行措施或者税收保全措施不服的，可以依法申请行政复议，也可以依法向人民法院起诉。其具体范围包括：

（1）税务机关作出的税收保全措施；

（2）税务机关未及时解除保全措施，使纳税人及其他当事人合法权益遭受损失的行为；

（3）税务机关作出的强制执行措施；

（4）税务机关作出的行政处罚行为；

（5）税务机关不予依法办理或者答复的行为（除不予审批减免税或者出口退税；不予抵扣税款及退还税款外）；

（6）税务机关作出的取消增值税一般纳税人资格的行为；

（7）收缴发票、停止发售发票；

（8）税务机关责令纳税人提供纳税担保或者不依法确认纳税担保有效的行为；

（9）税务机关不依法给予举报奖励的行为；

（10）税务机关作出的通知出境管理机关阻止出境行为；

（11）税务机关作出的其他具体行政行为。

纳税人及其他当事人认为税务机关的具体行政行为所依据的各级税务机关、人民政府及其工作部门的规定不合法，在对具体行政行为申请行政复议时，可一并向复议机关提出对该规定的审查申请。

属选择复议的申请人不一定非先行缴清罚款或履行义务，但必须在法定期限内提出。规定的期限是：

（1）对税务机关作出的税收保全措施、强制执行措施和行政处罚行为不服，可在接到处罚通知之日起或税务机关采取税收保全措施、强制执行措施之日起15日内提出复议申请，或直接向人民法院起诉；

（2）对其他各项税务行政行为不服，应在知道这些行政行为之日起15日内向税务机关申请复议，或直接向人民法院起诉。

（二）复议的管辖

税务行政复议的管辖是税务行政机关之间受理税务行政复议案件的职权划分，它是对受理范围的具体化，把受理范围内的争议案件落实到具体税务机关。对申请人来说，也就是向谁提出复议申请的问题。

税务行政复议的管辖分为一般管辖和特殊管辖两种。

1. 一般管辖分为上一级税务机关管辖、申请人选择管辖和国家税务总局本机关管辖三种情况。

（1）对省级以下各级国税机关作出的税务具体行政行为不服的，向其上一级税务机关申请复议；对省级国税机关作出的具体行政行为不服的，向国家税务总局申请复议。

（2）由于地税机关实行省以下垂直管理体制，因此，《税务行政复议规则（暂行）》规定，对省级以下各级地税机关作出的具体行政行为不服的，申请人应当向上一级地税机关申请复议；对省级地税机关作出的具体行政行为不服的，申请人既可以向国家税务总局申请复议，也可以向省级人民政府申请复议，由申请人选择。

（3）对国家税务总局作出的具体行政行为，申请人首先必须向国家税务总局申请复议。

对复议决定不服，申请人既可以向法院提起行政诉讼，也可以向国务院申请裁决，国务院的裁决为终局裁决。

2. 对一般管辖以外的行政主体作出的税务具体行政行为实行特殊管辖，具体为：

（1）对税务机关依法设立的派出机构，依照法律、法规或者规章的规定，以自己的名义作出的税务具体行政行为不服的，向设立该派出机构的税务机关申请复议；

（2）对扣缴义务人作出的代扣税款行为不服的，向主管该扣缴义务人的税务机关的上一级税务机关申请复议；对受税务机关委托的单位作出的代征税款行为不服的，向委托税务机关的上一级税务机关申请复议；

（3）对被撤销的税务机关在撤销前作出的税务具体行政行为不服的，向继续行使其职权的税务机关的上一级税务机关申请复议；

（4）对国、地税机关共同作出的税务具体行政行为不服的，向国家税务总局申请复议；对税务机关与其他机关共同作出的具体行政行为不服的，向其共同的上一级行政机关申请复议。

有前款所列情形之一的，申请人也可以向具体行政行为发生地的县级地方人民政府提出行政复议申请，由接受申请的县级地方人民政府依法进行转送。

（三）复议的申请

税务行政复议申请是指申请人认为税务机关（以下简称“被申请人”）的具体行政行为侵犯了其合法权益，依法请求上级税务机关对具体行政行为进行审查作出决议的活动。

1. 申请条件。

（1）申请人认为税务机关的具体行政行为侵犯了其合法权益；

（2）有明确的被申请人和复议对象；

（3）属于申请复议的受案范围；

（4）属于规定的复议机关管辖；

（5）在提出复议申请前已经依照国家税务机关根据法律、行政法规确定的税额、期限缴纳或者解缴税款及滞纳金，或者提供相应的担保；

（6）复议申请是在法定期限内提出的。

2. 申请方式。申请人申请行政复议，可以书面申请，也可以口头申请；口头申请的，复议机关应当当场记录申请人的基本情况、行政复议请求、申请行政复议的主要事实、理由和时间。

3. 复议申请若干特殊规定。

（1）纳税人、扣缴义务人、纳税担保人和其他税务争议当事人应当以自己的名义申请复议；

（2）有权申请复议的公民死亡，其近亲属可以申请复议；有权申请复议的公民是无行为能力人或限制行为能力人的，其法定代理人可代理申请；

（3）有权申请行政复议的法人或者其他组织发生合并、分立或终止的，承受其权利义务的法人或其他组织可以申请行政复议；

（4）与申请行政复议的具体行政行为有利害关系的其他公民、法人或者其他组织，可以作为第三人参加行政复议。虽非具体行政行为的相对人，但其权利直接被该具体行政行为所剥夺、限制或被赋予义务的第三人，在行政管理相对人没有申请行政复议时，可以单独申请行政复议；

（5）申请人、第三人可以委托代理人代为参加行政复议；被申请人不得委托代理人代为参加行政复议。

（四）复议的受理

复议机关收到行政复议申请后，应当在5日内进行审查，决定是否受理。对不符合规定的复议申请决定不予受理，并书面告知申请人。

下列复议申请，税务行政复议机关不予受理：

（1）不属于行政复议的受案范围；

（2）超过法定的申请期限；

（3）没有明确的被申请人和行政复议对象；

（4）已向其他法定复议机关申请行政复议，且被受理；

（5）已向人民法院提起行政诉讼，人民法院已经受理；

（6）申请人就纳税发生争议，没有按规定缴清税款、滞纳金，并且没有提供担保或者担保无效；

（7）申请人不具备申请资格。

对符合规定的行政复议申请，自复议机关收到之日起即为受理；受理行政复议申请，应当书面告知申请人。对选择复议范围的具体行政行为，复议机关决定不予受理或者受理后超过复议期限不作答复的，申请人可以自收到不予受理决定书之日起或者行政复议期满之日起15日内，向人民法院提起行政诉讼，若复议机关无正当理由而不予受理，且申请人没有向人民法院提起行政诉讼的，上级税务机关应当责令其受理；必要时，上级税务机关也可以直接受理。

复议期间，具体行政行为不停止执行，但有下列情况之一的，可以停止执行：

（1）被申请人认为需要停止执行的；

（2）复议机关认为需要停止执行的；

（3）申请人申请停止执行，复议机关认为其申请有正当理由，裁决停止执行的；

（4）法律、法规和规章规定停止执行的。

此外，行政复议期间，如果出现申请人死亡或丧失行为能力，须等待其继承人或法定代理人表态是否参加行政复议的；作为一方当事人的行政机关、法人或者其他组织终止，尚未确定其权利义务承受人的；因不可抗力原因，致使复议机关暂时无法调查了解情况的或其他法规规定的特殊情形时，行政复议中止。行政复议中止应当书面告知当事人。中止行政复议的情形消除后，应当立即恢复行政复议。

当出现申请人死亡，没有继承人或者继承人放弃行政复议权利的；或作为申请人的法人或者其他组织终止后，其权利义务的承受人放弃行政复议权利的；或行政复议申请受理后，发现不符合受理条件的，以及法规规定的其他特殊情形时，行政复议终止。行政复议终止应当书面告知当事人。

复议机关自受理复议申请之日起7日内，将复议申请书副本或者复议申请笔录复印件发送被申请人。被申请人应当自收到申请书副本或者申请笔录复印件之日起10日内，提出书面答复，并提交当初作出具体行政行为的证据、依据和其他有关材料。否则，视为该具体行政行为没有证据、依据，撤销该具体行政行为。

（五）复议决定及其执行

复议决定是复议机关通过对复议案件的审理所作的行政裁决。复议决定有以下几种情况：

1. 具体行政行为认定事实清楚，证据确凿，适用依据正确，程序合法，内容适当的，决定维持。

2. 被申请人不履行法定职责的，决定其在一定期限内履行。

3. 具体行政行为有下列情形之一的，决定撤销、变更或者确认该具体行政行为违法；决定撤销或者确认该具体行政行为违法的，可以责令被申请人在一定期限内重新作出具体行政行为：

（1）主要事实不清、证据不足的；

（2）适用依据错误的；

（3）违反法定程序的；

（4）超越或滥用职权的；

（5）具体行政行为明显不当的。

4. 被申请人作出具体行政行为侵犯申请人合法权益造成了损害，申请人请求赔偿的，复议机关可责令被申请人按照有关法律、法规的规定负责赔偿。被申请人赔偿损失后，应责令有故意或重大过失的税务人员承担或赔偿全部费用。

5. 复议决定采用书面形式。复议决定一经送出即发生法律效力。申请人对复议决定不服的，可在接到复议决定之日起15日内向人民法院起诉。申请人逾期不起诉又不履行复议决定的，或者不履行最终裁决的行政复议决定的，分别按以下情况处理：

（1）维持具体行政行为的行政复议决定，由作出具体行政行为的行政机关依法强制执行，或者申请人民法院强制执行；

（2）变更具体行政行为的行政复议决定，由复议机关依法强制执行，或者申请人民法院强制执行。

二、税务行政诉讼

税务行政诉讼是指纳税人或者其他纳税当事人认为税务机关的具体行政行为侵犯其合法权益，有权依照《中华人民共和国行政诉讼法》向人民法院提起诉讼。

（一）诉讼的受案范围

根据《行政诉讼法》、《税收征管法》和《税收行政复议规则（暂行）》，税务行政诉讼的受案范围为：

1. 人民法院受理当事人因不服复议机关复议决定和裁决，或者复议机关逾期不作出复议决定，向人民法院提起行政诉讼的税务行政争议案件。

2. 人民法院受理当事人可以直接提起行政诉讼的税务行政争议案件。这类案件主要是指当事人对税务机关的处罚决定、限制执行措施或者税收保全措施不服的税务行政争议案件。

（二）诉讼参加人

税务行政诉讼参加人是与税务行政争议有直接利害关系的当事人以及与当事人诉讼地位相等的人。具体可分为以下五种：

1. 原告。原告是为维护自己的合法权益，以自己的名义向人民法院提起诉讼，从而引起诉讼程序的人。原告可以是公民、法人或其他组织。具体到税务行政诉讼，则是纳税人、扣缴义务人、纳税担保人。

2. 被告。被告是经原告称具体行政行为侵犯其合法权益，由法院通知应诉的税务机关。具体有以下五种情况：

（1）原告直接向法院提起诉讼的，作出具体行政行为的行政机关是被告；

（2）经过复议的案件，复议机关决定维持原具体行为的，复议机关是被告；

（3）由税务机关委托的组织（如委托代扣代缴）所作的具体行政行为，委托的税务机关是被告；

（4）两个以上行政机关作出同一具体行政行为的（如财政、税收、物价大检查中作出的处理），共同作出具体行政行为的行政机关是共同被告；

（5）被撤销后继续行使其原职权的税务机关是被告。

3. 共同诉讼。共同诉讼是指当事人一方或双方是两人以上的诉讼。如果是同一个案件，当事人的一方或双方是多数的，可称为必要的共同诉讼。诉讼标的是同一类而不是同一个的，如某税务机关对一批同类性质的纳税人分别作了相同的行政处罚，这种情况实行的共同诉讼，可称为一般的共同诉讼。共同诉讼的意义在于简化诉讼程序，加快案件的审理，节省时间费用，避免法院在同类问题上作出相互矛盾的判决。

4. 第三人。第三人是对税务诉讼争议的具体行政行为有独立的利害关系，为了维护自己的合法权益，申请参加诉讼或由法院通知参加诉讼的公民、法人或其他组织。

5. 诉讼代理人。代理是在代理权限内，代理人以被代理人的名义从事活动，其活动结果由被代理人承受的一种法律行为。具体有三种：

（1）法定代理人是根据法律规定行使代理权的人。主要是没有诉讼行为能力的人（包括未成年人和精神病人等），由其法定代理人代为诉讼，包括被代理人的父母、养父母、成年子女、监护人和负有保护责任的机关、团体代表。

（2）指定代理人。当事人的法定代理人是两人或两人以上、并相互推诿代理责任时，由法院指定其一人代为诉讼，以保护被代理人的利益，保证诉讼活动的顺利进行。

（3）委托代理人是受当事人、法定代理人的委托，在授予的权限内，代理进行诉讼的人。可作为委托代理人的有律师、社会团体、公民的近亲属、公民所在单位推荐的人、经法院许可的其他公民。

（三）提起诉讼的时限

原告须在法定的时限内提起诉讼，人民法院才予受理。起诉的时限具体有以下四种情形：

1. 对税务机关作出的征税行为不服的，须先经过复议；对复议决定不服，可在接到复议书之日起15日内起诉。

2. 对税务机关作出的除必经复议范围以外的其他具体行政行为不服的，也可以不经过税务复议，在收到税务机关的有关通知之日起15日内直接向法院起诉；如税务机关没有通知的，可在知道具体行政行为之日起3个月内提出诉讼。

3. 复议申请未被受理的，可在收到不予受理裁决书之日起15日内起诉。

4. 对复议机关逾期（复议机关收到复议申请之日起60日内）作出复议决定的，可在复议期届满之日起 15 日内向法院起诉。

（四）诉讼的审理和判决

人民法院审理行政案件实行两审终审制。如原、被告人对第一审判决均表示服从，诉讼即告结束，并非一定要通过两审。审理是法院对税务行政案件的实质性审查，除涉及国家秘密、个人隐私和法律另有规定的以外，一律公开审理。人民法院对受理的税务行政诉讼案件，经过调查取证、开庭审理后，依法作出判决。

1. 税务具体行政行为证据确凿，适用法律、法规正确，符合法定程序的，判决维持。

2. 税务具体行政行为有下列情形之一的，判决撤销或部分撤销，可判决税务机关重新作出具体行政行为：（1）主要证据不足的；（2）适用法律、法规错误的；（3）违反法定程序的；（4）超越职权限；（5）滥用职权的。

3. 税务机关无正当理由不履行或者拖延履行法定职责的，判决其在一定期限内履行。

4. 税务行政处罚显失公平的，可判决变更。

不论是否公开审理，宣布判决一律公开进行。宣判时还须告知当事人的上诉权利、上诉期限和上诉审理法院，以保障当事人充分行使上诉权利。

税务行政诉讼案件经人民法院依法作出最后判决或裁决即发生法律效力。如税务机关胜诉，即维持税务机关的原决定，而纳税人拒不履行的，税务机关可向第一审人民法院申请强制执行，或依法强制执行。如税务机关败诉并不履行判决、裁决，一审人民法院亦可以对其采取强制和处罚措施。

第六节　税收当事人的权利、义务和法律责任

一、税收当事人的权利、义务

在税收法律关系中，主要涉及的当事人有税务机关、纳税人、扣缴义务人、税务代理人等。我国《宪法》及有关的税收法律、法规，特别是《中华人民共和国税收征收管理法》及其实施细则，分别赋予这些税收当事人各自应享有的权利及应承担的义务。

（一）纳税人的权利

根据 2001 年 4 月修订的《税收征收管理法》，我国纳税人、扣缴义务人在税收征管中享有的权利主要有三个方面：一是申请税收管理服务的权利。如有权要求税务机关为其情况保密，依法取得税务登记证和外出经营活动税收管理证明，依法领购发票，申请减税、免税、退税，以及了解税收法律法规的规定和与纳税程序有关的情况等。二是维护自身合法权益的权利，即当自身利益受到损害时，可行使这些权利来维护自身利益，如陈述权、申辩权、请求国家赔偿权、申请行政复议权、提起行政诉讼权等。三是监督权，即对税务机关和税务人员的执法行为进行监督，如有权控告和检举税务机关和税务人员的违法违纪行为等。具体地说，包括如下内容：

1. 知情权。纳税人、扣缴义务人有权向税务机关或税务人员了解国家税收法律、行政法规的规定以及与纳税程序有关的情况。

2. 保密权。纳税人、扣缴义务人有权要求税务机关或税务人员为纳税人、扣缴义务人的情况保密，税务机关或税务人员依法为纳税人、扣缴义务人的商业秘密和个人隐私保密。但根据法律规定，税收违法行为信息不属于保密范围。

3. 税收监督权。纳税人、扣缴义务人对税务机关或税务人员违反税收法律、行政法规的行为，如税务人员索贿受贿、徇私舞弊、玩忽职守，不征或者少征应征税款，滥用职权多征税款或者故意刁难等，可以进行检举和控告。同时，纳税人、扣缴义务人对其他纳税人的税收违法行为也有权进行检举。

4. 纳税申报方式选择权。纳税人、扣缴义务人可以直接到办税服务厅办理纳税申报或者报送代扣代缴、代收代缴税款报告表，也可以按照规定采取邮寄、数据电文或者其他方式办理上述申报、报送事项。但采取邮寄或数据电文方式办理上述申报、报送事项的，需经主管税务机关批准。

5. 申请延期申报权。纳税人、扣缴义务人如不能按期办理纳税申报或者报送代扣代缴、代收代缴税款报告表，应当在规定的期限内向税务机关提出书面延期申请，经核准，可在核准的期限内办理。经核准延期办理申报、报送事项的，应当在税法规定的纳税期内，按照上期实际缴纳的税额或者税务机关核定的税额预缴税款，并在核准的延期内办理税款结算。

6. 申请延期缴纳税款权。如纳税人、扣缴义务人因有特殊困难不能按期缴纳税款的，经省、自治区、直辖市国家税务局、地方税务局批准，可以延期缴纳税款，但是最长不得超过3个月。计划单列市国家税务局、地方税务局可以参照省级税务机关的批准权限，审批纳税人、扣缴义务人的延期缴纳税款申请。纳税人、扣缴义务人满足以下任何一个条件，均可以申请延期缴纳税款：一是因不可抗力，导致纳税人、扣缴义务人发生较大损失，正常生产经营活动受到较大影响的；二是当期货币资金在扣除应付职工工资、社会保险费后，不足以缴纳税款的。

7. 申请退还多缴税款权。纳税人、扣缴义务人超过应纳税额缴纳的税款，税务机关或税务人员发现后，自发现之日起10日内办理退还手续；如纳税人、扣缴义务人自结算缴纳税款之日起3年内发现的，可以向税务机关要求退还多缴的税款并加算银行同期存款利息。税务机关自接到纳税人、扣缴义务人退还申请之日起30日内查实并办理退还手续，涉及从国库中退库的，依照法律、行政法规有关国库管理的规定退还。

8. 依法享受税收优惠权。纳税人、扣缴义务人可以依照法律、行政法规的规定书面申请减税、免税。减税、免税的申请须经法律、行政法规规定的减税、免税审查批准机关审批。减税、免税期满，应当自期满次日起恢复纳税。减税、免税条件发生变化的，应当自发生变化之日起15日内向税务机关或税务人员报告；不再符合减税、免税条件的，应当依法履行纳税义务。如纳税人、扣缴义务人享受的税收优惠需要备案的，应当按照税收法律、行政法规和有关政策规定，及时办理事前或事后备案。

9. 委托税务代理权。纳税人、扣缴义务人有权就以下事项委托税务代理人代为办理：办理、变更或者注销税务登记，除增值税专用发票外的发票领购手续，纳税申报或扣缴税款报告，税款缴纳和申请退税，制作涉税文书，审查纳税情况，建账建制，办理财务，税务咨询，申请税务行政复议，提起税务行政诉讼以及国家税务总局规定的其他业务。

10. 陈述与申辩权。纳税人、扣缴义务人对税务机关或税务人员作出的决定享有陈述权、申辩权。如果纳税人、扣缴义务人有充分的证据证明自己的行为合法，税务机关或税务人员就不得对纳税人、扣缴义务人实施行政处罚；即使纳税人、扣缴义务人的陈述或申辩不充分合理，税务机关或税务人员也应向纳税人、扣缴义务人解释实施行政处罚的原因。税务机关或税务人员不应因纳税人、扣缴义务人的申辩而加重处罚。

11. 对未出示税务检查证和税务检查通知书的拒绝检查权。税务机关或税务人员派出的人员进行税务检查时，应当向纳税人、扣缴义务人出示税务检查证和税务检查通知书；对未出示税务检查证和税务检查通知书的，纳税人、扣缴义务人有权拒绝检查。

12. 税收法律救济权。纳税人、扣缴义务人对税务机关或税务人员作出的决定，依法享有申请行政复议、提起行政诉讼、请求国家赔偿等权利。

纳税人、扣缴义务人、纳税担保人同税务机关或税务人员在纳税上发生争议时，必须先依照税务机关的纳税决定缴纳或者解缴税款及滞纳金，或者提供相应的担保，然后可以依法申请行政复议；对行政复议决定不服的，可以依法向人民法院起诉。如纳税人、扣缴义务人对税务机关或税务人员的处罚决定、强制执行措施或者税收保全措施不服的，可以依法申请行政复议，也可以依法向人民法院起诉。

当税务机关或税务人员的职务违法行为给纳税人、扣缴义务人和其他税务当事人的合法权益造成侵害时，纳税人、扣缴义务人和其他税务当事人可以要求税务行政赔偿。

13. 依法要求听证的权利。对纳税人、扣缴义务人作出规定金额以上罚款的行政处罚之前，税务机关或税务人员应向纳税人、扣缴义务人送达“税务行政处罚事项告知书”，告知纳税人、扣缴义务人已经查明的违法事实、证据、行政处罚的法律依据和拟将给予的行政处罚。对此，纳税人、扣缴义务人有权要求举行听证。税务机关应组织听证。如纳税人、扣缴义务人认为税务机关或税务人员指定的听证主持人与本案有直接利害关系，纳税人、扣缴义务人有权申请主持人回避。对应当进行听证的案件，税务机关不组织听证，行政处罚决定不能成立；但纳税人、扣缴义务人放弃听证权利或者被正当取消听证权利的除外。

14. 索取有关税收凭证的权利。税务人员征收税款时，必须给纳税人、扣缴义务人开具完税凭证。扣缴义务人代扣、代收税款时，纳税人要求扣缴义务人开具代扣、代收税款凭证时，扣缴义务人应当开具。税务机关或税务人员扣押商品、货物或者其他财产时，必须开具收据；查封商品、货物或者其他财产时，必须开具清单。

（二）纳税人的义务

依照宪法、税收法律和行政法规的规定，纳税人或扣缴义务人在纳税过程中负有以下义务：

1. 依法进行税务登记的义务。纳税人或扣缴义务人应当自领取营业执照之日起 30 日内持有关证件向税务机关申报办理税务登记。在各类税务登记管理中，纳税人或扣缴义务人应该根据税务机关的规定分别提交相关资料，及时办理。同时，纳税人或扣缴义务人应当按照税务机关的规定使用税务登记证件。税务登记证件不得转借、涂改、损毁、买卖或者伪造。

2. 依法设置账簿、保管账簿和有关资料，以及依法开具、使用、取得和保管发票的义务。纳税人或扣缴义务人应当按照有关法律、行政法规和国务院财政、税务主管部门的规定设置账簿，根据合法、有效凭证记账，进行核算；从事生产、经营的，必须按照国务院财政、税务主管部门规定的保管期限保管账簿、记账凭证、完税凭证及其他有关资料；账簿、记账凭证、完税凭证及其他有关资料不得伪造、变造或者擅自损毁。

此外，纳税人或扣缴义务人在购销商品、提供或者接受经营服务以及从事其他经营活动中，应当依法开具、使用、取得和保管发票。

3. 财务会计制度和会计核算软件备案的义务。纳税人或扣缴义务人的财务、会计制度或者财务、会计处理办法和会计核算软件应当报送税务机关备案。纳税人或扣缴义务人的财务、会计制度或者财务、会计处理办法与国务院或者国务院财政、税务主管部门有关税收规定抵触的，应依照国务院或者国务院财政、税务主管部门有关税收的规定计算应纳税款和缴纳税款，代扣代缴和代收代缴税款。

4. 按照规定安装、使用税控装置的义务。纳税人或扣缴义务人应当按照规定安装、使用税控装置，不得损毁或者擅自改动税控装置。如纳税人或扣缴义务人未按规定安装、使用税控装置，或者损毁或者擅自改动税控装置的，税务机关将责令纳税人或扣缴义务人限期改正，并可根据情节轻重处以规定数额内的罚款。

5. 按时、如实申报的义务。纳税人或扣缴义务人必须依照法律、行政法规规定或者税务机关依照法律、行政法规的规定确定的申报期限、申报内容如实办理纳税申报，报送纳税申报表、财务会计报表，以及税务机关根据实际需要要求纳税人或扣缴义务人报送的其他纳税资料。

作为扣缴义务人，必须依照法律、行政法规规定或者税务机关依照法律、行政法规的规定确定的申报期限、申报内容如实报送代扣代缴、代收代缴税款报告表，以及税务机关根据实际需要要求纳税人或扣缴义务人报送的其他有关资料。

纳税人或扣缴义务人即使在纳税期内没有应纳税款，也应当按照规定办理纳税申报。享受减税、免税待遇的，在减税、免税期间应当按照规定办理纳税申报。

6. 按时缴纳税款的义务。纳税人或扣缴义务人应当按照法律、行政法规规定或者税务机关依照法律、行政法规的规定确定的期限，缴纳或者解缴税款。

未按照规定期限缴纳税款或者未按照规定期限解缴税款的，税务机关或税务人员除责令限期缴纳外，从滞纳税款之日起，按日加收滞纳税款0.5‰的滞纳金。

7. 代扣、代收税款的义务。如纳税人或扣缴义务人按照法律、行政法规规定负有代扣代缴、代收代缴税款义务，必须依照法律、行政法规的规定履行代扣、代收税款的义务。依法履行代扣、代收税款义务时，纳税人不得拒绝。纳税人拒绝的，应当及时报告税务机关处理。

8. 接受依法检查的义务。纳税人或扣缴义务人有接受税务机关依法进行税务检查的义务，应主动配合税务机关按法定程序进行的税务检查，如实向税务机关反映自己的生产经营情况和执行财务制度的情况，并按有关规定提供报表和资料，不得隐瞒和弄虚作假，不能阻挠、刁难税务机关或税务人员的检查和监督。

9. 及时提供信息的义务。纳税人或扣缴义务人除通过税务登记和纳税申报向税务机关或税务人员提供与纳税有关的信息外，还应及时提供其他信息。如纳税人或扣缴义务人有歇业、经营情况变化、遭受各种灾害等特殊情况的，应及时向税务机关说明，以便税务机关依法妥善处理。

10. 报告其他涉税信息的义务。税收法律还规定了纳税人或扣缴义务人有义务向税务机关报告如下涉税信息：

（1）纳税人或扣缴义务人有义务就纳税人或扣缴义务人与关联企业之间的业务往来向当地税务机关提供有关的价格、费用标准等资料。

纳税人或扣缴义务人有欠税情形而以财产设定抵押、质押的，应当向抵押权人、质权人说明纳税人或扣缴义务人的欠税情况。

（2）企业合并、分立的报告义务。纳税人或扣缴义务人有合并、分立情形的，应当向税务机关或税务人员报告，并依法缴清税款。

（3）报告全部账号的义务。如纳税人或扣缴义务人从事生产、经营，应当按照国家有关规定，持税务登记证件在银行或者其他金融机构开立基本存款账户和其他存款账户，并自开立基本存款账户或者其他存款账户之日起 15 日内，向纳税人或扣缴义务人的主管税务机关书面报告全部账号；发生变化的，应当自变化之日起 15 日内，向纳税人或扣缴义务人的主管税务机关书面报告。

（4）处分大额财产报告的义务。如纳税人或扣缴义务人的欠缴税款数额在 5 万元以上，纳税人或扣缴义务人在处分不动产或者大额资产之前，应当向税务机关报告。

（三）税务机关的权利

为了确保税务机关职能作用的发挥，《中华人民共和国税收征收管理法》赋予税务机关广泛的权利。

1. 税收管理权。税收管理权是税务机关的基本权利。根据征管法的规定，税务机关有权对纳税人进行税务管理。只有正确行使税收管理权，才能确保税法的全面贯彻实施。

2. 税款征收权。税款征收权是指税务机关将纳税人依照税法应向国家缴纳的税款及时足额地收入国库的权利。它是税务机关在税款征收管理过程中最主要的职权。

3. 委托代征权。委托代征权是指税务机关根据有利于税收控管和方便纳税的原则，可以按照国家有关规定委托有关单位和人员代征零星分散和异地缴纳的税收，并发给委托代征证书的权利。

4. 税收保全与强制执行权。税收保全与强制执行权是税收强制性在日常征管工作中的体现，是保证税款及时足额入库、有效打击税收违法行为的重要手段。

5. 批准减、免、退税和延期缴纳税款权。税务机关有权在法律、行政法规规定的权限内，对纳税人的减、免、退税和延期纳税申请予以审批，但不得违反法律、行政法规的规定，擅自作出减、免或退税的决定。

6. 税务检查权。按照税法规定，税务机关有权依法对纳税人履行纳税义务的情况进行检查，并根据检查情况对纳税人的税收违法行为依法进行处理。

7. 行政处罚权。纳税人有违反税法行为的，税务机关有权对纳税人依法作出诸如限期改正、没收非法所得、罚款等行政处罚，但对纳税人违反刑法应该承担刑事责任的的，应提交司法机关处理。

8. 税务复议权和应诉权。对公民、法人或其他组织申请的行政复议，税务机关有权审理并作出决定。对公民、法人其他组织向人民法院提起的对税务机关的诉讼，税务机关有权应诉。

（四）税务机关的义务

与权利相对应，税务机关的义务如下：

1. 正确贯彻、执行国家税收法律、法规和政策的义务；广泛宣传税收法律、行政法规，普及纳税知识，无偿地为纳税人提供纳税咨询服务。

2. 税务机关进行税务检查时，有为被检查人员保守秘密的义务；对检举违反税收法律、行政法规行为的检举人，税务机关应为其保密。

3. 依法办理税务登记，开具完税凭证的义务。

4. 依法征收税款，不得违法开征、停征、多征或少征税款；征收的税款及时足额地上缴国库，不得截留或坐支；依法办理减、免、退税申请及延期缴纳税款申请，对多征税款应及时退还。

5. 对纳税人申请复议事项，凡符合法定复议受理条件的税务机关都有义务受理，并在规定期限内作出复议决定。

6. 保护纳税人的合法权利的义务。

7. 国家规定的其他义务。

二、税收当事人的法律责任

税收法律责任是指税收法律关系主体因其违反税法所应承担的法律后果，是税收法律规范的重要组成部分。如果没有对当事人违法行为的处罚，就难以维护正常的税收征管秩序，税收的作用也难以发挥。违法主体所要承担的法律责任主要是行政责任和刑事责任。在《税收征收管理法》及其实施细则中，主要规定了违反税法的行政责任。对于违反税法触犯刑律的，1997 年 10 月起施行的《中华人民共和国刑法》第二编第三章第六节专门制定了“危害税收征管罪”，有关刑事责任按《刑法》执行。

（一）纳税人、扣缴义务人的法律责任

1. 违反税务登记管理法规的法律责任。办理税务登记是纳税人必须履行的义务，纳税人未按照规定的期限申报办理税务登记、变更或者注销登记的，税务机关必须责令限期改正，在责令改正的同时可以处 2 000 元以下的罚款；情节严重的，可以处 2 000 元以上 1 万元以下的罚款。逾期不改正的，经税务机关提请，由工商行政管理机关吊销其营业执照。

纳税人必须妥善保管和依法使用税务登记证件，对未按照规定使用税务登记证件或者转借、涂改、损毁、买卖、伪造税务登记证件的，处 1 000 元以上 1 万元以下的罚款；情节严重的，处 1 万元以上 5 万元以下的罚款。

2. 违反账证管理及相关法规的法律责任。纳税人必须依法设置、保管账簿或者保管记账凭证和有关资料。对未按照规定设置、保管账簿或者保管记账凭证和有关资料的；未按照规定将财务、会计制度或者财务、会计处理办法和会计核算软件报送税务机关备查的；未按照规定将其全部银行账号向税务机关报告的；未按照规定安装、使用税控装置，或者损毁或者擅自改动税控装置的，由税务机关责令限期改正，在责令限期改正的同时，可以处 2 000 元以下的罚款；情节严重的，处 2 000 元以上 1 万元以下的罚款。

扣缴义务人未按照规定设置、保管代扣代缴、代收代缴税款账簿或者保管代扣代缴、代收代缴税款记账凭证及有关资料的，由税务机关责令限期改正，在责令限期改正的同时，可以处 2 000 元以下的罚款；情节严重的，处 2 000 元以上 5 000 元以下的罚款。

3. 违反发票管理法规的法律责任。违反发票管理法规的行为主要有以下六类：一是未按规定印制发票、生产发票防伪专用品的行为；二是未按规定领购发票的行为；三是未按规定开具发票的行为；四是未按规定取得发票的行为；五是未按规定保管发票的行为；六是未

按规定接受税务机关检查的行为。

对发票违法行为按下列标准处罚:

(1) 对有上述所列行为之一的单位和个人，由税务机关责令限期改正，没收非法所得，同时可以并处1万元以下的罚款，有上述两种或两种以上行为的，可以分别处罚。

(2) 非法携带、邮寄、运输或者存放空白发票（包括由税务机关监制的空白发票和伪造假空白发票）的，由税务机关收缴发票，没收非法所得，可以并处1万元以下的罚款。

(3) 私自印制、伪造、变造、倒买倒卖发票、发票防伪专用品和伪造假发票，私自制作发票监制章、发票防伪专用品，由税务机关依法予以查封、扣押或者销毁，没收非法所得和作案工具，可以并处1万元以上5万元以下的罚款。构成犯罪的，依法追究刑事责任。

(4) 违反发票管理法规，导致其他单位或者个人未缴、少缴或者骗取税款的，由税务机关没收非法所得，可以并处未缴、少缴或骗取的税款1倍以下的罚款。

(5) 违反发票管理法规造成偷税的，按处罚偷税的有关规定处理。虚开、伪造和非法出售增值税专用发票构成犯罪的，另按《刑法》追究刑事责任。

4. 不按期申报的法律责任。纳税人必须按期报送纳税申报和有关资料，对未按照规定的期限办理纳税申报和报送纳税资料的，或者扣缴义务人未按照规定的期限向税务机关报送代扣代缴、代收代缴税款报告表和有关资料的，由税务机关责令限期改正，在责令限期改正的同时，可以处2 000元以下的罚款；情节严重的，可处2 000元以上1万元以下的罚款。

5. 欠税的法律责任。欠税是指纳税人、扣缴义务人逾期未缴纳税款的行为。纳税人、扣缴义务人在规定期限内不缴或者少缴应纳或者应解缴的税款，经税务机关责令限期缴纳，逾期仍未缴纳的，税务机关除依法采取强制执行措施追缴其不缴或者少缴的税款外，可以处不缴或者少缴税款50%以上5倍以下的罚款。

纳税人欠缴应纳税款，采取转移或者隐匿财产的手段，妨碍税务机关追缴欠缴税款的，由税务机关追缴欠缴的税款、滞纳金，并处欠缴税款50%以上5倍以下的罚款；构成犯罪的，依法追究刑事责任。

构成逃避追缴欠税罪，致使税务机关无法追缴欠缴的税款数额在1万元以上不满10万元的，除由税务机关追缴欠缴的税款外，处3年以下有期徒刑或拘役，并处或者单处欠缴税款1倍以上5倍以下的罚金；数额在10万元以上的，处3年以上7年以下有期徒刑，并处欠缴税款1倍以上5倍以下的罚金。

注意：行政责任与刑事责任的区别与联系。

6. 偷税的法律责任。偷税是指纳税人采取伪造、变造、隐匿、擅自销毁账簿、记账凭证，或者在账簿上多列支出或者不列、少列收入，或者经税务机关通知申报而拒不申报或者进行虚假的纳税申报，不缴或者少缴应纳税款的行为。

对纳税人偷税的，由税务机关追缴其不缴或者少缴的税款、滞纳金，并处不缴或者少缴的税款50%以上5倍以下的罚款；构成犯罪的，依法追究刑事责任。

扣缴义务人采取类似手段，不缴或者少缴已扣、已收税款，由税务机关追缴其不缴或者少缴的税款、滞纳金，并处不缴或者少缴的税款50%以上5倍以下的罚款。扣缴义务人应扣未扣、应收而不收税款的，由税务机关向纳税人追缴税款，对扣缴义务人处应扣未扣、应收未收税款50%以上3倍以下的罚款。

纳税人、扣缴义务人编造虚假计税依据的，由税务机关责令限期改正，并处5万元以下罚款。

偷税数额占应纳税额的10%以上不满30%，并且偷税数额在1万元以上不满10万元的，或者因偷税被税务机关给予过两次行政处罚又偷税的，处3年以下有期徒刑或者拘役，并处偷税数额1倍以上5倍以下罚金；偷税数额占应纳税额的30%以上，并且偷税数额在10万元以上的，处3年以上7年以下有期徒刑，并处偷税数额1倍以上5倍以下罚金。

扣缴义务人采取上述所列手段，不缴或者少缴已扣、已收税款，数额占应缴税额的10%以上并且数额在1万元以上的，依照上述处罚偷税罪的规定处罚。

对多次犯有上述违法行为未经处理的，按照累计数额计算。

7. 抗税的法律责任。抗税是指以暴力、威胁方法拒不缴纳税款的行为。纳税人有抗税行为的，除由税务机关追缴其拒缴的税款、滞纳金外，依法追究刑事责任。其中，纳税人拒不缴纳税款，情节轻微未构成犯罪的，由税务机关追缴其拒缴的税款、滞纳金，并处拒缴税款1倍以上5倍以下的罚款。

纳税人以暴力、威胁方法拒不缴纳税款，构成犯罪的，除由税务机关追缴其拒缴的税款外，还要由司法机关视其情节轻重处以3年以下有期徒刑或拘役；情节严重的，处3年以上7年以下有期徒刑。无论判处哪一种刑，都可并处拒缴税款1倍以上5倍以下的罚金。如以暴力方法抗税致人重伤或死亡的，按照伤害罪、杀人罪从重处罚，并依照前款规定处以罚金。

8. 骗税的法律责任。骗税是指以假报出口或其他欺骗手段骗取国家出口退税款或所缴纳的税款的行为。

以假报出口或者其他欺骗手段骗取国家出口退税款，由税务机关追缴其骗取的退税款，并处骗取税款1倍以上5倍以下的罚款；构成犯罪的，依法追究刑事责任。

对骗取国家出口退税款的，税务机关可以在规定期间内停止为其办理出口退税。骗取国家出口退税款数额较大的，处5年以下有期徒刑或者拘役，并处以骗取税款1倍以上5倍以下的罚金；数额巨大或者有其他严重情节的，处5年以上10年以下有期徒刑，并处骗取税款1倍以上5倍以下的罚金；数额特别巨大或者有其他特别严重情节的，处10年以上有期徒刑或者无期徒刑，并处骗取税款1倍以上5倍以下罚金或没收财产。

9. 虚开、伪造和非法出售增值税专用发票的法律责任。

（1）虚开增值税专用发票或虚开用于骗取出口退税、抵扣税款的其他发票。

虚开增值税专用发票是指有为他人虚开、为自己虚开、让他人为自己虚开、介绍他人虚开增值税专用发票行为之一的；虚开用于骗取出口退税、抵扣税款的其他发票是指有为他人虚开、为自己虚开、让他人为自己虚开、介绍他人虚开用于骗取出口退税、抵扣税款的其他发票行为之一的。

虚开增值税专用发票的，虚开税款数额1万元以上的，或者虚开增值税专用发票致使国家税款被骗取5 000元以上的，应当依法定罪处罚，处3年以下有期徒刑或者拘役，并处2万元以上20万元以下罚金；虚开的税款数额巨大或者有其他严重情节的，处3年以上10年以下有期徒刑，并处5万元以上50万元以下罚金；虚开的税款数额特别巨大或者有其他特别严重情节的，处10年以上有期徒刑或者无期徒刑，并处没收财产。

有前款行为骗取国家税款，数额特别巨大、情节特别严重、给国家利益造成特别重大损失的，处无期徒刑或者死刑，并处没收财产。

虚开增值税专用发票的犯罪集团的首要分子，分别依照前两款的规定从重处罚。

法人犯上述罪行的，对法人判处罚金，并对直接负责的主管人员和其他直接责任人员依照以上规定追究刑事责任。

（2）伪造或者出售伪造的增值税专用发票。伪造或者出售伪造的增值税专用发票25份以上或者票面额（百元版以每份100元，千元版以每份1 000元，万元版以每份1万元计算，以此类推，下同）累计10万元以上的，应当依法定罪处罚，处3年以下有期徒刑、拘役或者管制，并处2万元以上20万元以下罚金；数量较大或者有其他严重情节的，处3年以上10年以下有期徒刑，并处5万元以上50万元以下罚金；数量巨大或者有其他特别严重情节的，处10年以上有期徒刑或者无期徒刑，并处没收财产。

伪造并出售伪造的增值税专用发票，数量特别巨大、情节特别严重、严重破坏经济秩序的，处无期徒刑或者死刑，并处没收财产。

伪造、出售伪造的增值税专用发票的犯罪集团的首要分子，分别依照上述规定从重处罚。

伪造并出售同一宗增值税专用发票的，数额或者票面额不重复计算。变造增值税专用发票的，按照伪造增值税专用发票行为处理。

法人犯上述罪行的，对法人判处罚金，并对直接负责的主管人员和其他直接责任人员依照以上规定追究刑事责任。

（3）伪造、擅自制造或者出售伪造、擅自制造可以用于骗取出口退税、抵扣税款的其他发票。伪造、擅自制造或者出售伪造、擅自制造的可以用于骗取出口退税、抵扣税款的其他发票50份以上的，应当依法定罪，处3年以下有期徒刑、拘役或者管制，并处2万元以上20万元以下罚金。伪造、擅自制造或者出售伪造、擅自制造的可以用于骗取出口退税、抵扣税款的其他发票200份以上的，处3年以上7年以下有期徒刑，或处5万元以上50万元以下罚金。伪造、擅自制造或者出售伪造、擅自制造的可以用于骗取出口退税、抵扣税款的其他发票1 000份以上的，处7年以上有期徒刑，并处没收财产。

非法出售可以用于骗取出口退税、抵扣税款的其他发票的，依照上述规定处罚。

伪造、擅自制造或者出售伪造、擅自制造以及非法出售上述规定以外的其他发票的，处2年以下有期徒刑、拘役或者管制，并处或单处1万元以上5万元以下罚金；情节严重的，处2年以上7年以下有期徒刑，并处5万元以上50万元以下罚金。

法人犯上述罪行的，对法人判处罚金，并对其直接负责的主管人员和其他直接责任人员处3年以下有期徒刑、拘役或管制；数量较大或者有其他严重情节的，处3年以上10年以下有期徒刑；数量巨大或者有其他特别严重情节的，处10年以上有期徒刑或者无期徒刑。

（4）非法出售增值税专用发票。非法出售增值税专用发票25份以上或者票面额累计10万元以上的，依法定罪，处3年以下有期徒刑、拘役或管制，并处2万元以上20万元以下罚金。非法出售增值税专用发票100份以上或者票面额累计50万元以上的，处3年以上10年以下有期徒刑，并处5万元以上50万元以下罚金。非法出售增值税专用发票500份以上或者票面额累计250万元以上的，处10年以上有期徒刑或者无期徒刑，并处以没收财产。

（5）非法购买增值税专用发票或者购买伪造的增值税专用发票。非法购买增值税专用发票或者购买伪造的增值税专用发票25份以上或者票面额累计10万元以上的，应当依法定罪，处5年以下有期徒刑、拘役，并处或单处2万元以上20万元以下罚金。

非法购买真、伪两种增值税专用发票的，数量累计计算，不实行数罪并罚。

非法购买增值税专用发票或者伪造的增值税专用发票又虚开或出售的，分别依照虚开、伪造或出售伪造的增值税专用发票，非法出售增值税专用发票罪（上述（1）、（2）、（3））的规定处罚。

（6）盗窃、骗取增值税专用发票。盗窃增值税专用发票或者可用于骗取出口退税、抵扣税款的其他发票25份以上，或者其他发票50份以上的；骗取增值税专用发票或者可用于骗取出口退税、抵扣税款的其他发票50份以上，或者其他发票100份以上的，处5年以下有期徒刑、拘役或者管制。盗窃增值税专用发票或者可用于骗取出口退税、抵扣税款的其他发票250份以上，或者其他发票500份以上的；骗取增值税专用发票或者可用于骗取出口退税、抵扣税款的其他发票500份以上，或者其他发票1 000份以上的，处5年以上10年以下有期徒刑；情节特别严重的，处10年以上有期徒刑或者无期徒刑，可以并处没收财产。

盗窃、诈骗增值税专用发票或者其他发票后，又有虚开、出售等犯罪的，按照其中的重罪定罪处罚，不实行数罪并罚。

（7）有上述（2）、（3）、（4）、（5）行为，但未构成犯罪的。纳税人有伪造、非法出售、非法购买增值税专用发票，出售、非法购买伪造的增值税专用发票，伪造、擅自制造或者出售伪造、擅自制造的可以用于骗取出口退税、抵扣税款的其他发票的行为，情节轻微，尚不构成犯罪的，由公安机关处15日以下拘留、5 000元以下的罚款。

（二）税务机关及税务人员的法律责任

《税收征收管理法》主要是规范纳税人行为，所以其法律责任的内容也主要是对纳税人、扣缴义务人违法行为的处罚规定。但是在税收征管活动中，税务机关及税务人员和其他一些人员的行为也同样影响税收分配活动和税收征管工作，因此也规定了税务机关及税务人员和其他有关当事人的法律责任。

1. 税务人员与纳税人、扣缴义务人勾结，唆使或者协助纳税人、扣缴义务人偷税、欠税、骗税构成犯罪的，依法追究刑事责任；尚不构成犯罪的，依法给予行政处分。

税务机关或其他国家机关工作人员与犯罪分子相勾结，实施虚开、伪造和非法出售增值税专用发票犯罪的；明知是虚开的发票，予以退税或抵扣税款的；明知犯罪分子实施虚开、伪造和非法出售增值税专用发票犯罪而提供其他帮助的，依照有关规定从重处罚。

2. 税务人员利用职务上的便利，收受或者索取纳税人、扣缴义务人财物或者谋取其他不正当利益，构成犯罪的，依法追究刑事责任；尚不构成犯罪的，依法给予行政处分。

3. 税务人员徇私舞弊或者玩忽职守，不征或者少征应征税款，致使国家税收遭受重大损失，尚不构成犯罪的，依法给予行政处分。

税务机关的工作人员徇私舞弊，不征或者少征应征税款，致使国家税收遭受重大损失的，处5年以下有期徒刑或者拘役；造成特别重大损失的，处5年以上有期徒刑。

税务机关的工作人员违反法律、行政法规的规定，在办理发售发票、抵扣税款、出口退税工作中，徇私舞弊，致使国家利益遭受重大损失的，处5年以下有期徒刑或者拘役；致使国家利益遭受特别重大损失的，处5年以上有期徒刑。

4. 税务人员滥用职权，故意刁难纳税人、扣缴义务人的，调离税收工作岗位，并依法给予行政处分。税务人员对控告、检举税收违法违纪行为的纳税人、扣缴义务人以及其他检举人进行打击报复的，依法给予行政处分；构成犯罪的，依法追究刑事责任。

5. 税务机关及税务人员违反法律、行政法规的规定提前征收、延缓征收或者摊派税款的，由其上级机关或者行政监察机关责令改正，对直接负责的主管人员和其他直接责任人员依法给予行政处分。

税务机关及税务人员违反法律、行政法规的规定，擅自作出税收开征、停征或者减税、免税、退税、补税以及其他同税收法律、行政法规相抵触决定的，除撤销其擅自作出的决定外，补征应征未征税款，退还不应征收而征收的税款，并由上级机关追究直接负责的主管人员和其他直接责任人员的行政责任。

6. 税务机关及税务人员未按规定为纳税人、扣缴义务人、检举人保密的，对直接负责的主管人员和其他直接责任人员，由所在单位或者有关单位依法给予行政处分。

税务人员在征收税款或者查处税收违法案件时，未按照规定进行回避的，对直接负责的主管人员和其他直接责任人员依法给予行政处分。

（三）其他当事人的法律责任

纳税人、扣缴义务人的开户银行或者其他金融机构拒绝接受税务机关依法检查纳税人、扣缴义务人存款账户，或者拒绝执行税务机关作出的冻结存款或者扣缴税款的决定，或者在接到税务机关的书面通知后帮助纳税人、扣缴义务人转移存款，造成税款流失的，由税务机关处10万元以上50万元以下的罚款，对直接负责的主管人员和其他责任人员处1 000元以上1万元以下的罚款。

参考文献

1. 中国注册会计师协会:《税法 2009 年度注册会计师全国统一考试辅导教材》,经济科学出版社 2009 年版。

2. 刘佐:《中国税制概览(2006 年版)》,经济科学出版社 2006 年版。

3. 李国淮主编:《中国税收》,高等教育出版社 2005 年版。

4. 徐淑华主编:《税法》,高等教育出版社 2005 年版。

5. 马海涛主编:《中国税制》,中国人民大学出版社 2004 年版。

6. 许建国、李大明、庞凤喜:《中国税制》,中国财政经济出版社 2001 年版。

7. 国家税务总局网站,http://www.chinatax.gov.cn/。

8. 中华人民共和国财政部网站,http://www.mof.gov.cn/。

9. 海关总署网站,http://www.customs.gov.cn/。